アンオーソドックス

unorthodox

The Scandalous Rejection of My Hasidic Roots

Deborah Feldman
デボラ・フェルドマン
中谷友紀子＝訳

&books

unorthodox
The Scandalous Rejection of My Hasidic Roots
Deborah Feldman

Japanese translation published
by arrangement with the original publisher,
Simon & Schuster, Inc., through Japan UNI Agency, Inc., Tokyo

ブックデザイン
鈴木成一デザイン室

Daria Sergeeva / EyeEm/ gettyimages

アンオーソドックス

目次

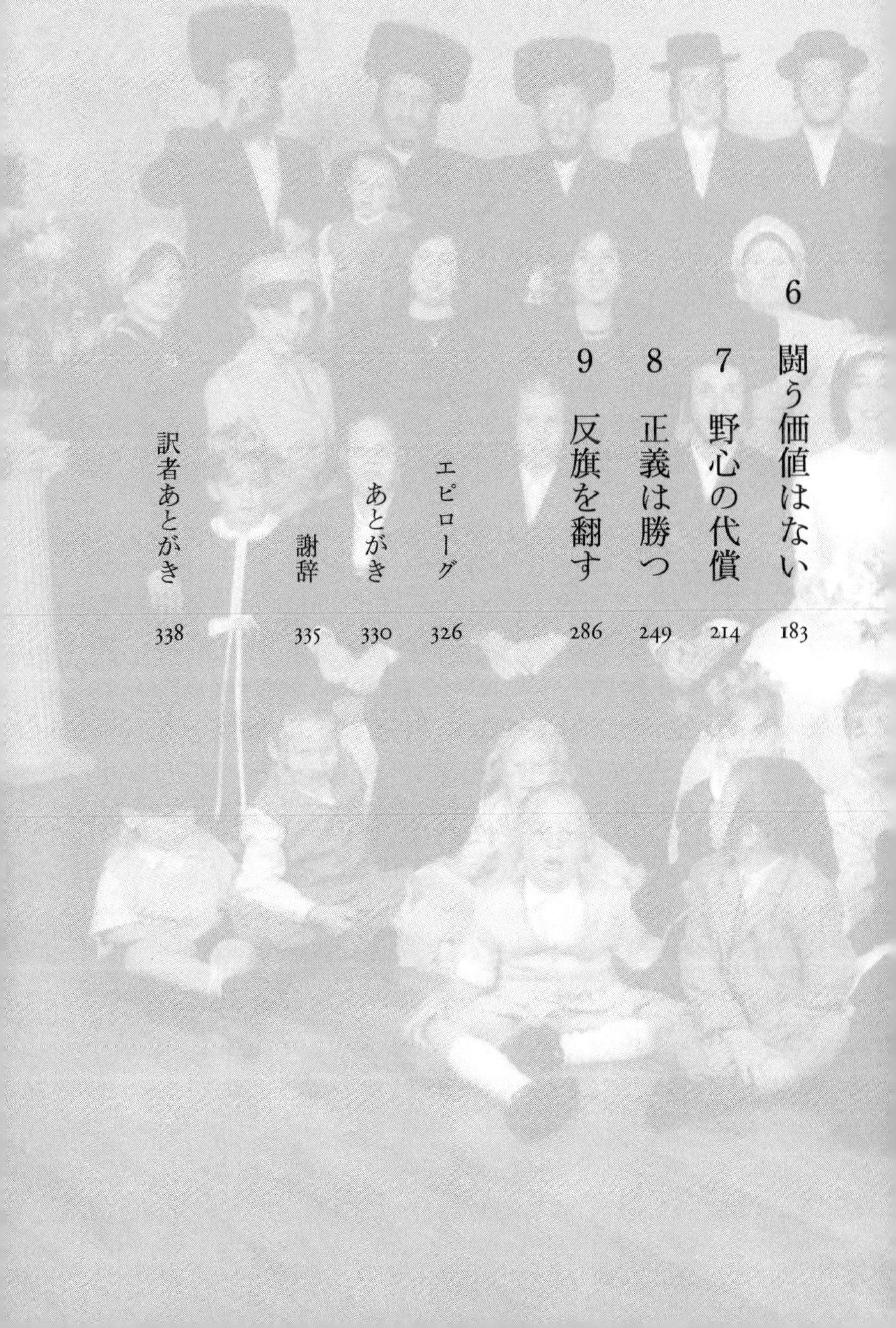

本書に登場する人名および人物を特定しうる特徴には変更を加えている。ここに記した事柄はすべて事実であるが、プライバシー保護と文章構成上の理由により、一部は要約や順序の入れ替えを行った。会話部分は記憶に従い、可能なかぎり実際のやりとりに近いものになるよう心がけた。

はじめに

サトゥ・マーレ——イディッシュ語ではサトマール——の街は、ルーマニアとハンガリーの国境近くにある。では、ユダヤ教ハシド派「超正統派《ウルトラ・オーソドックス》」の一派に、なぜトランシルヴァニア地方の街の名前がつけられたのか。第二次世界大戦中、ハンガリー系ユダヤ人の法律家・ジャーナリストのルドルフ・カストナーに選ばれた一部のユダヤ人がハンガリーを脱出した。サトゥ・マーレに住むラビも命を救われたひとりだった。のちにアメリカへ移住したそのラビは、ホロコーストを生き延びた多くのユダヤ教徒を集めてハシド派の一派を創設し、故郷の街にちなんでサトマール派と名づけた。ほかのラビたちもそれにならい、ホロコーストによって消え去った東欧のユダヤ人コミュニティ、シュテットルの記憶を留めるために、各自の宗派に故郷の名前をつけた。

アメリカに定着したハシド派は、消滅の危機に瀕した民族的遺産への回帰を目指した。先祖にならって伝統的な衣服を身に着け、イディッシュ語のみを使った。ユダヤ人の大量虐殺は同化とシオニズムに対する神の罰だと信じ、多くはイスラエル建国に反対した。なによりもハシド派が重視したのは子孫の繁栄で、失われた無数の同胞をとりもどそうとするように人口の回復につとめた。今日にいたるまで、ハシド派のコミュニティは絶え間なく拡大を続けている。ヒトラーに対する究極の復讐として。

プロローグ

二十四歳の誕生日の前日、母にインタビューをした。場所はマンハッタン、産地直送のオーガニック野菜が売りのベジタリアン・レストランだ。最近は豚肉や甲殻類がすっかりお気に入りだけれど、シンプルな野菜料理も悪くない。ウェイターはブロンドの無造作ヘアに大きな青い瞳で、ユダヤ人でないとひと目でわかる。王族でも迎えるようなうやうやしい接客ぶりなのは、ここがアッパー・イーストサイドの店で、野菜ばかりのランチが百ドルもするからだ。こんな場所にいてもじろじろ見られたりせず、普通に受け入れられるのが、なんだか皮肉に思える。こんな日が来るとは想像もしていなかった。

会うまえに母にはいくつか質問があると伝えておいた。この一年のあいだ、十代に共有した時間すべてよりも長い時をともに過ごしたものの、過去の話にはなるべく触れずにいた。知りたくなかったのかもしれない。母について聞かされてきた話がでたらめだったと知るのも、聞いていたとおりだと知るのも、どちらも怖かったのかもしれない。それでも回想録を出すなら、自分のことだけでなく、すべてをありのままに語らなくてはならない。

一年前、わたしはユダヤ教ハシド派のコミュニティを去った。二十四歳のわたしにはまだまだ長い人生が待っている。息子の将来も無数の可能性に満ちている。レース開始の号砲の直前にどうにかスタートラインに立てた、いまはそんな気がしている。母はどうだろう。わたしとの共通点もあるはずだが、違いのほうがずっと目立つ。コミュニティを去ったときの母はいまのわたしより年齢が上だったし、娘のわたしを連れてはいかなかった。母が家を出たのは、幸せというより安全のためだった。お互いの夢が雲だとしたら、わたしの夢は大きな綿雲で、母の夢は冬空高く浮かぶひと筋の薄雲だ。

物心ついたときから、わたしは人生にすべてを求めていた。手に入りそうなものはなんでも欲しがった。高望みをしない人たちとは違っていた。可能性は無限だというのに、ささやかな望みしか持とうとしない人たちがまるで理解できなかった。母のことはまだよく知らないので、どんな夢を描いてきたかもわからない。母にとっては大事なもののはずだから、敬意を払おうと思う。違いは多いけれど、よりよい人生のための選択をした点で、わたしたちは同じだ。

母はイギリスのドイツ系ユダヤ人のコミュニティで生まれ育った。敬虔《けいけん》なユダヤ教徒の家ではあったものの、ハシド派ではなかった。両親が離婚して、居場所のない不幸せな子供時代を送ったという。良縁はおろか、そもそも結婚相手が見つかる望みも薄かったのと母は言った。ウェイターがポレンタフライとブラックビーンズの皿を運んできた。母がフライをフォークで刺す。

料理を口に運ぶ合い間に、母は話を続けた。縁談が来たときは夢かと思ったという。父の両親は裕福で、息子を早く結婚させたがっていた。順番を待つ弟や妹が何人もいたからだ。父は二十四歳で、まともなハシド派の男性ならとっくに家庭を持っている年齢だった。年を取れば取るほど結婚できる可能性は低くなる。父にとっても、母のラケルが最後のチャンスだったのだ。

周囲の人々は、アメリカに行けるなんてラッキーだと母を祝福してくれたという。家具つきのしゃれた真新しい住まいを用意してもらえ、費用もすべて出してもらえる。きれいな服や宝石もプレゼントしてもらえる。父には姉妹が大勢いて、会えるのを楽しみにしていると聞かされていた。

「で、どうだった、ちやほやしてもらえた？」わたしは尋ね、おじやおばの名前を出した。親戚の大半がなぜかわたしを見下していたからだ。

「最初はね。イギリスから来た珍しいおもちゃみたいに。へんてこな訛《なま》りで話す、華奢《きゃしゃ》なかわいい女の子ってわけ」

母は父の妹や弟を救ったのだ。独身のまま年を取っていく運命から。だからはじめのうちは、父と結婚したことを感謝されたという。

「あの人が立派に見えるように、あれこれ世話を焼いたものよ。自分じゃなにもできない人だから、身だしなみにはずいぶん気を使ってあげた。家族が恥ずかしくないように」

父のことは恥ずかしいという記憶しかない。わたしが知っている父は、いつもみすぼらしくて汚かった。子供じみた場違いな振る舞いばかりしていた。

「いまは父さんのことどう思ってる？　どこが悪かったのかな」

「さあ、よくはわからないけど。妄想とか、そういう心の病気だったんでしょうね」

「え、それだけだと思う？　知能のほうの問題じゃなくて？」

「じつは、結婚したあと一度だけ精神科を受診したことがあるの。ある種のパーソナリティ障害らしいと言われたけど、本人が詳しい検査を拒否したから、はっきりしたことはわからなかった」

「どうなのかな」わたしは少し考えて続けた。「ハヤおばさんは、父さんが子供のころに知能の遅れがあると診断されたって言ってたけど。ＩＱは六十六だったって。だから、どうしようもないんだって」

「でも、家族はほったらかしだった。治療を受けさせることもできたのに」

わたしはうなずいた。「とにかく、最初のうちはみんな優しかったのね。そのあとは？」母のいないところでおばたちがひどい悪口を言っていたのを覚えている。

「それが、お祭り騒ぎが終わると、わたしのことを無視するようになったの。なにをやるにも、わたしはのけ者。貧しい家の出だから見下していたのね。ほかのきょうだいは実家も結婚相手もお金持ちだから、わたしとは住む世界が違ったのよ。わたしたち夫婦だけろくな収入がなかったから、あなたのおじいちゃん《ゼイディ》が養ってくれていた。でも、あの人はけちんぼでね。必要最小限のものが買えるだけのお金しかくれなかった。とても頭のいい人だけど、人間のことはわかっていないのよ。現実が見えてないの」

家族を悪く言われると、いまだに少し胸が痛み、かばいたくなる。

「でも、あなたのおばあちゃん《バビー》は、わたしのことを見下したりしなかった。家族には軽《かろ》んじられていたけど、みんなが思うよりずっと賢くて、心の広い人よ」

「うん、わたしもそう思う」母と意見が一致してうれしくなった。ふたりともバビーのことを同じように見ていたのだ。「ほかのみんなはわたしを厄介者扱いしたけど、バビーだけは大事にしてくれた」

「そうね、ただ……なんの力もなかったけど」

「たしかに」

つまり、母にはしがみつくべきものがなかったのだ。夫も、家族も、家も。大学に通えば、そこに居場所や目的が見つかる。留まる理由がなければ人は去る。求められ、受け入れられる場所を求めて。

ウェイターが蝋燭を立てたチョコレートブラウニーを運んできた。「ハッピー・バースデー・トゥー・ユー……」小声で歌いながらこちらを見るので、わたしは赤面してうつむいた。

「ほら、吹き消して」母がそう急かしてカメラを取りだす。思わず笑いだしそうになった。きっとウェイターは、毎年恒例の誕生日祝いに来た母娘連れだと思っているだろう。傍目にはわからないだろうが、母に誕生日を祝ってもらったことなどほとんどない。なのに、母はどうしてこんなにあっさり親子に戻れるのだろう。気まずくないのだろうか。わたしにはとても無理だ。

ふたりしてブラウニーを平らげたあと、母はひと息ついて口もとを拭《ぬぐ》った。あなたを連れていきたかったけどできなかったの、と話は続いた。お金もなかった。婚家からは娘を連れていくなら破滅させてやると脅された。なかでも最年長のおば、ハヤは最悪だったという。「あなたに会いに行くたび、ハヤはわたしをゴミみたいに扱った。あなたを産んだ実の母親じゃないみたいに。まったく、なんの権利があってあんなことを？　血縁でさえないくせに」ハヤは長男の妻で、一族を牛耳《ぎゅうじ》っていた。すべてを取り仕切り、自分の意見を押しつけた。

母が父のもとを去ったとき、ハヤはわたしのことにも口出しした。わたしをサトマール派の学校に通わせ、戒律に厳格な家の息子と結婚させると決めたのもハヤだった。結果的にハヤから教わったこともある。自分の人生は自分で決めること、したたかに生きること、そして誰にも幸せの邪魔はさせないことだ。

ゼイディをせっついて十七歳になったばかりのわたしをお見合いさせたのもハヤだったと、あとで知った。要するにハヤこそがわたしの結婚相手を決めたのだ。その後のすべてをハヤのせいにしたくはあるが、そんなに単純ではないこともわかっている。コミュニティの仕組みはわたしも承知しているし、長年の伝統という流れがいかに強力で抗《あらが》いがたいものであるかも知っている。

二〇一〇年八月
ニューヨーク

1　秘められた力を探して

自分の両親が善良で愛情深く、ものわかりのいい立派な賢い人たちならどんなにいいだろうとマチルダは思っていた。でも実際はまるで違っていて、それに耐えるしかなかった……

　小さくて幼いマチルダが父親や母親に勝てるのは、頭脳の力だけだった。

　　　　――ロアルド・ダール『マチルダは小さな大天才』

　父はわたしの手を握ったまま、工場の鍵をあけるのに手間取っていた。ウィリアムズバーグの工業地帯にある通りは人影もなくひどく静かだった。夜空には星がかすかに瞬《またた》き、ときおり近くの高速道路を行き過ぎるくぐもった車の音が聞こえている。わたしはそわそわと足踏みをしながら自分のエナメル靴に目を落とし、唇を噛んでもどかしさをこらえた。連れてきてもらえただけでラッキーだ。毎週来られるわけじゃない。

　父の仕事は雑用ばかりだったが、そのひとつが、安息日《シャボス》〔ユダヤ教の祝日で、金曜日の日没から土曜日の日没まで一切の労働が禁じられる〕明けに〈ベーグルズ〉というユダヤ系のベーカリーへ行ってオーブンに火を入れることだった。安息日にはユダヤ系の店や工場がすべてお休みになり、操業再開の作業はユダヤ教徒の手で行うことになっている。そういった単純な仕事なら父にもこなすことができた。なかへ入ると異教徒の従業員が先に仕事をはじめていて、生地を練り、ロールパンや食パンの形にまとめていた。広い工場の奥へと進みながら父が次々にスイッチを入れると、機械がうなりをあげ、工場内に活気が戻りはじめる。父がその中心にいるのを感じてわたしの胸ははずんだ。パン焼きを再開するには、誰もが父の到着を待たないといけない。父が重要な仕事をしていると思うと自分まで重要人物になった気がした。遅刻してきた父にみんな笑顔で会釈し、粉まみれの手袋をした手でわたしの頭も撫でてくれた。父が機械の最後の一台に電源を入れるころには、ミキサーやベルトコンベヤの音が工場中に響きわたっていた。セメントの床からかすかな振動が伝わってくる。トレイがオーブンに入っていき、反対側からキツネ色に輝くロールパンがきれいに並んで出てくる。父は立ち話をしながら卵のクッキー《キチェル》を食べていた。

キチェルは祖母《バビー》の好物だった。だから工場へ来るときはいつもお土産に持って帰った。入り口近くの保管庫には箱詰めされた商品が棚に積まれて朝の出荷を待っていて、わたしたちはいつも両手いっぱいにお菓子やパンをもらって帰った。虹色のチョコをまぶした名物のカップケーキや、シナモンやチョコレート風味のバブカというデニッシュパン、マーガリンたっぷりの七層のケーキ。チョコ味のところがおいしい白黒クッキー。父はいつも祖父母の住まいに寄り、戦利品のようにそれを食卓にどさっと置いた。どれも食べるのはわたしだった。夜には歯にはさまった砂糖衣やロの両脇にくっついたケーキの欠片《かけら》の味を楽しみながら眠りについた。

でも、父とのいい思い出は多くない。自慢に思えることがほとんどなかった。バビーがいくら洗濯しても、父のシャツはいつも腋《わき》が黄ばんでいたし、にやにや笑いは間抜けなピエロみたいだった。わたしに会いに来るときは、チョコレートがけされたアイスバーをお土産に買ってきて、わたしがおいしいと言うのを期待のこもった目で待っていた。それが父親の務めだと思っていたのだろう。娘にお菓子を与えるのが。そのあと、〝仕事〟があるからと言って、来たときと同じようにふらっと帰っていった。

父がお情けで仕事をもらっているのは知っていた。頼まれるのは、車の運転や届け物など、失敗せずにできそうな簡単な用事ばかりだった。でも父はそれに気づかず、大事な使命を担っていると思いこんでいた。

さまざまな雑用のうち、ベーカリーのほかにわたしがついていけるのが、空港だった。ベーカリーより楽しみではあったけれど、行けるのは年に二度ほどだった。飛行機に乗る機会などないとわかっているのに、なぜそんなに空港が好きだったのかと自分でも不思議に思う。ピックアップする相手を待つ父の横で、スーツケースをきしませながらせわしなく行き交う旅人たちを眺めていると、胸がわくわくした。誰もが行くべき場所や目的を持っていて、なんて素敵な世界だろうとわたしは思った。ここでつかのま翼を休めた飛行機は、すぐさま地球の反対側の空港に飛んでいく。願いがかなうなら、空港から空港へと飛びまわる旅暮らしをしてみたかった。牢屋のような狭い世界を出て自由になりたかった。

父はわたしを家に送り届けたあと、しばらく姿を見せないことがあった。数週間たってから通りで偶然見かけることもあったが、そんなとき、わたしは顔を背《そむ》けて気づかないふりをした。声をかけられて立ち話の相手に紹介されるのが嫌だったからだ。わたしが娘だと知られ、もの珍しさと哀れみが混じった目で見られるのは耐えられなかった。

「この子がお嬢《メイデラ》さん?」相手は優越感のにじむ優しげな声で言い、節くれだった指でわたしの頬をつまんだり、顎《あご》を上げさせたりした。それからこちらの顔をしげしげと眺め、親子のしるしを探すのだった。あとでこんなふうに言えるように。「あの子も気の毒に。生まれた子に罪はないのにねえ。顔を見たらわかる、まともじゃないね」

そんなふうに思わずにいてくれるのはバビーだけだった。バビーは人のことを決めつけたりしなかった。父のことも決めつけてはいなかったが、それは現実から目を逸《そ》らしていただけかもしれない。十歳を過ぎるころまでの父は、愛嬌のあるいたずらっ子だったとバビーは言っていた。痩せっぽちだったので、バビーは少しでも多く食べさせようとした。好物ばかり与える代わりに、料理を平らげるまで食卓を離れるのは許さなかった。あるとき、父は出された骨付きチキンに紐をくくりつけ、窓の外にぶら下げて裏庭の猫に食べさせた。友達が外で遊んでいるあいだ何時間も食卓に残らずにすむと思ったのだ。戻ってきたバビーに、父は空《から》になった皿を見せた。「骨はどこ? 骨までは食べられないでしょ」バビーにはお見通しだった。

思いつきとしては冴えていると思ったけれど、猫がしゃぶった骨を引きあげてお皿に戻しておくだけの知恵が父にはなかったと知って、称賛の気持ちは泡と消えた。十一歳ならもっとうまくやれるはずなのに。

ティーンエイジャーになると、父の無邪気ないたずらも微笑ましいとは言えなくなった。ユダヤ教学校《イェシバ》ではおとなしくすわっていられないので、祖父《ゼイディ》にニューヨーク州北部にあるゲルショム・フェルドマンの少年矯正施設へ送られた。そこは問題児のための学校で、普通のイェシバに似ているが、素行が悪いと体罰を加えられる。それでも父の問題行動はおさまらなかった。

子供なら少々変わっていても許される。けれども大の大人が、黴臭《かびくさ》いケーキを何カ月も捨てずにとっておくとなると話は別だ。医者も知らない病原菌がうようよしているからと、冷蔵庫にストックしたピンクの小児用液体抗菌薬を毎日欠かさず飲むなんて、どう考えても理解できない。

バビーはいつまでも父の世話を焼いていた。コシェル［ユダヤ教の戒律に従った清浄な食べ物］を謳《うた》っていた肉が偽装だったという事件が十年前に起きて以来、ゼイディは牛肉を口にしなくなったが、バビーは父のためだけに牛肉料理を用意した。父だけでなく、バビーは結婚したほかの息子たちにも料理を作っていた。世話を焼いてくれる妻がいるのに夕食時にやってくる息子たちを、バビーは当然のように受け入れた。毎晩十時になると、キッチンの調理台を拭《ふ》きながら〝レストラン〟は閉店よとおどけて告げるのだった。

わたしもそこで食事をし、寝起きするのもたいていは祖父母の暮らすタウンハウスの二階だった。母はもういなかったし、父は頼りにならなかった。ごく幼いころ、眠るまえに母が本を読んでくれたのを覚えている。『はらぺこあおむし』や『おおきいあかいクリフォード』を。祖父母の家にあるのはお祈りの本ばかりで、就寝前にはシェマの祈りを唱えるだけだった。

また本を読みたかった。読み聞かせてもらったのは唯一の楽しい思い出だったから。でも英語はうまく読めないし、本を手に入れるすべもなかった。だから、本の代わりに〈ベーグルズ〉のカップケーキやキチェルで自分を満たした。バビーは料理に情熱を注いでいたので、わたしも食べることは大好きだった。

バビーのキッチンは世界の中心だ。みんなが集まってきておしゃべりやゴシップに花を咲かせ、バビーはそれを聞きながらミキサーに食材を入れたり、コンロにかけっぱなしの鍋をかき混ぜたりしていた。深刻な話はドアを閉じた部屋でゼイディに報告されたが、いい知らせはいつもキッチンでみんなに発表された。物心ついたときからずっと、わたしは料理の湯気が立ちこめた白いタイル張りの小さなキッチンに惹《ひ》きつけられていた。よちよち歩きの幼児のころから、両親が暮らす三階から二階への階段をそろそろと下り、バビーのキッチンを目指したものだった。チェリー味のゼリーのご褒美を期待して。

キッチンにいればいつでも安心だった。うまく言えないが、そこにいると、見知らぬ土地で迷子になった気分を味わわずにすんだ。あのころいつも感じていた、異邦人のような気持ちを。キッチンでは故郷に戻ったように感じられた。

テーブルと冷蔵庫のあいだに置かれた小さな革のスツールがわたしの指定席で、バビーがチョコレートケーキの生地を混ぜるのをいつもそこで眺め、ヘラについた残りを舐めさせてくれるのを待っていた。安息日が近づくと、バビーは飴色に炒めた玉ねぎを加えながら、牛のレバーの塊をすりこぎで肉挽き器に詰めこんだ。下に置いたボウルのなかに、細かく挽かれたペースト状のレバーがぽたぽたと落ちていった。朝にはときどき、高級なオランダ製のココアと牛乳を鍋で煮立て、濃くて苦いホットチョコレートを作ってくれた。わたしはそれに角砂糖を入れて甘くした。バビーのスクランブルエッグはバターたっぷりで、ブンダーシュというハンガリー風のフレンチトーストは、いつもカリカリで完璧な焼き加減だった。バビーが料理するのを見ているのは、食べるのより好きなくらいだった。おいしそうなにおいが家中を満たすのがたまらなかった。奥行きの深いタウンハウスのなかを香りがゆっくりと伝わり、芳香に包まれた列車のなかにいるような気がした。毎朝小さな寝室で目を覚ますと、わたしは家の反対端にあるキッチンから漂う香りに鼻をひくつかせ、朝食のメニューを当てようとした。バビーはいつも早起きで、わたしが目を覚ますころにはきまって朝食作りの最中だった。

ゼイディが留守のとき、バビーは鼻歌を歌った。ボウルのメレンゲを慣れた手つきで角が立つまで泡立てながら、羽のように軽くか細い声でハミングした。曲はウィンナ・ワルツやハンガリー狂詩曲だった。子供のころに覚えた、ブダペストの思い出の曲だそうだ。ゼイディが帰ってくるとバビーは鼻歌をやめた。女性は歌うことを禁じられているが、家族の前ならかまわない。それでもゼイディは、歌うのは安息日のあいだだけにするべきだと言っていた。エルサレム神殿の破壊を忘れないために、特別なとき以外は歌ったり音楽を聴いたりすることを慎《つつし》むべきだと考えていた。ときどきバビーは、わたしが父にもらった古いテープレコーダーを出してきて、いとこの結婚式で流した曲を繰り返し聴いた。人が来たらわかるように音量は小さくし、玄関でかすかな音がしたとたん、レコーダーを止めた。

バビーの父は、古代エルサレム神殿の時代に起源を持つ祭司《コーヘン》の家系に生まれた。コーヘンは朗々とした美しい声で知られている。ゼイディは音痴だったが、ヨーロッパで父親から教わった歌を歌うのが好きだった。伝統的な安息日の歌も、ゼイディが抑揚のない声で歌うと単調なつぶやきにしか聞こえなかった。聞いているバビーは首を振って苦笑いした。いっしょに歌うのはとうの昔にあきらめていた。ゼイディと歌うと誰もが調子外れになる。声量だけはあるので、周囲はつられて旋律をたどれなくなってしまうのだ。バビーの歌声を受け継いだのは息子ひとりだけで、残りはみんなゼイディに似た。わたしは学校の合唱でソロに選ばれたのとバビーに話した。張りのあるはっきりした声なのはバビーの血かもねと。バビーに自慢の孫だと思ってもらいたかったからだ。

バビーは学校のことを訊かなかった。なにをして過ごしたかとも尋ねなかった。わたしのことをよく知りたいとも思っていないようだった。バビーは誰に対してもそうだった。きっと、家族全員を強制収容所で殺され、人と心を通わせる気力を失ってしまったせいだろう。

バビーが気にかけるのは、わたしが満足に食べているかということだけだった。分厚くバターを塗ったライ麦パンに、栄養満点の野菜スープ、しっとりつややかなアップルシュトルーデル。ババビーはせっせとわたしに食べさせた。ときには、おかしなタイミングでおかしなものをこしらえた。朝食に七面鳥のローストが出てきたり、夜中にコールスローサラダを勧められたり。なにを出されても食べるしかなかった。食品庫にはポテトチップスの袋も、シリアルの箱さえも入っていなかった。バビーの家で食べられるのは、一から手作りされたものばかりだった。

ゼイディは学校のことを尋ねたが、たいていは行儀よくしているかという確認だった。反抗的な孫を持ったと噂されないように、わたしの振る舞いをたしかめているだけだ。贖罪の日《ヨム・キプール》の前週のこと、ゼイディに断食《だんじき》を勧められた。新たな気持ちで一年をはじめることで、控えめで敬虔な娘になれるかもしれないという。わたしにとっては初めての断食だった。律法《トーラー》には女性は十二歳で成人すると定められていて、十一歳の断食はそのお試しのようなものだった。子供から大人への橋を渡ると、新たな戒律だらけの世界が待ち受けている。そのための試運転をするというわけだ。

仮庵の祭《スコット》「エジプトを脱出したユダヤ民族が荒野で天幕に住んだことを記念する祭」の数日前。ゼイディはわたしに仮庵《スカ》作りを手伝わせた。スカとは小さな木の小屋で、そのなかで八日のあいだ食事をとる。屋根を葺《ふ》くには、梯子にのぼったゼイディに一本ずつ竹の棒を渡す役が必要になる。ゼイディは据《す》えたばかりの梁の上に重たい竹を並べ、にぎやかな音を立てて合い釘を打った。手伝わされるのはなぜかいつもわたしで、梯子の下で何時間も竹を手渡していると、しまいに退屈してしまった。

それでも、役に立っていると実感できるのはうれしかった。竹の棒は十年以上も使っているもので、一年中倉庫に入れっぱなしなのに、さわやかな甘い香りがした。手のなかで転がすとひんやり冷たく、長年使われて表面にはつやが出ている。ゼイディは一本ずつ慎重にそれを受けとった。家事はめったにしないゼイディも、祝祭の準備には時間を割いた。仮庵の祭はわたしのお気に入りの行事だった。さわやかな秋の数日を戸外で過ごせるからだ。セーターを重ね着したわたしは、椅子三脚をベッド代わりにしてベランダに寝そべり、裏庭に差しこむ心地よい薄日を最後のひと筋まで浴びた。


仮庵の祭は長い祝祭だが、中間の四日間はとくに大事な儀式がない。ホル・ハ・モエドと呼ばれるその四日間には労働が禁じられているものの、車の運転やお金の使い方に関する決まりはなく、普通の平日と同じように過ごせるので、多くの家族が旅行に出かける。いとこたちも毎年どこかへ遊びに行くので、わたしも交ぜてもらった。前年はコニー・アイランドに行った。今年はそこにあるアイススケート場に行こうとミミに誘われていた。

ミミはいとこのなかでは珍しく、わたしに優しかった。ミミの両親が離婚していたせいかもしれない。ミミは再婚した母親と暮らしていたが、祖父母の家にもよく父親——わたしから見ればサイナイおじさん——に会いに来た。わたしの一族はふたつに分かれているようだった。問題のある者たちと、完璧な者たちに。わたしに話しかけてくれるのは問題のある側の人たちだけだった。でもかまわない。ミミといると楽しかった。高校生のミミはひとりで自由に出歩き、蜂蜜色の髪をドライヤーで外巻きにセットしていた。

祝祭のごちそうを出すバビーを手伝い、料理の皿をお盆にのせてキッチンとスカを往復しながらそわそわと二日を過ごしたあと、ようやくホル・ハ・モエドがやってきた。朝早くミミが迎えに来てくれた。わたしはミミに言われたとおりの服装で待ちかまえていた。分厚いタイツと靴下を履《は》き、ワンピースの上にごついセーターを着こみ、もこもこのミトンをはめ、帽子もかぶった。着ぶくれして不格好だけれど、寒さ対策はばっちりだ。ミミはベルベットの襟がついた粋なチャコールグレーのウールコートを着て、ベルベットの手袋をしていた。妬《ねた》ましいくらいおしゃれだった。わたしはといえば、重たいミトンのせいで腕がだらんと垂れ、場違いな猿みたいだった。

アイススケートは最高だった。最初のうちは借り物のスケート靴の足がぐらつき、リンクの縁にしがみついてそろそろ進むだけだったが、すぐにコツをつかんだ。うまくすべれるようになると、空を飛んでいるような気がした。何度か氷を蹴り、ミミに教わったように背筋をまっすぐに伸ばし、目を閉じて勢いに身を任せると、それまで味わったことのない自由な気持ちになった。

耳もとで風を切る音が周囲の笑い声を遠ざけた。エッジが音を立てて氷を削り、そのリズムに没入する。同じ動作の反復に恍惚となりながら、人生がずっとこんなふうならいいのにと思った。目をあけるたび、どこかほかの場所にいられたらと願った。

二時間が過ぎ、気づくとお腹がぺこぺこだった。それは心地よい疲れが運んできた空腹で、そのときだけは自分のなかの空っぽさが快感だった。ミミがコシェルなサンドイッチを用意してくれていた。ふたりでリンクの外のベンチに腰を下ろした。

ライ麦パンのツナサンドにかぶりついたとき、隣のテーブルの家族に気づいた。わたしと同じくらいの年の女の子がいた。わたしと違ってアイススケートにぴったりのおしゃれな服装をしている。丈の短いワンピース、分厚くて鮮やかな色のタイツ、おまけにふわふわのイヤーマフ。

その子は視線に気づくと、ベンチから降りてこちらへ近づき、握った手を目の前でひらいた。銀紙に包まれたチョコレートが現れた。そんなお菓子を見たのは初めてだ。

「あなた、ユダヤ教徒?」チョコレートがコシェルかどうかたしかめようと、わたしは訊いた。

「そうよ。ヘブライ語学校に通ってて、ヘブライ文字も知ってるし。わたし、ステファニー」

わたしはおそるおそるチョコレートを受けとった。包み紙にはハーシーズと書かれていた。ハーシュはユダヤ人の男性によくある名前で、末尾を〝イー〟と伸ばすと親しみのこもった愛称になる。ハーシーというのはどんな男の人だろうとわたしは思った。チョコレートの包み紙に名前が印刷されているのを見たら、その人の子供は父親を自慢に思うはず。わたしにもそんな父さんがいればよかったのに。さっそくあけてみようとしたとき、ミミの険《けわ》しい表情が目に入った。食べちゃだめと首を振っている。

「ありがとう」お礼を言って、わたしはチョコレートをきつく握りしめた。ステファニーは首をかしげ、テーブルに戻っていった。

ステファニーが声の届かないところまで行くのを待って、ミミが言った。「そのチョコレートは食べちゃだめ。コシェルじゃないから」

「でも、あの子はユダヤ人なのに。そう言ってたもん。なぜ食べちゃいけないの？」

「ユダヤ人がみんなコシェルの決まりを守ってるとはかぎらないの。それに、コシェルと謳われてても、十分清浄とはかぎらないし。ほら、包み紙のマークを見て。OUDってあるでしょ。これはコシェルな乳製品だけど、コロヴ・イスロエルの乳製品じゃない。つまり、ラビお墨付きの牛乳じゃないものが使われてるってこと。こんなの持って帰ったら、ゼイディが卒倒しちゃう」

ミミはチョコレートを取りあげ、近くのゴミ箱に捨てた。

「あとで別のチョコレートを買ってあげる。帰りに。本当にコシェルなのをね。ラヒット・ウエハースとか。あれ好きでしょ」

わたしはしぶしぶうなずき、ツナサンドを平らげながら、リンク横のゴムマットの上でジャンプの練習をするステファニーを眺めた。バランスよく着地を決めるたび、ぎざぎざのブレードの先が鈍い音を立てていた。ユダヤ人なのにコシェルの決まりを守らないなんて、とわたしは不思議だった。ヘブライ文字まで知っているのに、ハーシーズのチョコを食べるなんて。いったい、なにを考えているんだろう。

ハヤおばさんはひどくいかめしい顔をしていた。わたしは祝祭の食卓で隣にすわらされ、音を立てずにスープを飲む方法を教わっているところだった。にらみつけられると怖いので、嫌でも覚えることになる。できるだけ見とがめられないようにしていたものの、無駄だった。わたしのことで重要な決定が下されるとき、いつもハヤが口を出した。毎日顔を合わせなくなってからもそうだった。昔はしばらくいっしょに暮らしていた。母が去った直後のことだ。小さな黒のホンダに乗って母が出ていったとき、近所中の人たちが窓から見物していた。ウィリアムズバーグで車を運転した女性は、母が初めてだったのかもしれない。

ハヤとの暮らしはつらいことだらけだった。泣くといつも叱りつけられ、止めようとするといっそう涙があふれた。わたしはバビーと暮らしたいと訴えた。祖父母は年寄りで、とっくの昔に子育ては卒業していたけれど、なんとか引きとってもらえた。それでもゼイディはハヤに子育ての相談をしていた。おばさんになにがわかるっていうのとわたしは不満だった。娘は三人とも、学校を卒業したとたんシーム入りのストッキングを脱ぎ捨て、さっさと結婚してボロー・パーク地区へ引っ越してしまったというのに。

仮庵の祭のまえに、四階にあるハヤの住まいの大掃除をバビーに言いつかった。ハヤの家にはネズミ捕りが仕掛けられていた。駆除業者に週二回来てもらっているにもかかわらず、わが家の建物はいつもネズミに悩まされていた。ウィリアムズバーグの古い家はどこもそうだ。ハヤはいつも、粘着シートのついた黄色い台紙にピーナッツバターを塗りたくって家具の下にすべりこませていた。わたしが行くと、ネズミが捕れたか確認しているところだった。箒《ほうき》でコンロの下から台紙を掃きだすと、一匹のネズミが哀れっぽく鳴きながら必死にもがいていた。もう少し残酷でない方法だってあるのにとわたしは思った。虫を捕まえて外に放すみたいに。でも、なにも言えずにいるうちに、ハヤはネズミ捕りを両手で持ちあげ、手を叩くように勢いよく半分に折った。ネズミはぺちゃんこになって死んだ。

わたしは息を呑んだ。そんなふうに嬉々としてネズミを殺す人など見たことがなかった。バビーが見つけるのはたいてい死骸なので、ビニール袋に入れて外のゴミ箱に捨てていた。数カ月前、わたしがドレッサーの抽斗《ひきだし》をあけると、セーターの上にネズミが巣を作っていて、九匹のピンクの塊がうごめいていた。わたしの親指ほどしかない仔ネズミたちが、母ネズミのこしらえたアルミホイルや紙の切れ端の小山の上で楽しげに動きまわっていた。一週間ほどそのことを内緒にしていると、ある日、巣は空《から》になった。愚かなことに、わたしは合計十四のネズミを家に放ち、バビーを悩ませることになってしまった。

ネズミが好きなわけじゃない。殺すのが嫌なだけだ。ゼイディはわたしの思いやりを不適切で見当違いだと考えていた。思いやりを持つのはいいことだが、わたしがそれを正しく使っていないと言っていた。どうでもいいものに同情するのではなく、育ててくれる人のことを思いやり、自慢に思ってもらえるようにつとめるべきだと。

ほかのおじやおばたちも厳しかった。いつも子供たちに小言を言い、怒鳴りつけ、恥じ入らせてばかりだった。それがしつけ、トーラーに従った子育てなのだ。戒律を重んじる敬虔なユダヤ教徒に育てるのは親の責任で、そのためならどれほど厳しくしつけてもかまわないとされている。孫を叱責するのは義務だとゼイディはよく言っていた。本物の怒りは禁じられているが、ヒヌフのために怒ったふりをしなければならないのだと。一族の人間は誰もハグやキスをしなかった。お互いを褒《ほ》めることもない。代わりに誰かの精神的・肉体的な欠点を指摘できるよう、いつでも監視しあっていた。ハヤいわく、相手の魂が安らかでいられるようにという思いやりだそうだ。

そしてハヤが家族のなかで誰よりも思いやっているのがわたしだった。祖父母の住まいに来るたび、タカのような目でわたしを見張り、絶えず粗探《あらさが》しした。ハヤがそばにいるとわたしの鼓動は跳ねあがった。その音が耳の奥でどくどく鳴り、なにを言われているのか聞こえなくなるほどだった。ほかの親戚が優しかったわけでもない。ラケルおばさんはわたしの顔に泥でもついているみたいな目つきで見るし、サイナイおじさんの行く手をふさぐと頭をはたかれた。ただ、ハヤの場合は、わたしに話しかけるたびににらみつけ、怒ったように顔をこわばらせた。いつも上等の服と靴を身に着けていて、料理や片づけをしても汚れひとつつけず、わたしが襟にスープをこぼすといらだたしげに舌打ちした。わたしを怯《おび》えさせ、支配する喜びを味わっていたにちがいない。優しげなふりで甘ったるい猫なで声を出すときも、目は険しいままだった。チェリーパイ作りのときはボウルでパイ生地をこねるわたしの手もとを食い入るように見つめ、どんな些細なミスも見逃さなかった。

一族のなかで、ハヤだけが生まれつきのブロンドだった。ブロンドのかつらを着けているおばはほかにふたりいたが、ふたりとも結婚前は黒髪だった。ハヤは肌も白くなめらかで、アイスブルーの目をしていた。ウィリアムズバーグでは天然のブロンドは珍しく、ハヤは自分の美しさを鼻にかけていた。わたしも明るい色の髪に憧れて、ときどきレモン汁を頭に振りかけ、髪にすりこんでみたけれど、無駄だった。漂白剤を髪の一部にかけたときは効果があったものの、あまりに色が変わりすぎ、気づかれるのではとひやひやした。髪を染めることは禁止なので、金色の筋が入った髪が噂になったりしたら困る。

ハヤはゼイディをせっつき、わたしを精神科医に診せることにした。それまでにもふたりの医師の診察を受けていた。どちらも正統派ユダヤ教徒の男性医師で、ボロー・パークにクリニックを構えていた。ひとり目には正常と診断された。ふたり目は、診察のとき話したことをハヤにまるごと報告したので、わたしはそれきり貝のように口を閉ざした。今度は女医のところへ連れていくとハヤは言った。

頭の医者に診てもらうことに異存はなかった。自分でもどこかおかしいのではと思っていたからだ。てんかん持ちのエステル大おばさんみたいに、いつか口から泡を噴いて目を覚ます日が来るような気がしていた。ハヤに言わせれば、母方の血筋のせいだそうだ。どちらにしろ遺伝的に恵まれてはいないだろうから、まともでなくても不思議ではなかった。納得がいかないのは、精神科医が役に立つなら、なぜ両親を連れていかなかったのかということだった。もしも診せたのに効果がなかったのなら、わたしに試しても無駄なのでは？

女医の名前はシフラといった。シフラはエニアグラムという図の書かれた紙を見せた。エニアグラムは人間の性格を九種類に分けたものだ。九つのうちのどれかに分類され、さらにウイングというサブタイプが添えられる。タイプ５に当てはまり、タイプ４と６をウイングとして持ちあわせているという具合に。

「タイプ４、〝個性を求める人〟。あなたはそれに当てはまるわ」

なぜそんなに簡単にわたしの性格を分類できるのだろう。会って十分とたっていないのに。それに、個性を求めてなにが悪いのだろう。医師の言うとおり、わたしは自分らしく振る舞いたいし、人にあれこれ言われるのが嫌いだけれど、それは悪いことなのだろうか。ハヤはわたしのそういうところを病的だと思って、治そうとしているのだろうか。そうすれば、自分のように品行方正で慎ましやかな女性になると考えているのだろうか。

わたしは早々にクリニックを飛びだした。きっとその行動も、わたしの人格に問題があり、矯正が必要な証拠にされるのだろう。わたしはボロー・パークの十六番街をうろつき、安息日に備えて買い物をする女性や女の子たちを眺めた。汚い排水溝から漂う腐ったニシンのにおいに思わず顔をしかめた。なぜ自分はほかの女の子たちみたいになれないのだろう。あの子たちの従順さは身体にしみつき、血にも流れていそうなのに。心も静かで穏やかにちがいない。わたしはといえば、考えがすぐ顔に表れ、黙っていても罰当たりなことを考えているのを悟られてしまう。このときも、よからぬ思いつきが頭に浮かんでいた。あと一時間半はウィリアムズバーグに戻らなくてもいいし、ほんの数ブロック北に、何度か通りかかったことのある公共図書館がある。ここなら知り合いがいないから、ふらりと入っても安全だ。人目を気にしなくてもいい。

しんとした館内に足を踏み入れると、高い天井にまで届きそうに期待が膨らんだ。司書の女の人が児童書のコーナーを整理していた。さいわい、ほかに子供はいなかった。わたしは児童書コーナーが好きだった。すわって読める場所があるし、おすすめの本も並べられている。司書たちもにこやかで、どうぞと目で促《うなが》してくれる。

図書館のカードを持っていないので、本を借りて帰ることはできなかった。残念なことに。本を読んでいるときは最高に幸せで自由な気分になれる。本がそばにあれば、なんでも耐えられそうだった。

本の作者がわたしのことを知っているような気がすることもあった。わたしを思い浮かべながら書いてくれているような。でなければ、ロアルド・ダールの物語に出てくる子たちがわたしにそっくりなはずがない。恵まれない、ませた子供。浅はかな家族や同級生にばかにされ、無視される子供。わたしそのものだ。

『おばけ桃が行く』を読んだあとは、バビーの庭でなった果物に入ってどこかへ転がっていくところを想像した。子供向けの物語の主人公はたいていわたしみたいな変わり者で、まわりに理解されずにいる。でもなにかがきっかけで人生が一変し、魔法の国だとか、そういう本当にいるべき世界に行ける。それまでの人生は間違いで、自分がすばらしいことのために生まれてきた特別な存在だと気づく。自分もいつか穴に落ちて不思議の国に迷いこんだり、洋服箪笥《だんす》の奥にあるナルニア国に行けたりしたらいいのにとわたしは思っていた。ほかにはどんな場所があるだろう？　いまいる世界にだけは、いつまでたってもなじめそうになかった。

わたしは心を躍らせながら、マチルダが授業中に自分の特別な力に気づく場面を読んだ。どんな物語にもそういう決定的な瞬間がある。絶望だと思ったとき、思いがけなく希望が顔を出す。いつかわたしも秘められた力に気づくのだろうか。それはいまもわたしのなかで眠っているのだろうか。わたしもマチルダみたいに、最後には優しいミス・ハニーと暮らせるなら、これまでのつらいことにも納得がいくのに。

子供の本はいつもハッピーエンドだ。まだ大人の本を読んだことがなかったので、わたしはそれを人生の真実として受けとった。物語のなかでは、子供にはいつも公正な世界が用意されている。だから長いあいだ、お話のなかのように誰かが助けに来てくれるのを待っていた。わたしの落としたガラスの靴を拾ってくれる人などいないと気づいたときは、ひどく落胆した。

空《から》の器《うつわ》ほど音が大きい。ハヤや学校の先生からたびたび聞かされたことわざだ。イディッシュ語の教科書にも載っている。空っぽの器がよく響くのと同じように、おしゃべりな女ほど心が貧しい。心が満たされていれば、ものが詰まった器のように静かでいられる。子供のころは山ほどのことわざを聞かされたが、これがいちばんぐさりときた。

気をつけていても、わたしはつい言い返してしまう。相手をやりこめようとするのが賢くないのはわかっている。面倒なことになるだけだ。余計なことは言わないほうがいい。なのに、人の誤りを聞き流すことができなかった。なぜか義務感に駆られ、学校の先生たちの文法や引用の間違いを指摘してしまった。そのせいで生意気な子だとみなされていた。

わたしはサトマール派の女子学校に通っていた。初等部の主任をしているハヤがわたしの入るクラスを決めた。はじめのうち同級生たちは、わたしが特別扱いされるだろうとうらやんだ。でも実際はハヤに監視され、祖父母に言いつけられる機会が増えただけだった。ハヤからは、レベルの高いクラスだから頑張るようにと言われた。六学年は十二クラスあり、各クラスに特色があった。クラスメートたちはみんな真面目な勉強家で、わたしのようにわくわくするものを求めてはいなかった。

わたしは鉛筆でこつこつ机を叩きながら、長ったらしいトーラーの授業を聞いていた。抑揚のない声で延々と続く話を何時間も聞かされるのは耐えがたかった。せめてもう少し面白く話してくれたら、すわって聞いているのもつらくはないのに。先生にその気がないなら、わたしが面白くするしかない。

二週間前、誰かがラジエーターの下でネズミの死骸を見つけた。みんながいっせいに教室を飛びだそうとして大騒ぎになった。強烈なにおいだった。四階の主任室からハヤがなにごとかと下りてきた。ハヤは背筋をぴんと伸ばして両手を後ろで組み、スクエアヒールの音を響かせながら教室の後ろに近づいて、ラジエーターの下を覗《のぞ》きこんだ。身を起こすと、手袋をした手には干からびた灰色の塊がぶら下がっていた。わたしの隣で誰かが悲鳴を押し殺した。ハヤは唇を引き結び、不快げに眉をひそめて死骸をジップロックの袋に入れた。担任の先生でさえ青い顔で震えていた。わたし以外の誰もが呆然としていた。

おばという人が、わたしには理解できなかった。血縁ではないし、結婚前のことはほとんど知らない。わかっているのは、子供たちも、おば自身と同じでとっつきにくいということくらいだった。みんな同じように冷淡で、身のこなしや振る舞いも堅苦しい。ハヤはそれを自慢に思っていて、わたしも同じようになることを望んでいる。そうするべきなのかと思うこともあった。でも、喜びに満ちた人生を送れる可能性を捨てて、ハヤのようになんの感情も持たずに生きる気にはなれなかった。感情豊かなことこそが自分らしさで、不思議の国への切符でもある。わたしはそう信じていた。そのうち、朝起きたらベッド脇のテーブルに〝わたしを飲んで〟と書いた小瓶が見つかるかもしれない。それまではこの教室にいて、時間があっという間に過ぎる方法でも考えるしかない。

またネズミが見つかったとしたら？　鉛筆で机をこつこつ叩いているうちに、ぞくぞくするような案を思いついた。たとえば……だめ、できっこない。だったら……いや、やっぱり危険が大きすぎる。いもしないのにネズミを見たと言うなんて。でもうまくやれば、叱られずにすむ。ネズミがと叫んでいきなり立ちあがる——いたずらだなんて気づかれっこない。興奮と緊張で身体がうずうずしはじめた。でも、なにをきっかけにすれば？　そうだ、鉛筆を落とせばいい。鉛筆を拾おうと身をかがめ、それから椅子に飛び乗って悲鳴をあげる。あとは「ネズミ！」と叫ぶだけだ。

わたしは胃が飛びだしそうな思いで鉛筆を机の端に転がし、音を立てて床に落ちたところをできるだけ退屈そうな顔で見やった。それから机の下に手を伸ばして鉛筆を拾い、一瞬のためらいののち、椅子に飛び乗って叫んだ。「きゃあああ、ネズミ！　ネズミがいる！」

次の瞬間、教室中で悲鳴があがり、誰もが恐ろしいネズミから逃れようと机に飛び乗った。先生でさえ震えあがっている。級長が校務員を呼びにやられた。授業は中断され、校務員が教室を調べてネズミはいないと告げた。もちろん、いないに決まっている。

さらに校務員はネズミが逃げた方向をわたしに尋ね、どこかの穴にもぐりこんではいないかと探した。疑う様子はみじんもなかった。サトマール派の善良な少女がいたずらをたくらむとは夢にも思わなかったのだろうか。それとも、わたしの顔に浮かんだ恐れとショックが半分本物だったせいかもしれない。自分の大胆さに、わたし自身も驚いていた。

休み時間、クラスメートたちが興味しんしんで集まってきて、話を詳しく聞きたがった。「あなた、顔が真っ青だったわよ。よっぽど怖かったのね」われながらたいした女優っぷりだ。悲鳴に、青ざめた顔、震える手。こんな技を使えるなんて思ってもみなかった。ただの演技で人を騙せるなんて。そう考えると興奮した。

その日、ハヤから騒動のことを聞いたバビーとゼイディは大笑いした。ハヤだけは疑わしげにわたしを見たけれど、なにも言わなかった。わたしは初めての勝利を味わいながら、平然とおばを見返した。これがわたしの特別な力なのだ。マチルダのように念力でものを動かしたりはできないけれど、演技ができる。誰にも嘘だと見抜けない、迫真の演技が。


「バビー、ヴァージンってなに？」

バビーは顔を上げてわたしを見た。鋳鉄《ちゅうてつ》のテーブルの上で、クレプラハ〔ワンタンに似たユダヤ料理〕の皮にする生地をこねているところだった。湿度が高く、生地を膨らませるのにちょうどいい日だった。コンロから立ちのぼった湯気が雨粒に濡れた窓を曇らせている。わたしが粉だらけの手で持ったせいで、オリーブオイルの瓶には白い跡がついていた。ラベルには〝エクストラ・ヴァージン〟の文字に絡《から》みつくようなポーズの女性が描かれている。

「そんな言葉、どこで覚えたの」ショックを受けたようなバビーの表情を見て、いけないことを訊いたのだと気づいた。

「え、わ、わからない。覚えてない……」わたしは慌てて答え、瓶のラベルを壁に向けた。

「あのね、それは小さな女の子が使うような言葉じゃないの」バビーはまた柔らかいジャガイモ粉の生地をこねはじめた。ピンクの綿のターバンがずれて、結び目を留めたラインストーンのクリップが右耳のところまでずり落ち、白い産毛が覗いた。わたしは結婚したら、パイル地のおしゃれなターバンを頭のてっぺんで上品に結び、うなじはきれいに剃《そ》るつもりでいた。あまりしっかり剃るとひりひりするよとバビーには言われていたけれど。

バビーはゼイディに言われて初めて髪を剃ったときの話をするのが好きだった。結婚二年目のある日、ゼイディは家に帰ってくるとこう言った。「フライダ、きみの髪を全部剃ってくれないか」

バビーは憤然と言い返した。「あなたったら、頭がどうかしてしまったの？　かつらで髪を隠すだけでは足りないとでもいうの。ヨーロッパにいた母でさえ、かつらなんてかぶっていなかったのに。今度は髪を全部剃れですって。女は髪を剃るべしなんて教え、聞いたこともないわ」

「でもフライダ」ゼイディはあきらめなかった。「レベ〔ハシド派の指導者〕がそうおっしゃるんだ。新しい戒律だそうだ。妻にはみなそうさせないといけない。わたしだけが、髪を剃らない妻を持つ男になってもいいのか？　そんな恥ずかしい思いを家族にさせるのかい。妻に戒律を守らせることもできない夫だと、レベに思われてもいいと？」

バビーはふかぶかとため息をついた。「まったく、あんなレベがどうしたっていうの。あの人はわたしのレベじゃない。戦前はあなたのレベでもなかったでしょ。いきなり新しいレベの言いなりになるの？　だいたい、会ったこともないのに髪を剃れなんて、どういうつもりかしら。少々髪があったって、わたしほど慎み深い敬虔な女はいないはずよ。そう言ってやってよ」

何度も抵抗したものの、バビーはついに折れて頭に剃刀《かみそり》を入れた。そのときのことを、いつもこう言っていた。「剃るのはつらかったと思う？　それが全然。すぐに慣れたしね。それに正直な話、とくに夏は楽なのよ」

どうということはなかったのよとバビーは話を締めくくるのだった。わたしだけでなく、自分に言い聞かせているように聞こえることもあった。

「どうしてレベは女の人に髪を剃らせることにしたの？」わたしはきまって尋ねた。「ヨーロッパでは誰もそんなことしてなかったのに」

バビーはいつも少し考えてから返事をした。「ゼイディが言うには、レベはわたしたちがどんなユダヤ教徒よりも敬虔になるべきだと考えているそうなの。精いっぱいの努力をすれば、神様もきっと認めてくださって、戦争のときみたいな苦しみをお与えにはならないはずだって」そこまで言うと、つらい過去に思いを馳せるように黙りこむのだった。

わたしはせっせと手を動かすバビーに目をやった。粉だらけの手でターバンを直したせいで、おでこに白い筋がついている。生地をのばして四角に切り、チーズを包んで三角形に折ったものができあがった。わたしは沸騰した鍋にそれを入れ、浮かんできたクレプラハがぶつかりあうのをぼんやり眺めた。さっきの質問を取り消したかった。せめてなにか優しいことを言って、悪い言葉なんて使わない真面目な子なのだとバビーを安心させたかった。なのに、いつも質問ばかりしてしまう。そうするとバビーはため息交じりにこう言うのだった。「やれやれ《オイ・ヴェイ》、どうしておまえは、なんでもかんでも知りたがるんだろうね」なぜだろう。でもバビーの言うとおり、とにかくなんでも知りたかった。バビーが下着の抽斗に隠している本――悩ましい表情の女の人が表紙に描かれた安っぽいペーパーバック――についても。けれども、わけがあって隠しているのはわかっていた。それはバビーの秘密だから、誰にも言わないようにした。

わたしにも秘密があった。もしかするとバビーはそれに気づいていて、わたしがバビーの秘密を漏らさないかぎり、わたしの秘密にも目をつぶってくれるつもりかもしれない。いや、そんな共犯関係は勝手な思いこみかもしれない。バビーはわたしの秘密を告げ口するだろうか。わたしはベッドの下に、バビーは下着の抽斗に本を隠していた。毎年の過越《すぎこし》の祭〔奴隷状態にあったユダヤ民族のエジプト脱出を記念する祭〕のまえに、ゼイディは禁じられた食べ物が隠されていないか家のなかを調べ、各自の持ち物を見てまわる。わたしたちはそわそわしながら終わるのを待つしかなかった。ゼイディはわたしの下着の抽斗まであさろうとし、そこは女性のプライベートなものが入っていると言うと、ようやく調べるのをやめてバビーの洋服箪笥に移動した。ゼイディが下着を調べようとすると、バビーも同じように抵抗した。過越の祭のあいだ禁じられている種入《ハ》りパン《メッツ》より、わたしたちが隠した世俗的な本が見つかるほうがゼイディにはショックなはずだ。バビーは注意されるだけですむかもしれないが、わたしは大目玉を食うにきまっている。ゼイディが怒ると、白くて長い髭《ひげ》が逆立ち、顔のまわりで燃えさかる炎のように見えた。憤怒の熱にさらされ、わたしはたちまちしなびてしまう。

「汚らわしい言葉を使うんじゃない！」いとこたちと英語で話しているのを聞かれたときは、そう怒鳴りつけられた。英語は魂を毒する不浄な言語だという。英語の本を読むのなどもってのほかで、魂がもろくなり、悪魔につけ入る隙を与えてしまうのだそうだ。

その日のわたしは気もそぞろだった。だから余計な口をきいたりしたのだ。今週はマットレスの下に新しい本が隠してあって、ババーの手伝いが終わったら、部屋のドアを閉めてそれを取りだすつもりだった。豪華な革の表紙は新しい本のにおいがした。それは口伝律法全集《タルムード》のうちの一冊で、禁じられた英語の対訳つきの本だった。分厚いので何週間も楽しめる。わたしのような無知な人間を遠ざけるために難解に書かれた古代の聖典にようやく触れられる。そう思うと信じられないような気持ちだった。ゼイディはヘブライ語の本を読ませてくれず、本棚に鍵をかけていた。こういう本は男だけが読むもので、女の子は料理でもしていなさいと言うのだ。ゼイディがなにを研究しているのか、わたしは知りたくてたまらなかった。知的な興奮に震えながら何時間も没頭しているその本に、いったいどんなことが書かれているのか。学校で先生が教えてくれるのはわかりやすく噛み砕かれたほんの一部で、そのせいでなおさら知りたい気持ちが募《つの》った。とくに気になっているのはラケルについての真実だった。ラケルとはラビ・アキバ〔一世紀末から二世紀に活躍した偉大なラビ〕の妻で、夫が遠い地でトーラーを学んでいた十二年のあいだ、貧しさに耐えながら家を守った。お金持ちの家で甘やかされて育った娘が、どうしてそんな惨めな生活に耐えることができたのか。学校の先生はラケルを聖人だと言うけれど、そんな単純な話だとは思えない。そもそも、なぜアキバのような貧しくて無学な男と結婚したのか。アキバがハンサムだったからではないはずだ。もしそうなら、十二年もの旅に出るのに賛成するはずがない。なにか理由があるはずだが、誰も教えてくれないので、自分で調べようと思った。

手に入れたショッテンスタイン版タルムードは、先週ボロー・パークのユダヤ書店で買ったものだった。狭い店内にお客の姿はなく、明かりは汚れた窓ごしに差しこむかすかな自然光だけだった。暖房の風に舞いあげられた埃が、光の筋に照らされて銀色に輝いていた。わたしは本であふれかえった書棚に隠れるようにしながら店主の前へ行き、いとこに買い物を頼まれたんですと告げた。緊張が伝わってしまうのが怖かった。おでこに〝嘘〟という文字が現れていたらどうしよう。「どれだけ巧みな嘘も、額を見ればわかる」とゼイディはいつも言う。わたしのまばらな茶色の前髪が風に煽《あお》られ、額に刻まれた文字がネオンのように浮かびあがるところが脳裏をよぎった。

ニュー・ユトレヒト・アベニューのその小さな書店には何度も偵察に出かけ、店主ひとりしかいないことをたしかめてあった。年配の店主はしきりに瞬《まばた》きし、手を震わせながら、分厚い本を茶色い紙で包んだ。問いただされないのが信じられなかった。額の文字が店主の目に入らなかったのか、それとも、わたしがぼんやりした目をして頭の悪そうなふりをしたのが功を奏したのだろうか。ベビーシッターで稼いだ一ドル札ばかりの六十ドルを受けとった店主は、ゆっくりそれを数えてからうなずいた。「たしかに《グート》」うまくいった。なに食わぬ顔でお店を出たが、一ブロック歩いたところで、わたしは思わずスキップをはじめた。いけないことをした興奮で、ウィリアムズバーグに戻るバスのなかではずっと膝が震えていた。スカーフを頭に巻いて分厚いストッキングを穿《は》いた乗客の女性たちに、膝にのせた大きな包みをじろじろ見られているような気がした。

茶色の包みを胸に抱いてペン通りを歩くと、恐れと達成感で足ががくがくした。近所の人に見とがめられるのが怖く、すれ違う相手と目を合わさないようにした。なにを持っているのかと訊かれたらどうしよう。おんぼろ自転車で走りまわる少年たちや、がたつくベビーカーに弟や妹を乗せたティーンエイジャーたちを避けて歩いた。穏やかな春の日で、誰もが表に出ているようだった。最後の半ブロックが永遠に感じられた。

家に戻ると急いでベッドの前へ行き、マットレスの下の奥深くへ本を押しこんだ。シーツと毛布の乱れを整え、ベッドカバーを床に垂らした。ベッドの端に腰を下ろしたとたん罪悪感に襲われ、しばらく動けなかった。

その日のことをわたしは忘れようとした。安息日のあいだじゅう本はマットレスの下で熱を発し、わたしを責めたてつつ、手招きしていた。わたしはその呼びかけを無視した。人が多くて危険すぎる。ゼイディが知ったらなんと言うか。バビーでさえ仰天するだろう。

安息日後の日曜日が、柔らかい生地で秘密を包んだクレプラハのようにわたしを待っていた。バビーの料理の手伝いさえ終われば、午後は自由に過ごせる。バビーとゼイディはいとこのバル・ミツバー〔十三歳の男子の成人式〕に招待されているから、三時間は誰にも邪魔をされない。冷凍庫にはチョコレートケーキがひと切れ残っている。食べてしまっても、忘れっぽいバビーは気づかないはずだ。きっと最高の午後になる。

ゼイディの重々しい靴音が階段を下りていったあと、わたしは二階の寝室の窓から祖父母がタクシーに乗りこむのを見届け、マットレスの下から本を取りだしてうやうやしく机に置いた。つるつるの薄葉紙《うすようし》が使われたページにはタルムードの原文と英語の対訳が掲載され、下半分は注釈で埋めつくされていた。わたしは聖句の解釈に関する古代のラビたちの議論がとくに気に入った。

六十五ページに、ダビデ王が不当にわがものにした妻バト・シェバについての議論があった。それは聖書に登場するミステリアスな逸話で、わたしはずっと興味を引かれていた。断片的な記述によれば、ダビデは人妻のバト・シェバを見初め、妻に迎えるために夫のウリヤを戦いの最前線に送って戦死させたということらしい。ところが哀れなバト・シェバを正式に娶《めと》ったあと、ダビデはその瞳に映る己《おのれ》の罪深い顔を不快に思い、妻を遠ざけた。バト・シェバは王宮のハーレムで孤独な人生を送ったという。

タルムードを読むのを禁じられている理由がようやくわかった。学校の先生たちはいつもこう言っていた。「ダビデに罪はありません。彼は聖人でした。神の愛し子であり、聖なる王であるダビデを非難することは許されません」その立派な先祖が、タルムードで言及されているこの人と同じなのだろうか。

ダビデには多くの妻だけでなく、愛人たちも大勢いた。妾《コンキュバイン》と呼ばれる女性たちだ。わたしはその耳慣れない言葉を口にしてみた。コン・キュ・バイン。不道徳な響きには思えなかった。音だけ聞くと大樹かなにかのようだ。コンキュバインの木。美しい女性たちがその枝からぶら下がっている様子が目に浮かんだ。

バト・シェバはダビデの妻として迎えられたので妾ではなかったけれど、ダビデが選んだ女性のなかでひとりだけ処女《ヴァージン》ではなかったとタルムードには書かれていた。わたしはエクストラ・ヴァージン・オリーブオイルの瓶に描かれた美しい女性のことを思いだした。ダビデが処女とだけ結ばれることが神の思《おぼ》し召しであり、結婚歴のあるバト・シェバがそばにいれば、ダビデの神聖さは失われてしまっただろうとラビたちは論じていた。

ダビデ王は死後に人が裁かれるときの物差しのような存在だと教わってきた。大勢の妾を持つことに比べたら、英語の本を隠し持っていることくらいなんでもない気がした。

その日、単純素朴な自分を失ったことにわたしは気づかなかった。わかったのは何年もあとのことだ。権威を鵜呑みにしなくなり、世界を自分の目で見て理解するようになったのはあの日だった――あとから振り返ってようやくそう気づいた。

単純素朴さを失ったせいで問題も生まれた。自分の考えと人から教わることとの矛盾が大きく膨らみすぎ、納得したふりが難しくなってきたのだ。その焦燥を隠しきれなくなり、好奇心の炎に近づきすぎないよう、まわりの人たちに引きもどされることもあった。

月曜日の朝、アラームに気づかず、目が覚めると八時四十分だった。着替えて飛びださないといけない。わたしはバビーが洗濯してベランダに干してくれた分厚い黒のストッキングを穿いた。秋の冷気にさらされた生地は冷たくごわつき、うまく伸びないせいで膝や足首にみっともない皺《しわ》が寄った。バスルームの蛍光灯の下でひびの入った鏡を覗き、鼻の頭のニキビを指でつぶした。髪はぺたんこで、グレーの瞳を覆う瞼《まぶた》はむくんでいる。

セーターの下にシャツを着るのを忘れてしまった。素肌にニットを着てはいけないという規則が追加されたのに。大人に近づいてきたから、身体の線が出る素材は避けるようにと先生たちから注意されていた。怒られるかもしれないが、九時まで十分しかない。いま家を出ても朝の祈祷に間にあうかどうかだ。今日は遅刻できない。すでにたくさん罰点をつけられている。シャツのことは忘れよう。

学校に駆けこむと、ちょうど女の事務員が祈祷の行われる食堂のドアを閉めようとしていた。事務員はわたしを見てため息をついた。食堂に入れるか、職員室に遅刻届を出しに行かせるか迷っている。わたしは従順な笑みを浮かべて「どうも」と言い、相手のしかめっ面に気づかないふりで横をすり抜け、半分閉じたドアのなかへ入った。

八年生のひとりがすでに祈祷の進行役に選ばれていた。わたしは後ろのほうの空いた席にすべりこんだ。隣の席のレイジーはもつれた茶色い髪を櫛でとかしている。わたしは膝に置いた祈祷書に目を落としたものの、まるで集中できず、文字がぼやけて見えはじめた。監督役の事務長が通路をやってきたので、唇を動かして祈っているふりをした。レイジーは祈祷書のあいだに櫛をはさみ、ほかの子たちに合わせて声を張りあげている。

　わたしたちは神様をハシェムと呼ぶ。〝御名〟という意味だ。神の真の名前はあまりに神聖で畏《おそ》れ多く、みだりに口にすると死を招くため、代わりに危険のない仮の名で呼んでいる。たとえば、聖なる名、絶対者、唯一無二のかた、創造主、破壊主、見守る者、王のなかの王、真の裁き手、慈悲深き父、宇宙の支配者、造物主など。さまざまな属性にちなんだ名前が無数にある。この神聖なる神に、毎朝全身全霊を捧げなくてはなりませんと学校では教わっている。沈黙を身につけ、神の声に耳を傾けなさい。神はあなたの魂に宿るのですから、それにふさわしい器となるため、一生をかけて自分の罪を洗い清めなければなりません。そのために毎朝の祈祷では、今日犯す罪をあらかじめ悔い改めておくのです。わたしは周囲を見まわした。誰もが自分に邪悪なものが宿っていると信じ、悪の衝動《イェーツェル＝ハー＝ラーア》を消し去る力をお貸しくださいと涙を流して神に懇願している。

　わたしも神様に訴えかけはするものの、祈るわけではなかった。謙虚とは言えないけれど、心のなかで友達に対するように気軽に話しかけ、たくさん頼み事をした。そんな調子でも、神様とはそこそこうまくいっていると思っていた。今朝も、熱心に身を揺らして祈る少女たちに囲まれながら、今日がましな一日でありますようにと願い事をした。

わたしはなにかと標的にされやすかった。後ろ盾がいる特別な生徒でないことを先生たちは知っていた。ラビの娘ではないので格好のスケープゴートにされた。祈祷のあいだわたしは目を上げるのさえためらうのに、ラビの娘のハヴィ・ハルバースタムは、友達のエルキーを肘でつついて、先生の靴にトイレットペーパーがくっついていると囁《ささや》いてもお咎《とが》めなしだった。わたしが笑ったりしようものなら、たちまち叱責が飛んでくる。だからこそ神様を味方につけておかないといけない。ほかに味方はいないのだから。

四階の教室に入るとすぐ、イディッシュ語教師のミセス・マイズリッシュから声がかかった。一本につながった眉が腹立たしげにひそめられている。わたしはこっそりミセス・ネズミ《マイゼル》とかミセス・マウスと呼んでいた。そうせずにはいられなかった。滑稽な名前だし、上唇がめくれて二本の前歯が覗いた様子は本当にネズミっぽかった。わたしにも優しくはなかったし。

「セーターの下にシャツを着ていないわね」教室の前の重たいスチールデスクの奥に立ったミセス・マウスが厳しい声で言った。わたしのほうに顔を向けたはずみで、黒くて太い三つ編みの束が尻尾みたいに揺れた。「席につけるなんて思ったら大間違いですよ。いますぐ校長室に行きなさい」

わたしはゆっくり教室を出ながら、罰を受けることを半分喜んでいた。運よく校長が午前中忙しければ、イディッシュ語の授業に苦労する代わりに、校長室でのんびりできる。それも悪くない。お説教はされるだろうが、家へ着替えに帰してもらえるかもしれない。ゼイディが留守なら、〝着替え〟と称して午後の大半を家で過ごせる。新しく手に入れた本を読み終われるかもしれない。十七世紀にアメリカ先住民の少女が入植者と恋に落ちる物語だ。でも、ゼイディが家にいる可能性もある。もしそうなら、戻ってきた理由を知りたがるだろうし、孫が模範的な生徒ではないと知ってひどく落胆するだろう。そんな顔は見たくなかった。

「頼むから、デヴォイラ」情けない声でよくそう言われた。「ゼイディのためにいい子でいてくれないか。少しは誇《ナハス》りに思わせてくれないか」ゼイディのイディッシュ語は重々しく、ヨーロッパ風の訛りと哀切なリズムのせいで、聞くたびにくたびれた年寄りになった気がした。

クラインマン校長の部屋は散らかっていた。わたしはきしむドアを肩で押しあけ、入り口に置かれた封筒やパンフレットの箱をどけてなかへ入り、机の縁からはみだした箱をひっくり返さないように注意しながら奥へ進んだ。すわれそうな場所は見あたらない。ひとつきりの客用椅子の上には祈祷書が積みあがっている。わたしは窓台のペンキがあまり剥《は》がれていないあたりに腰を下ろして、長い待ち時間に備えた。こういうときにうってつけの祈りがある。お気に入りの詩篇第十三篇だ。この詩をヘブライ語で十三回唱える。「主よ、いつまでなのですか。とこしえにわたしをお忘れになるのですか。いつまで、み顔をわたしに隠されるのですか」芝居がかった祈りだが、この状況にはぴったりだ。それにいちばん短いから覚えやすい。お願いですから、ゼイディに連絡が行きませんようにとわたしは心で訴えた。校長先生に叱られるだけにしてくだされば、二度とシャツを着忘れるようなことはしません。お願いです、神様。「いつまで敵はわたしの上に崇められるのですか……」

部屋の外では事務員たちが、騒がしく噂話をしながら祈祷の際に没収したお菓子を食べていた。朝食を食べそこねた生徒たちが、授業のまえにお腹に入れておこうと持ってきたものだ。次の休憩は十時四十五分までない。「わが神、主よ、みそなわして、わたしに答え、わたしの目を明らかにしてください……」

靴音が聞こえて立ちあがると、校長がでっぷりとした身体をドアの隙間に押しこんだ。重労働をしたように顔を真っ赤にしている。わたしは頭のなかで詩篇の最後の一節を唱えた。〝主は豊かにわたしをあしらわれたゆえ、わたしは主に向かって歌います〟校長が机の奥の巨大な肘掛椅子に腰を落ち着けるのに数分かかった。ぜいぜいと息が苦しそうだ。

「さて、どうしたものでしょうね」校長はそう言ってわたしを眺めまわした。

わたしは気弱げに微笑んでみせた。校長室に来るのは初めてじゃない。

「担任の先生から、あなたは規則を守れないと聞きましたよ。なぜほかの生徒たちのようにできないの。みんなちゃんとセーターの下にシャツを着ていますよ。なぜあなたには難しいのかしら」

わたしは答えなかった。答えを求められてはいない。校長の質問は形式的なものだ。これまでの経験からわかっている。ただうなだれて、恐縮と後悔を見せながら静かに待てばいい。しばらくすると怒りはおさまり、態度も和らいで、落としどころを探しはじめる。わたしを叱るのにもうんざりのはずだ。この人は前の校長とは違う。前の校長はわたしを追いつめて楽しみ、何時間も校長室の外に立たせた。

さあ、審判が下される。

「家へ帰って着替えてらっしゃい」校長はあきらめ顔でため息をついた。「もう二度と規則を破らないこと」

わたしはほっとしながら校長室を出て、四階分の階段を一段飛ばしで下りた。春の日差しを顔に浴びた瞬間、過越の祭のワインを飲んだときみたいな気分になった。深呼吸すると、さわやかな空気が喉をくすぐりながらゆっくりと下っていった。

マーシー・アベニューとフーパー通りの交差点で、わたしは無意識のうちに反対側の歩道に渡った。そこにある壮麗なカトリック教会を避けるためだ。門の奥から誘いかけてくる彫像にも目をやらないようにした。教会をまともに見るとサタンを呼び寄せてしまうのよと、そこを通るたびにバビーに言われていた。ヒューズ通りを横切ってから反対側の歩道に戻り、足を速めた。背中に視線を感じた。石像が動きだして、ぼろぼろと欠片をこぼしながら、マーシー・アベニューを追ってくるのが見えるようだった。

わたしは鳥肌の立った両腕をこすった。急いでいたせいで、通行人のひとりとぶつかりそうになった。相手の男の人はパヨス〔長く伸ばし、カールさせたもみあげ。ペヨットとも〕を揺らし、低く祈りを唱えつづけている。避けようとしたわたしは側溝に足を突っこんだ。と、奇妙なことに気づいた。女性がひとりも見あたらない。平日のこの時間に通りを歩くのは初めてだった。娘たちは学校にいて、母親は家の掃除や夕食の準備で忙しいのだ。ウィリアムズバーグの街はがらんとしてうら寂しく見えた。わたしは店先にできた濁った水溜まりを飛びこえながら足早に家を目指した。耳に聞こえるのは、ひびだらけのアスファルトにこつこつと響く自分の靴音だけだった。

ペン通りで左に折れて角にあるミスター・マイヤーのスーパーマーケットを通りすぎ、ブラウンストーン造りの自宅の正面階段を駆けあがった。両開きの重たいドアを押しあけて耳を澄ましたが、物音はしない。念のためにそっとドアを閉めた。階段をのぼると小さく靴音が響いたが、ゼイディが二階の書斎にいるとしても聞こえはしないはずだ。ドアマットの下に鍵が残されていた。バビーが出かけるときの隠し場所だ。明かりも消えていて、家のなかはしんとしていた。

急いで長袖の青のオックスフォードシャツを着て、首もとまでしっかりとボタンをかけた。濃紺のセーターを上から着て左右の襟をきちんと外に出す。鏡の前で二回まわり、裾がはみだしていないかたしかめた。上品な女の子に見えた。ゼイディの望みどおりの。先生たちはラビの娘のハヴィのことをそう言っている。あの子は上品ねと。高級な織物や陶器やワインみたいに。

学校へ戻ろうと、人けのない通りを急いで引き返した。勉強会を終えて妻の用意した昼食を食べに戻る男の人たちがわたしを避け、こちらを見ないように顔を背ける。いたたまれず、わたしは身をすくめた。

校舎に戻ると、ようやく緊張が解けた。教室の窓からマーシー・アベニューを見下ろしてみると、あらためて彩りや活気の乏しさに驚いた。千人もの女子生徒がひしめきあう五階建ての校舎内とは対照的だ。黒ずくめの青年がロドニー通りにあるサトマール派のシナゴークに向かって歩きながら、両手で頬に垂らしたパヨスをねじり、カールを整えている。老人たちは貧弱なパヨスではなく、風にはためく立派な顎ひげを撫でつけている。誰もが顔を伏せ、先を急いでいた。

わたしたちのコミュニティでは、信仰心を見た目で示すことが重視される。どんなときも神の敬虔な僕《しもべ》らしい姿をしていることを求められる。見た目は重要だ。内面に影響を及ぼすだけでなく、わたしたちが軽々しく近づくべきでない特別な存在だと周囲に伝える役割もある。サトマール派の人々が人目を引く独特な服装をする大きな理由は、内と外の世界のあいだに深い溝があることを、どちら側の人間にも知らせるためだと思う。先生もいつも言っている。「同化こそがホロコーストを引き起こしたのです。わたしたちが社会に溶けこもうとしたために、主はその裏切りに罰を与えられたのです」

パチン。目の前で指が鳴り、われに返ると、ミセス・マイズリッシュが立っていた。

「なにをぼんやりしているんです」

わたしは慌てて机の上のバインダーをめくり、正しいページを探した。先生はわざとその場で待ち、クラスの視線をわたしに集めた。頬がかっと熱くなる。いま習っているのは祝祷《ベラホット》の文句で、

『祈祷の手引き』がバインダーのどこかにあるはずだ。そのページを開いてみせると、先生はかすかにうなずいた。

「イチゴを食べるときの祝祷は?」先生はわたしの机の前に立ったまま、独特の抑揚をつけてイディッシュ語で尋ねた。

「ボーレイ　プリ　ハ・アダマー」生徒たちが声を揃えて暗唱する。わたしも先生に聞かせるためにしぶしぶ加わった。早く黒板の前に戻ってくれればいいのに。そうすれば黒っぽい産毛に覆われた顎を見上げなくてすむ。

休憩時間のあとは、日課になっている慎みの教えの時間だった。ミセス・マイズリッシュがラビ・アキバの聖なる妻ラケルの話の続きをはじめると、生徒たちは熱心に聞き入った。先生は話し上手だった。ハスキーな低い声で、たくみに緩急をつけて話すので、聞いているほうははらはらしどおしだった。ここぞというところできまって言葉を切り、三つ編みのほつれを直したり、ありもしないスカートの糸屑を払ったりするせいで、じらされた生徒たちは食い入るように先生を見つめた。

ラケルは真に高潔であるばかりか、驚くほど慎み深い女性で――と、そこで先生はわざと間を置き――風でスカートがめくれて膝があらわにならないよう、ふくらはぎにピンで留めることさえありました。

それを聞いてわたしはぞっとした。ピンが刺さった女の人のふくらはぎを思い浮かべずにはいられなかった。何度も何度もピンが刺さり、そのたびに血があふれ、筋肉が裂け、肌が傷つくさまを。神様は本当にそんなことをラケルに望んだのだろうか。人に膝を見せないために、自分の身体を傷つけることを。

ミセス・マイズリッシュが黒板にブロック体の大文字で〝ERVAH〟と書いた。

「エルヴァとは、女性の身体の覆っておくべき部分で、鎖骨から手首と膝頭《ひざがしら》までの範囲を言います。エルヴァがあらわになっているとき、男性はその場から去らねばなりません。エルヴァが見えるところで、祈りや祝祷を唱えることはできません。

いいですか、みなさん。つねに慎み深さを保つこと。それができないだけで罪人になってしまうのです。人に罪を犯させるという、最も邪悪な罪人に。トーラーが秘すべきものと定めた部位をあなたがあらわにすると、それを見た男性は罪を犯したことになります。ですが、より罪深いのは罪を犯させたあなたです。最後の審判でその責めを負うのはあなたなのです」

終業のベルが鳴ったとき、わたしはすでに教科書を鞄に詰め、上着を手にしていて、先生の合図と同時に教室を飛びだした。二階まで下りたところで騒々しい生徒たちの集団が教室からあふれだし、階段をふさいだ。ようやく正面玄関を抜けると、高いレンガ塀に囲まれた前庭を突っ切り、崩れかけた小塔から突きだした頭のないガーゴイルを尻目に、門の外の石段を駆けおりた。

さわやかな春の風に心を躍らせながらわたしは走った。のんびり歩くほかの生徒たちを引きはなし、真っ先に家へ帰ろうとマーシー・アベニューを駆けぬけた。通りはプリーツスカートの女子生徒であふれ、車はクラクションを鳴らしながらゆっくり通りすぎていく。首が締めつけられるので、ひとつ目のボタンを外して襟を緩《ゆる》め、深く息を吸いこんだ。男の人の姿はない。いまこの時間は。この通りはいまわたしのもの。わたしだけのものだ。

2　無垢なる日々

ハシド派には偉大なる指導者がいた。彼らはツァディク、正しき者と呼ばれた。各共同体には独自のツァディクがいて、民の相談に対し助言を与えた。民は指導者を崇敬した。

――ハイム・ポトク『選ばれしもの』

ゼイディは毎朝四時に起きて通りの向かいのシナゴークにトーラーを学びに行く。わたしが目を覚ます八時ごろに帰宅して、小さなキッチンテーブルにつき、全粒粉パンのトーストとスライスチーズ、薄切りの甘トウガラシの質素な朝食をとる。わたしは向かいにすわり、その様子を興味津々で眺めた。食べ物を小さく切り、静かに咀嚼する――正確に繰り返されるその動作は儀式のようだった。没頭するあまり、話しかけても返事がないことも多かった。

食事がすむとゼイディは祈りを唱え、階下の書斎へ引っこんだ。そこで不動産や融資などの仕事をしているらしかった。詳しい内容は誰も知らなかった。ゼイディは商人なのか、それとも学者なんだろうか。わたしはいつも不思議だった。ゼイディは古代に取引を交わしたイッサカル族とゼブルン族との、どちらに当てはまるのだろうか。

イスラエル十二部族の祖のうち、ゼブルンは海上交易の商人で、イッサカルは律法学者だった。イッサカルは家族を養うため、ゼブルンは死後の平安のために取引をした。学究によって積んだ徳の半分を譲り受けることを条件に、ゼブルンはイッサカルの生活を支えた。この取り決めは何千年もの時を経て、現在のウィリアムズバーグにも脈々と受け継がれている。

ウィリアムズバーグには〝コーレール〟と呼ばれるトーラーの研究機関がいくつもある。勉強熱心な若者たちが集い、書物に覆いかぶさるようにして研究にいそしんでいる。彼らとその家族にはコミュニティ内の裕福な家々から特別な奨学金が支払われる。そういった学者たちは〝椅子をへこませる者〟と呼ばれることもある。コーレールに並べられた粗末な木の椅子にすわりどおしだからだ。

裕福な家の出でないなら、学者になるといい。周囲の尊敬を集められる。年頃の娘は若い優秀な学者との結婚に憧れる。友人たちに自慢できるし、嫁入り支度のお金は自分の父親がいくらでも出してくれる。学があればお金はついてくる。いにしえの昔からそうだった。

ゼイディは学者であり商人でもあると考えられていた。昼間は会計報告に目を通すのに忙しく、夜はタルムードに没頭する。それを両立させていたが、どちらが専門なのかはわからなかった。ゼイディは謎だらけだった。お金はあるかもしれないけれど、あまり使おうとしなかった。バビーがダイニングルームのすり切れた青いカーペットを剥がしてしまいたいと何年も訴えているのに、ゼイディは贅沢だと言っていた。人生は贅沢するためにあるのではないと。「この世で追求するべきなのは、精神の豊かさであって物質的な豊かさではない。贅沢は感覚を鈍らせ、魂を麻痺させる」

バビーはカーペットのパン屑やブドウジュースのしみをきれいにするのに苦労していた。その苦労をなくすことが贅沢なのだろうか。板張りの床をバビーは心から望んでいるのに。

わたしの服はいつも誰かのお下がりだったけれど、同級生たちは流行の服を着ていた。アーガイル柄《がら》が人気だったとき、わたしがやっとアーガイル柄のセーターを手に入れるころには、流行はとっくの昔に終わっていた。

ゼイディは威厳を持って耐えなさいと言った。「おまえは選ばれし者だ。それこそが、服屋などでは買えない高貴な衣なんだよ」

ユダヤ人の少女はみな王の娘《バト・メレフ》なのだとゼイディは言っていた。おまえの父が王ならば、襤褸《ぼろ》を着て出歩いて父を辱《はずかし》めるような真似をするだろうか——と興奮してテーブルを叩きながら、芝居がかった調子で言うのだった——いや、王族にふさわしい振る舞いをするはずだ。おまえは真の威厳を示すことを周囲に期待されているのだから。同じように、われわれは神に選ばれし者なのだから、天におわすまことの父の名に恥じぬ振る舞いをせねばならない。

学校の先生からも、この喩《たと》えを何度となく聞かされた。だったら、血のつながった父さんの娘にふさわしく、気がふれたみたいに叫びながら通りを走りまわればいいの——たまにゼイディにそう言い返したくなった。父は汚れたシャツでひとりごとをつぶやきながら近所をうろつくからだ。でも実際に口にしたことはない。つらいことを思いださせて、ゼイディを悲しませたくはなかった。ゼイディは戦争を生き抜き、失った同胞をとりもどそうとするように多くの子をもうけたが、子孫に苦しめられてもいた。

悩みの種は父だけではなかった。少しまえにも、シュレムおじさんの息子のバルーフが十七歳で頭の病気になった。ゼイディにはバルーフの発病がとりわけこたえた。一族自慢の神童だったからだ。ラビからも教師からもタルムードの天才と褒めそやされていたのに、急性の妄想型統合失調症と診断されるころには、まともに話もできなくなり、意味不明な言葉を発するだけになっていた。ゼイディは半地下の部屋に何カ月もバルーフを閉じこめ、バビーの用意した食事をドアの隙間から差し入れて与えた。けっして外に出そうとはしなかった。近所を徘徊する奇人がもうひとり増えたりすれば、一族の評判は台無しだ。ところがある晩、バルーフがドアを叩き壊し、両腕からだらだら血を流しながら部屋を飛びだした。手負いの獣のようなうなり声をあげつづけ、手当たり次第にものを壊したあげく、玄関で救急隊員に組みふせられ、鎮静剤を打たれた。わたしは大泣きしながら階段の踊り場でそれを見ていた。

バルーフが閉じこめられていた部屋をきれいにしたバビーは、キッチンテーブルの椅子に青い顔ですわりこんだ。わたしが布巾をたたんでいると、バビーがひそひそと電話で話す声が聞こえた。バルーフの部屋のカーペットには垂れ流された糞便があちこちに積みあがっていた。バビーの胸の内を思うと心が痛んだ。バルーフを閉じこめるのには反対だったのに、いつものようにゼイディに押しきられたのだ。

それでも、ゼイディの行動も理解はできる。コミュニティ内の誰かが精神を病んで施設に入ったという話は聞いたことがなかった。異教徒が運営する精神科病院が、ハシド派の人間に必要な環境を整えてくれるはずがない。頭がおかしいからといって、ユダヤ教の戒律や慣習を守らなくていいわけではない。病気への対応は適切でなかったとはいえ、ある意味ゼイディは、責任を持ってバルーフの魂の世話を引き受けたのだ。バルーフのことが気がかりだった。信仰への配慮のない場所に閉じこめられ、おそらくは二度とコミュニティに戻れない。ずっとここしか知らなかったのに。

最も大きな誇り《ナハス》を与えてくれるのはわが子だが、最も大きな痛みをもたらすのもわが子だとゼイディはいつも言っていた。子育ての苦労は信仰を試される究極の試練であり、神がわれわれに子を与えるのは、忠実なる神の僕《しもべ》となるよう、生涯をかけて養い、守らせるためなのだと。

ゼイディは迫害の歴史とともに生きてきた。代々の先祖は東欧に暮らし、ポグロム〔ユダヤ人に対する集団的迫害行為〕やホロコーストに苦しめられた。それほどの痛みや喪失を味わってきながら、なぜいまも自分を抑圧しつづけるのだろう。ゼイディはみずから檻に入り、罪のない楽しみさえ拒んでいる。禁欲そのものによって満たされるかのように。祖父母がいつも自分に苦しみを課し、重荷を抱え、楽することを拒絶しているのは、罪の意識のせいなのだろうか。

たぶんゼイディは、苦しみによって清められ、浄化された気持ちになるのだろう。毎週金曜日の夜、ゼイディはダイニングルームの東側の壁に両手をついて、滂沱《ぼうだ》の涙を流しながら神に祈りを捧げる。ほかの男の人がそんなふうに泣くのは見たことがなかった。そうすることで、ゼイディは気持ちが楽になり、もののあふれる世界に生きる嫌悪を忘れられるのだろう。この世に生を受けるのは、苦難に耐え、来《きた》るべきときに備えて魂を清めるためだと信じているから、不自由を強いられることによって心の平安を得られるのだ。わたしはそんなふうには考えられなかった。我慢を強いられると惨めで腹が立ち、涙で喉や鼻がふさがって息ができなくなるほどだった。それでも、ほかの子孫と同じように、わたしも祖父母の思いを受け継いでいるはずだ。わたしたちもまた、喪失の歴史の一部なのだから。

「わたしが生き延びたのは、おまえがこの世に生まれるためだったんだよ」バビーはよくそう言っていた。ゼイディもうなずいて続けるのだった。「なんのために生きながらえたのかと、幾度となく考えてきた。だがやっと、子や孫をこの世に送りだし、よきユダヤ教徒に育ててあげるためだとわかったんだ。それがわしの生きる意味だと。与えられた大事なこの命を粗末にはできん。失われたものの多さを思えばな」ゼイディは冷蔵庫の残り物を一緒くたに煮こんで夕食にした。食べ物を捨てるのはけっして許さなかった。

バビーは黴《かび》の生えた野菜も、傷んだ部分だけを切りとって冷蔵庫に戻していた。特別な日のために焼いたケーキやパイは冷凍庫で保存し、切り分けて食べたあと、残りにラップをかけてまた冷凍した。わたしとしては、たまにはチョコレートバーやポテトチップスも食べてみたかったし、伸び盛りなせいで、食事と食事のあいだはいつも胃に穴があいたような空腹を覚えていた。

そのひもじさは肉体的なものだけではなかった。ぽっかりあいた穴を手っ取り早く満たせるのが食べ物だっただけだ。バビーの料理と自分との関係をどう言い表せばいいだろう。わたしは食事のたびにあれこれ空想を膨らませ、料理にまつわる物語をこしらえ、食欲よりもずっと激しい渇望を満たそうとした。満たさなければ穴はますます大きく深くなりそうだった。食べ物はその場しのぎのごまかしにすぎなかったが、空っぽのままでいるよりましだった。

当時のわたしはどうかしていた。ひとりで留守番をしていると、冷凍庫のケーキのことで頭がいっぱいになるときがあった。誘惑のせいでとびきり面白い本にも集中できないほどだった。ためらいながらも冷凍庫をあけると、そこにはアルミホイルのかかったケーキの容器がいくつも詰めこまれていた。アップルパイにチョコレートブラウニー、ヘーゼルナッツ・ファッジにマーブルケーキ。ひと切れだけと自分に言い聞かせていちばん上の容器を取りだすものの、いざテーブルに置いて覆いを取ると、何切れ食べても止まらなかった。手づかみで頬張り、見つかる恐怖に駆りたてられながらケーキをお腹に詰めこんだ。砂糖衣がかかったブラウニーの塊をろくに嚙まずに飲みこみ、ぼろぼろとこぼれ落ちる欠片を見ながら、自分を情けなく思ったことを覚えている。そのあと、証拠を消し去ろうとキッチンの床を念入りに掃除した。本を読むのと同じくらい食べることが後ろめたかった。いけないことをしたという気持ちにさいなまれ、それでも空腹を我慢できなかった。

　大人になったら食べ物には好きなだけお金を使おうとわたしは決めた。ときどき、柔らかい果肉がぎっしり詰まった新鮮なトマトが無性に食べたくなることがあった。バビーが寄付用の小銭を貯めている貯金箱から二十五セント硬貨を数枚くすね、スイカを一切れ買ってポーチでジューシーな赤い果肉にかぶりついたこともある。黒い種は花壇に飛ばした。数週間後、ペチュニアのあいだからスイカが芽を出し、バビーはいぶかしげにそれを摘んで眺めたあと、雑草だねと言った。

　裏庭では敷石の通路に沿ってイチゴが蕾をつけ、奥の有刺鉄線のフェンスには野薔薇が蔓を絡めていた。ローガンベリーの木がポーチの上に枝を伸ばし、バビーはチューリップに日が当たらなくなるのを心配していた。けれどもゼイディは切るのを許さなかった。果樹を切り倒すことは聖書に禁じられているからだ。剪定さえ望ましくないという。

　過越の祭が来るころには、実がポーチにこぼれ落ち、人工芝のカーペットに暗紫色のしみをつけた。バビーの掃除の手間がまた増えた。


　ボロー・パークのユダヤ書店には、ゼイディに禁じられた本も売っていた。ゼイディが読ませたがるのはイディッシュ語の本ばかりだった。たとえば、派手な挿絵の入ったハシド派指導者《ツァディク》の奇跡の物語とか。古い新聞や百科事典から探してきたような情報ばかりの雑誌だとか、二十世紀なかばの政治やユダヤ教の聖歌についての古臭い論文だとかを家に持ち帰ることもあった。イディッシュ語の本にもいろんな種類のものがあるのに、大半は読ませてもらえなかった。イディッシュ文学はまるごと禁じられていた。有名なショレム・アレイヘムの本も持ちこみ禁止だった。アレイヘムは不信の徒《アピコルス》、世俗派のユダヤ教徒だからだ。サトマール派の人々は世俗派ユダヤ教徒の書いたものは読まない。たとえ聖なる言語、イディッシュ語で書かれたものであっても。

それでも、ユダヤ書店にはユダヤに関する本ならなんでも売っていたし、図書館の本よりそこで買ったものを持ち帰るほうが、いくらか後ろめたさもましだった。見つかったときの罰も少しは軽くすむかもしれない。アレイヘムの『牛乳屋テヴィエ』を初めて読んだときは、くだけた語り口に衝撃を受けた。こんなに粗野で乱暴なイディッシュ語で書かれた本があるなんて。イディッシュ語は堅苦しい言語だと思っていたが、使われなくなった単語もたくさんあるようだった。ウィリアムズバーグでいま使われているのは、十九世紀の素朴で荒っぽいイディッシュ語とは別物なのだ。読んでいて赤面するくらいだった。

とくに気に入った小説はハイム・ポトクの『選ばれしもの』だった。本屋でなにげなく手に取ったもので、パヨスを垂らし、祈祷書を持ったハシド派の少年が描かれた表紙を見て、善良なユダヤの少年の退屈な物語だろうと思った。けれども、最初の章に登場するおなじみのウィリアムズバーグの描写に、たちまち心をつかまれた。〝セメントの歩道はひび割れ、車道のアスファルトは夏の猛暑に溶け……〟。ブルックリンの一地区にひしめきあうように暮らすユダヤの人々の姿がそこにあった。これはわたしの街の物語だ。身近な言葉や場所が登場する本に初めて出合えた。それは新鮮な驚きだった。ページを繰るたび、ずっと覚えていた疎外感やとまどいが消えていった。登場人物や筋書きに共感するのはたやすかった。描かれているのが自分のまわりの世界そのものだったからだ。ウィリアムズバーグはハイム・ポトクの時代からずいぶん変わったけれど、本質や歴史は変わらず息づいている。この本なら、ゼイディに見つかっても叱られないだろうと思った。わたしたちのことを書いた本なのだから。この本が外の世界でも読まれているなら、わたしたちもそれほど奇異な存在ではないのかもしれない。

自分が暮らすサトマール派コミュニティの歴史は何度も聞かされてきたものの、ハシド派自体の歴史については、それまであまり知らなかった。『選ばれしもの』はわたしに過去への扉を開いてくれた。この本のおかげで、『牛乳屋テヴィエ』の野卑な登場人物と自分との共通点にも気づくことができた。わたしたちハシド派のユダヤ教徒も、田舎の素朴さや無知と無縁ではないらしい。ハシド派は純粋さ、高潔さのしるしとして無垢であることを重んじる。タルムードを学ぶ者は、無垢な状態を保ちながら、頭を研ぎすまして研究に没頭しなければならないからだ。ゼイディに対する見方もずいぶん変わった。それまでは万能の人だと思っていたが、世間に知られているのはタルムード研究の才能だった。ハヤにはよく、首を振りながらため息交じりにこう言われていた。「ゼイディの学識なんて、なんの役にも立ちゃしない。世の中ってものがわかってないんだから」でも、ゼイディはあえてそういう生き方を選んだのかもしれない。自分の才覚で生き抜くのではなく、先祖と同じように、神の思し召しならば異教徒の罠にも足を踏み入れるような生き方を。優秀な頭は律法研究に使うべきで、あとはすべて神頼みということだ。

『選ばれしもの』を初めて読んだときは、ハシド派の少年ダニーに感情移入しどおしだった。ツァディクである父親のタルムード解説はなじみ深いものだったし、ダニーのものの見方は、直感的に正しく思えた。一方、世俗的なシオニストの家庭育ちのルーベンには、読みはじめてすぐに反感を覚えた。大人になってからこの本を読みなおし、映画も観たあとで、ようやく気づいた。子供のころのわたしには、自分の存在を根底から覆《くつがえ》しそうな主張を受け入れる余地がなかったのだ。うまくやっていくために、教わることを鵜呑みにしなければと思っていたのかもしれない。自分の世界観の誤りを認められるようになるには長い時間がかかったが、昔の無知を恥じる気はない。ゼイディがわたしに植えつけようとした無垢さ——先祖から受け継いだ、甘い子供じみた素朴さ——は、大人になり、年老いても保たれるはずのものだった。結果的に大半を失いはしたものの、わたしの核をなす部分にその根はまだ残っている。こうして月日が過ぎ、広い世界を目の当たりにしたいまも、わたしのなかには無垢なるものが宿っている。

パキッ。クルミの殻がまっぷたつに割れるときの音が好きだ。クルミ割り器で硬い殻を割っているせいで、てのひらにマメができていた。わたしは過越の祭の祝宴《セデル》用の果実の練り物《ハローセト》をこしらえていた。剥きクルミはパン種に触れている恐れがあるとゼイディが言うので、過越の祭の料理には殻つきのクルミを使わないといけない。殻割りはわたしの役目だった。バビーは苦菜《マロール》に使う西洋ワサビをすりおろしていた。つんとする刺激を避けてボウルから顔を背けているが、それでも目は充血し、涙がにじんでいる。マロールを食べるのは、エジプトで奴隷労働を強いられた先祖の苦しみを忘れないためだ。バビーは朝からすでに十分すぎるほど苦しみを味わっていた。

バビーは涙を拭いて深呼吸をひとつすると、硬い根っことまた格闘をはじめた。西洋ワサビはすりおろしにくく、ボウルに溜まったマロールはまだわずかだった。小柄なバビーは、ボウルに覆いかぶさるようにして全身の力をこめている。十一人も子供を産み、強制収容所での悪夢の日々を生き延びはしたものの、バビーはそれほど丈夫なほうではなかった。あまり寝ていないし、日中の大半は次から次へと家事に追われている。手作りのボルシチ、自家製のピクルス、そのうえワサビまでおろさないといけない。

もう我慢できない。

「バビー、待って。いいことを思いついた。ちょっと休んでて、すぐに戻るから」

わたしは寝室に飛びこみ、ドレッサーのいちばん下の抽斗をあさって目当てのものを見つけた。キッチンに戻ったわたしを見て、バビーが噴きだした。夏休みに使った水泳用のゴーグルとノーズクリップを着けてきたからだ。

「どう?」わたしはうわずった鼻声で言った。「これなら目にしみないでしょ」ゴーグルは縁のあたりが曇っていたが、バビーがおかしさに手を震わせながらおろし金を差しだすのは見えた。

わたしはゴム手袋を着け、おろし金の刃にワサビをすりつけた。思ったとおり目は痛くない。バビーはテーブルの向かいでクルミ割り器を片手に持ち、手際よく殻を割って実をまるごとハローセトのボウルに加えていく。わたしがワサビの根を最後のひと欠片まですりおろすと、感心と笑いの入り混じった表情を浮かべて首を振った。突飛な思いつきではあるけれど、台所仕事の役に立てたのが誇らしかった。

「ね、これだけマロールがあれば十分でしょ」

パン種に触れないようビニールを敷いた調理台をバビーが拭き終えたとき、セデルに参加する一族が集まりはじめた。料理はみんな過越の祭用の特別な器に盛りつけ、戒律を守ってアルミホイルを敷いた冷蔵庫にしまってある。最初に到着したのはふたりの娘を従えたラケルおばさんだった。

「過越の祭《グート・ヨンティフ》おめでとう、グート・ヨンティフ」誰にともなくラケルは言い、バビーの頬にキスをしながら、細長いダイニングテーブルをじろじろと眺めまわした。テーブルは予備の天板をすべてはめこんだせいで、真ん中がわずかにたわんでいる。

「母さん、テーブルを延ばしたときは、このクロスじゃ短すぎるでしょ。二枚敷かないと。ほら、ライナーがはみでてる」ラケルは舌打ちした。

「もう一枚持ってくる」わたしは言った。ラケルはわたしの背後の鏡にすっと目を逸らし、左目にかぶさったキャラメル色のかつらを整えた。ほっそりと長い指で、ヘアスプレーがたっぷり吹きかけられた前髪を撫でつける。ラケルは一族のなかでただひとり、人毛百パーセントのかつらを着けていた。ゼイディはいつも、ひとつの甘えがさらなる甘えを招くとわたしたちを戒《いまし》めていた。堕落への道は危険だ、一歩踏み間違えばサタンの餌食になると。ラケルの虚栄心の強さは有名で、〈サックス・フィフス・アベニュー〉でデザイナーズブランドの服を買い、最新流行のスタイルのかつらを着け、安息日のまえには翌日まで落ちないように厚化粧をしていた。姉のハヴィの話では、髪を剃るのもやめてしまい、すでに八センチほどに伸ばしているという。ゼイディの言う堕落への道とはこのことかもしれない。ラケルはかつらのことで自分を甘やかし、その果てに髪を伸ばすことを思いついたのだろう。いったん気を緩めたら引きしめるのは難しい。それはわたしにも理解できる。でも、普通の女性には虚栄心をまるごと捨てるのも難しいから、ゼイディの戒めが現実的だとは思えなかった。

ロイザとバイラは、母親のホットカーラーできれいにカールさせた髪に、お揃いのベルベットのカチューシャを着けていた。姉妹はいとこのなかでわたしといちばん年が近かった。ふたりとも両手を行儀よく膝にのせ、ビニールの覆いをかけたソファに澄ました顔ですわっている。千鳥格子のスカートに柔らかそうな黒のカシミヤセーターがよく合っていて、うらやましかった。わたしは晴れ着を買ってもらったことなどないのに。そう思いながら、ベルベットのワンピースのプリーツを撫でつけた。それはフェイギーおばさんの娘のお下がりで、縁が少しすり切れているせいで、そこだけワインレッドがピンクに褪《あ》せていた。

わたしはロイザとバイラのどちらにも似ていなかった。ふたりは父方のワイズマン家の血を濃く引いている。丈夫な身体と、せわしなく動く小狡《こずる》そうな目、冷ややかな笑み。家族の多くはゼイディのメンドロヴィッツ家の遺伝子を受け継ぎ、大きな鼻と青い瞳、真っ赤な髪をしている。わたしはバビー似で、グレーの瞳と腫れぼったい瞼を受け継いだ。髪はブロンドでも栗色でもないが、豊かでこしがあり、パスポートの写真のバビーとよく似ている。フィッシャー家の特徴を受け継いだのはバビーとわたしだけだった。

バビーを手伝って二枚目のテーブルクロスをかけていると、ノックの音がした。返事を待たずに男の赤ん坊を抱いたハヴィが入ってきた。ロイザとバイラが駆け寄って赤ん坊を抱きとり、あやしにかかる。ハヴィとラケルは挨拶のキスを交わし、バビーといっしょにキッチンに引っこんでハンガリー語で噂話をはじめた。

わたしは大騒ぎするいとこたちを眺めた。赤ん坊は頬を撫でられるのが嫌なのか、身を縮めている。名前はシモン、ハヴィとモルデカイが結婚十七年目にようやく授かったひとり息子だ。誰もが誕生を喜び、割礼の儀式でバビーは涙を流した。マイモニデス医療センターにハヴィを見舞いに行った帰り、子供を持たないことほど恐ろしい呪いはないんだよとバビーは言った。ひとりの赤ん坊も産まずに亡くなった親戚のサラは本当に気の毒だった、と。

「悪魔の息子、ヨーゼフ・メンゲレのせいよ。あいつはアウシュヴィッツでサラのお腹を酸で焼いたんだ」バビーはそう吐き捨て、悪魔を祓うように手を振った。退院したシモンの右手首には邪視除《じゃしょ》けの太くて赤い糸が巻かれていた。

わたしも赤い糸が必要かもしれないと思うこともあった。でも、わたしは目をつけられる心配などないかもしれない。ワンピースはくたびれているし、髪はぺしゃんこで、カーラーを巻いたこともない。ベルベットのカチューシャを着けたら似合うだろうか。

九時半になり、階段を上がってくる男たちの足音が聞こえた。祝祭用の新しい靴の裏底がリノリウムの階段の錫《すず》のすべり止めに当たってにぎやかな音を立てる。ドアをあけに行くと、わたしの横をすり抜けるようにしてどやどやと人が入ってきた。ゼイディを先頭に、おじやいとこが続いた。

「グート・ヨンティフ、グート・ヨンティフ」祝日の挨拶があちこちで交わされる。バビーは息子たちのキスを受け、婿たちからは丁寧な会釈を受けた。わたしもゼイディの皺《しわ》だらけの手にキスをして、おめでとうと言った。

ゼイディはすでにキッテル〔儀式用の白い亜麻布のローブ〕を着ていた。早くも皺になっているのを見て、バビーが首を振った。おじたちもセデルに備えてキッテルを身にまとい、上から下までボタンを留めてベルトも締めた。男たちはテーブルの右側に並び、女たちはキッチンに近い左側にすわった。白いキッテルは天使の象徴だが、わたしの目にはワンピースにしか見えなかった。

ゼイディが祝祷《キドゥーシュ》の準備をするあいだに、わたしは過越の祭用のクッションを取ってきた。それをテーブル上座の大きな肘掛椅子に置き、ハガダー〔過越の祭で読む祈りや詩が書かれた冊子〕

にあるとおり、種なしパン《マッツォー》を食べるときにゼイディがもたれられるようにした。ほかの大人たちもテーブルの上座近くに、子供は下座に集まった。卓上にはバビーの上等の銀食器がところ狭しと並んでいる。ワインのゴブレットと燭台もひしめきあい、真鍮のシャンデリアのまばゆい光に目がくらみそうだった。

全員が立ったままで祝祷を捧げた。めいめいの銀のゴブレットには縁までワインが満たされていた。お祈りのあとにそれを飲み干すとすぐに二杯目が注がれるが、わたしは少し飲んだだけで顔をしかめた。過越の祭のワインはバビーのお手製で、二週間かけて冷蔵庫で発酵させたものだ。ロイザがわたしの顔を見て笑い、身を寄せて訊いた。

「どうしたの。あんたにはまだ早すぎた?」

「こら《ヌー》」ゼイディの声が飛んでくる。耳がいいのだ。「どういうつもりだ、無駄口など叩いて。過越の祭《ペサハ》をなんだと思っとる」

わたしは黙ったままロイザを肘で小突いた。おしゃべり禁止だと知っているはずなのに。食事がはじまるまでは口を開かず、ゼイディがハガダーを読みあげるのをおとなしく聞いていないといけない。説話があまり長くなりませんようにとわたしは思った。毎年同じ内容だからだ。けれども、今年は大勢が集まっているせいでゼイディは気合たっぷりだった。過越の祭の最初の夜は、午前一時までにマッツォーを食べ終わらなければならない。もう十時半になっていた。急がないと間にあわない。

ゼイディは四つの質問《マ・ニシュタナ》を終えるとハガダーに栞《しおり》をはさんで閉じ、脇に押しやった。説話のはじまりだ。

「はじまるわよ」とロイザが耳打ちした。「予定どおりね」

「ロイザ・ミリアム！」とまた叱りつけられた。ゼイディは孫たちをいつも正式な名前で呼ぶ。そうしないと、本人でさえ名前の一部やその由来を忘れてしまうと言うのだ。「デヴォイラもだ！ためになる話をするから、ふたりともしっかり聞くように」

ゼイディは第二次世界大戦中のハンガリーでの軍隊生活を語りはじめた。ふだんは戦争中の話はしなかったが、年に一度、いにしえの先祖が受けた迫害に思いを馳せる夜にはふさわしいと考えていたようだ。過越の祭がいまもなお重要な意味を持つ儀式だと示したかったのだと思う。解放されたのがエジプトからではなく、ナチスからであっても同じことだ。大事なのは、いまある自由に感謝し、当然だと思わないことだ、神の思し召しひとつでいつ失われてもおかしくはないのだからとゼイディは言っていた。

孫たちの注意を引きつけようと、ゼイディは面白おかしい話をはじめた。もちろんわたしは知っている。ゼイディが軍隊の厨房係に任命された話だ。スープの温め方さえ知らなかったから、しかたなく厨房メイドにキャベツパスタ《クラウト・プレッツラハ》の作り方を教わったという。たしかに笑える。

「毎日三食こしらえるんだ。兵士全員に。厨房もなにもかも、すべて戒律《コシェル》どおりに保つようにした。もちろん、こっそりとな。困ったときは、厨房のメイドに料理を頼んで、代わりに掃除を引き受けた。お祈りをする暇はろくになく、あったとしても、安全に身を隠せる場所を見つけるのに苦労したものだ」

わたしは手に持ったハガダーの金縁のページを指で撫でた。豪華な牛革張りの表紙には金文字でバビーの名前が入っている。フライダ。ゼイディだけがそう呼ぶ。でも、バビーのほうはゼイディをわが夫《マイン・マン》としか呼ばなかった。

「過越の祭が来ても、マッツォーを作る小麦粉がなかった。じゃがいもばかりで。しかたなく、マッツォーの代わりにじゃがいもを食べたんだ。ひとりにじゃがいも半個ずつ、塩水に浸しながら」

わたしはちらりとバビーを見た。わたしと同じ思いらしい。ゼイディに見えるほうの顔を節くれだった手で隠し、目を伏せてはいるが、うんざりして首を振っているのがわかった。わたしよりずっと何度もこの話を聞かされてきたせいだ。

バビーの昔話を聞くことはめったになかった。バビーは戦争で家族全員を失った。アウシュヴィッツ強制収容所のガス室で虐殺されたのだ。バビー自身はベルゲン・ベルゼン収容所の作業場で働かされていて、チフスで死にかけたところを解放された。

失った弟や妹のためにバビーは命日《ヤールツァイト》の蝋燭に火を点けたが、彼らの話はほとんどしなかった。出征することで死を免れたゼイディは幸運だった。本人もそれを知っていた。たとえ顎ひげとパヨスを剃らなくてはならなかったとしても。

マロールの皿がまわってくると、バビーは自分の皿にたっぷりとよそった。わたしはスプーンに山盛りすくうふりをして、ほんの少しだけにした。ひどいにおいがするからだ。おそるおそる舌を突きだし、スプーンの上の白い塊を舐めた。苦さに舌を焼かれ、ジュッと音がした気がした。目に涙がにじむ。

バビーはと見ると、せっせと口に運んでいた。囚われの身のつらさを象徴するその苦さを、バビーがためらいもせずに味わうのが不思議だった。自由を謳歌なんてしてもいないのに。バビーが本当に苦労から解放されるときは来るのだろうか。ハガダーの朗読がすむと晩餐を出し、明け方にお開きになったあとも、後片づけが待っている。

「うわっ！」ロイザがいきなり叫んで自分の喉を指差した。水を欲しがっている。

「どうしたの。あんたにはまだ早すぎた？」

「やめん《ヌー》か！」ゼイディが雷を落とした。「無駄話はたくさんだ！」

八日間の過越の祭がすみ、アルミホイルの外された棚にふだんの食器が戻ると、ゼイディはオメルの数えと呼ばれる、七週の祭《シャブオット》までの四十九日間のカウントダウンをはじめる。シャブオットはユダヤの民がシナイ山でトーラーを授かったことを祝う祭で、オメルのあいだは音楽を聴くことや髪を切ること、新しい服を着ることが禁じられている。春のうららかな陽気とは裏腹な、鬱々とした期間だ。

ゼイディはとりわけこの時期には内省的になる。安息日の終わりのハヴダラの儀式のあとも長いあいだテーブルを離れず、黄色い編み込み状の蝋燭から立ちのぼる煙のにおいを嗅ぎながら、ときおりこぼれたワインに蝋を垂らした。安息日の食器を詰めこんだ食器洗い機がフル回転で湯気をあげ、わたしが使う大きな掃除機の騒音が周囲の音をかき消していた。

バビーとわたしが寝室でリネンをたたんでいると、洗濯機のすすぎの音に紛《まぎ》れてキッチンでゼイディの声がした。

「フライダ、オーブンでケーキでも焼いているのか。焦げ臭いぞ」

バビーは舌打ちをすると小走りでキッチンに向かった。「ケーキですって。安息日明けの晩にケーキを焼く暇があるとでも？　いつ作ったって言うんです。ハヴダラのあとの十分かそこらで？　汚れ物を洗濯機に入れるまえ、それともあと？」

バビーに続いてキッチンへ行くと、ゼイディがかぶったミンクの帽子《シュトライメル》がパチパチと燃え、盛大に煙をあげていた。蝋燭の火が燃えうつったのだ。それに気づかないゼイディは、すわったまま蝋燭の香りを嗅いでいる。

バビーが駆け寄り、しかめっ面で言った。「あなたったら、焦げているのはシュトライメルですよ、ケーキじゃなくて」そしてゼイディが抵抗する間もなく帽子をシンクへ投げこんだ。蛇口の水を浴びた毛皮がジューッと音を立て、やがて静かになった。

「わあ、すごい！」わたしはにっこり笑って言った。「ゼイディがあんまり神聖で、シュトライメルが燃えちゃった」

濡れて縮んだ姿で食卓に置かれた帽子は、ゼイディがいかに信仰に篤く、いかにうわの空かを示すいい証拠になった。家族にとってそのふたつは同じことでもあった。わたしはいとこ全員に嬉々としてその話を聞かせた。なにも知らないゼイディの頭の上でシュトライメルが煙をあげていたと聞いて、みんなげらげら笑った。

日曜日、新しい帽子を買いに出たゼイディは、高すぎると文句を言いながら帰ってきて（たしかに二千ドル以上はする）、焦げた帽子を捨てずに使うとバビーに言った。燃えた部分を切ってしっかりブラシをかければ、まだ安息日にかぶれるかもしれないと。バビーは呆れて笑った。すっかり焦げて形も崩れていたからだ。そしてトビヤおじさんがゼイディを帽子屋に連れていった隙に、ゴミ袋に入れた帽子を向かいの建設現場のゴミ容器に捨てた。

ゼイディは新しい帽子を買って帰ってきた。流行だそうで、見たこともないほど背の高い形だったけれど、毛皮がやけにてかてかしていて、安物を選んだのがわかった。上等のシュトライメルは柔らかく自然な風合いをしている。その新しい帽子はごわごわで嵩《かさ》ばかり高く、ゼイディにはまるで似合わなかった。

「結婚式のときだけかぶるよ」ゼイディはそう言って居間のクロゼットをあけ、最上段の棚に並べた帽子の奥にしまいこんだ。

ゼイディほど威厳に満ちた人はめったにいないが、着ている服はいつも古くてみすぼらしかった。高価な新品の服を着ることなど思いもよらないようだった。わたしが堂々としていられるのは、きれいな新しい服を着ているときだけだ。襤褸を着ていても気後《きおく》れしないなんて、ゼイディはどんなに揺るぎない自尊心を持っているのだろう。

バビーもわたしと同じ考えなのは知っていた。娘たちが若いころ、ゼイディが服を買わせてくれなかったので、バビーはマンハッタンの大きなデパートへ流行の服を見に行き、仕立て具合をたしかめるふりをして縫い目をじっくり調べたそうだ。そうやって覚えた型をやや控えめにアレンジし、できるだけ質のいい生地を使ってミシンで縫った。手作りするならゼイディも生地を買うのに文句は言わず、バビーの倹約の才を褒め、有能な妻を自慢にした。

そんなわけで、バビーの子供たちはいい身なりをしていたが、真相は誰も知らなかった。ゼイディが裕福なことは有名だったので、レースのあしらわれた繊細なデザインの服が〈サックス・フィフス・アベニュー〉で買ったものでないとは、誰も思わなかったのだ。

写真で見ると、若い母親だったころのバビーはびっくりするほど優美で女らしかった。ヒールの細いエレガントなTストラップの靴。長く美しいスカートから覗く形のいいふくらはぎ。三度の出産を経ても腰はきれいにくびれている。十一人産んだあともスタイルは変わっていなかった。それだけ次々に出産したのに、奇跡のようにサイズ6を保っていた。

ただ、バビーもすっかり年を取り、頑張る気力をなくしていた。ゼイディに新しい服を買ってほしいと訴えるのもやめてしまった。ミシンも使わなくなった。木のテーブルの下からそのミシンを引っぱりだして、一度でいいからわたしのために服を作ってほしかったけれど、そんな厚かましいことは頼めなかった。新しい服がもらえるのは、ディスカウントストアの〈ダフィーズ〉に寄ったおばの誰かがごくたまにわたしの分も買い、祖父母の家に来るついでに持ってきてくれるときくらいだった。

春はウィリアムズバーグの薄汚れた通りにも魔法をかける。木々はいっせいに花を咲かせ、ところ狭しと葉を生い茂らせる。力強い枝がブラウンストーンの壁をしきりにつつき、あけ放った窓からは甘い香りが運ばれてくる。焼けつくような暑さが訪れるまで、つかのま通りは完璧な美しさに包まれる。ピンクや白の花びらが日の光とともに舗道に降りそそぐ、まさに夢の世界だ。

五月、ゼイディは大勢で連れだってマンハッタンへ行き、反シオニズムのパレードに参加した。毎年イスラエルの独立記念日が来ると、サトマール派の各コミュニティから人が集まり、反イスラエルのデモを行う。一般にユダヤ教徒はイスラエル支持の立場だと考えられているが、サトマール派のレベはイスラエル解体のために闘うべきだと信徒に説いていた。そのためには殉教も厭《いと》わない。シオニズムはユダヤ史上例を見ない反逆だとレベは言っていた。民族の離散をみずからの手で解決しようとするなど、おこがましいにもほどがある！　真に敬虔なユダヤ教徒はメシアを待つ。銃や剣を手に立ちあがりはしない。

傍目にはパレードが不可解に映るだろう。見るからにユダヤ教徒らしい風貌の人々が〝イスラエルを解体せよ〟と書かれたプラカードを掲げているのだから。でも、イスラエル国家が存在すべきではないことは、わたしも幼いころから知っていた。

シオニズムの大罪を贖《あがな》うのはわれわれの務めであると、サトマール派の初代レベは反シオニズムのバイブルである『ヴァヨエル・モーシェ』で述べている。サトマール派のどの家庭にもあるその本には、シオニズムの歴史が語られている。十九世紀末から二十世紀初頭にかけて、一部のユダヤ人がみずからの手でユダヤ人国家を建設するという荒唐無稽な考えを提唱した。はじめはまともに取りあわれなかったが、レベは先を見通していた。

そのよこしまな試みは幾度か繰り返されたが、ホロコーストが起きたために、初めて政治的・社会的な影響力を持つことになったと本には書かれている。ホロコーストへの同情を利用するのは、失われたすべての命を侮辱する行為だとゼイディは言っていた。無辜《むこ》のユダヤ人たちがシオニズムのために命を投げうったわけではないのはたしかだ。

バビーもシオニストには厳しかった。ナチスから逃れるために大勢のユダヤ人が船でイスラエルを目指したが、シオニストに入港を拒否され、収容所に追い返されたという。あの連中は、東欧の小さなユダヤ人町《シュテットル》から来た無知な移民を、自分たちの新しい祖国に住まわせたくなかったのよとバビーは言った。欲しかったのは、教養も見識もあって、大義に身を捧げる新しいユダヤ人だけだった。だから幼い子供は受け入れた。教育でどうにでも変えられるからだ。それを聞いたユダヤ人難民たちは、わが子の命だけでも救おうと、手放すことを決めたという。

そういった子供たちが暴力や脅迫によって信仰を捨てさせられ、シオニズムへの忠誠を誓わされたと学校では教わった。ユダヤ教徒とシオニストは別のものだとわたしは理解していた。両立しえないものだと。というより、本物のユダヤ教徒はハシド派だけだと思っていた。不純物が一滴でも混じったとたん、本物のユダヤ教徒である資格は失われてしまう。女性はデモに参加することを禁じられていたが、そうでなければわたしも喜んで加わったはずだ。バビーのために、そしてバビーが戦争で失った家族のために。世俗派のユダヤ人にその気がないなら、わたしたちがやるしかない。

バビーの家族が写ったモノクロ写真はすべて見た。兄弟姉妹も、両親も、祖父母も、みんな亡くなった。わたしはそれをペーパータオルに包んでドレッサーの最上段の抽斗にしまい、気持ちが落ち着いているときに出してきて眺めた。誰もがいまにも動きだしそうで、胸が痛んだ。二歳で殺された赤ん坊。いったいなぜ、とわたしは神様に問いかけた。元気に息をしていたこの人たちが、なぜ死なないといけなかったんです？　みんなわたしの先祖なのに！　写真を見るといつも涙が出るので、大泣きしてしまわないように、すぐにまた包んでしまいこんだ。バビーは自分の家族のことに触れたがらなかったので、思いださせるようなことはしたくなかった。

シオニストはホロコーストに対する同情を利用したんだよとバビーは言っていた。ホロコーストのことなんて知りもしないくせに。本物の生き残りなんてひとりもいないのに。ただのひとりも。わたしはバビーの話を信じた。目に涙が浮かんでいたから。

レベはわたしたちにイスラエル訪問を禁じていた。メシアが現れるまでは約束の地を踏んではならないとされていた。学校でも厳しく指導され、イスラエルに親戚がいても訪ねることは許されなかった。規則を破れば退学になる。わたしには納得がいかなかった。わたしたちのルーツはたしかにそこにあり、学校ではその場所の輝かしい歴史を教わるのに、行ってはいけないなんて。でも、規則を破る生徒もいた。家族といっしょにわざわざ別の場所を経由して禁断の地へ足を踏み入れるのだ。それに実際のところ、ラグバオメルの祭日〔オメルの数えの三十三日目の祭〕にはアメリカから何千人ものユダヤ人がイスラエルを訪れていた。その日はカバラ研究の代表的著作『ゾハル』を書いた二世紀の偉大な賢者、シモン・バル・ヨハイの命日にあたる〔実際には『ゾハル』は十三世紀のラビ、モーシェ・デ・レオンの著作とされる〕。じつは、ハヴィおばさんもシモンを授かる前年にラビ・シモンの墓参りにイスラエルへ行った。子供に恵まれない女性がそこに参り、息子をお授けくださいと祈るのが習わしだからだ。生まれた子が三歳になったらまた訪れ、最初に髪を切る儀式をそこで行う。シモンが生まれたのは奇跡だと誰もが思っていて、ゼイディでさえハヴィの行いを認めていた。子孫繁栄のためなら、多少の規則違反は許される。サトマール派のレベが定めた規則であっても。

ラグバオメルはとても楽しいお祭だ。ウィリアムズバーグ中の通りで男たちが大きな火をおこし、そのまわりで民謡を歌い、踊り明かす。女たちはそれを窓辺や玄関前の石段で見物する。立ちのぼる炎が男たちの顔をオレンジに照らし、リズムに合わせて揺れるパヨスをきらめかせる。

とても楽しげで、わたしはできるだけ遅くまで起きて眺めていた。意味はよくわからないけれど、とても力強く、心奪われる光景だった。

たき火を監視するために、あちこちに消防車が配置されていた。消防士たちは車にもたれて白けた顔で祭の様子を眺めていた。火事に備えて待機するのは毎度の任務だからだ。ユダヤのコミュニティのためにこき使われることに不満げな顔もあった。彼らがよそよそしいのは、わたしたちのほうがよそよそしくしているせいだ。話しかけてみたいと思ったけれど、誰かに見られると困る。とんでもなく不謹慎だと言われてしまう。

だから見ているだけにした。消防服はごつくて不格好だが、髭のない消防士たちの顔は、見慣れた男たちとはまるで違い、つるりときれいだった。お祭り騒ぎを冷静に眺める目は澄んで明るく、分厚い眼鏡や帽子で隠されてはいない。あのなかの誰かをずっと見ていたら、目が合うかもしれない。そう思って見つめてみたが、誰にも気づいてもらえなかった。まわりの人たちと同じ姿をしたわたしが考えていることなど、わかってもらえるはずがない。そのときだけは、わたしも周囲に溶けこんでいた。

髭のない消防士たちを見ていると、互いの隔たりを埋めたいという強い衝動に駆られた。たき火の炎が身体の奥で燃えているように、顔と胸が熱くなった。異教徒たちに対するそんな気持ちを周囲に知られたら、仰天されるにちがいない。自分でもそんなふうに惹かれる気持ちが恥ずかしかった。異教徒ほど危険なものはない。なのに、謎に満ちた外の世界にわたしは強く惹きつけられていた。近くて遠い世界に。

六月には暑さがやってきて、青々とした楓《かえで》の葉が通りに朝露を滴《したた》らせる。ゼイディは庭に出て七週の祭《シャブオット》のために花を摘んだ。荒涼としたシナイ山が花で彩られたさまを思い、家々に花やシダを飾るのが習わしだからだ。ゼイディが大輪の薔薇や優美な菖蒲を切るのをポーチで見ていたババーは、切りすぎないでと声をかけ、庭から彩りが失われるのを嘆いた。ババーは切り花ではなく庭に咲く花が好きなのに、ゼイディはそれをわかっていなかった。切られた花は一日か二日で美しさを失い、無残にしおれてしまう。なら、なんのために庭があるんだとゼイディは言っていた。トーラーを称えるために捧げないのなら。

シャブオットには、甘いクッキーを砕いて土台にしたレアチーズケーキと、冷凍してあったチーズ入りの三角形のクレプラハをバターで揚げたものを食べる。三十分待ってから、次は肉料理だ。赤いカクテルソースをかけた七面鳥の燻製の薄切りに、飴色の玉ねぎとともにソテーした鶏もも肉、それにチョップレバー。乳製品と肉料理を分けて食べるのには象徴的な意味がある。ユダヤの民はシナイ山で律法を遵守する契約を交わした。なかには大きな犠牲を伴うものもあり、乳と肉を分けるという戒律もそのひとつだった。「われわれは行い、聞き従います」聞くより先に行うと神に誓うことで先祖は絶対的な信仰を示した、それをいまも誇りに思うべきだとゼイディは言った。

食事が終わり、膨れたお腹をさすっていたところへ、ゼイディの話はさらに続いた。われわれはいま、シナイ山にいたのだ。聖典注釈書《ミドラーシュ》によれば、選ばれし者にトーラーが授けられたとき、すべてのユダヤ人の魂がシナイ山にあったとされている。記憶にはなくても、われわれもそこにいたことになり、選ばれし者の務めを引き受けたことになるのだ。したがって、誰かひとりがひとつでも律法に背けば、われわれは偽善者ということになる。契約の場にいたからだ。義務から逃れることは許されない。

シナイ山にいたのなら、自分の魂は何歳なんだろうとわたしは思った。わたしは人に合わせて同意したんだろうか。それなら納得がいく。嫌だと思っていても、声をあげるのが怖かったのだ。ただ、遠い昔に神と交わした契約は、ゼイディが五十年前にレベと交わした契約とは別のものだ。サトマール派の初代レベがウィリアムズバーグのコミュニティ《ケヒッラー》に関する構想を明かしたとき、ゼイディは内容をよくたしかめもせずに忠誠を誓い、そうすることで家族全員と代々の子孫をこのコミュニティに縛りつけた。ヨーロッパにいたころ、ゼイディの家族はいまのような生活をしていなかった。極端な考えは持たない、教養のある人たちで、木の床にペルシャ絨毯を敷いた家に住み、ヨーロッパ全土を自由に旅していた。

英語の本を読むことや、赤い色を身に着けることを禁じたのはレベだった。レベはわたしたちを孤立させ、外の世界に同化させないようにした。

取り決めがなされたときわたしはいなかったのに、なぜいつまでも多くの戒律に従わなければならないのだろう。ゼイディのように迫害を生き延びた人たちは、孤独で怯え、逃げこむ場所がほかになかった。わたしも同じようにレベに盲従するはずだと、ゼイディは本気で思っているのだろうか。

3　知の目覚め

「子供は優れたものに触れながら成長していく――ウィリアムズバーグの町が世界のすべてではないと知る」
――ベティ・スミス『ブルックリン横町』

終業式とサマーキャンプのあいだは空白の三週間だった。耐えがたい暑さの三週間だ。ほんの数分ポーチにすわっているだけで、日陰にいてもぐったりしてしまう。髪は湿気でぺしゃんこ、やる気も出ない。ウールのタイツを穿いた脚もかゆい。分厚いくせに蚊から守ってはくれないのだ。わたしはミスター・マイヤーのスーパーマーケットに通い、どぎついピンクのイタリアンアイスばかり買っていた。食べきれないほど大きくて、紙容器の底が見えるころには、チェリー味に胸焼けしてしまった。

退屈で死にそうになっていたところに、いとこのモーシェがしばらく泊まりに来ることになった。イェシバを退学になったのだ。バビーが電話でそう話すのを聞いた。あの子ったら面倒ばかり、とバビーはため息交じりに言っていた。

朝の五時半、ベッドにいると、ゼイディが鬼軍曹よろしくモーシェを叩き起こす声が聞こえた。「起きろ。礼拝の時間だ。行くぞ。ほら、起きないか。日の出とともに祈るんだ。起きて服を着なさい」ベッドから引きずりだされたモーシェが、怒鳴られながら手探りで服を着る音が聞こえた。モーシェはゼイディにしつけてもらうためにここに来た。性根を叩きなおしてもらうために。モーシェの両親は十三人の子持ちで、その世話で手いっぱいなのだ。

ゼイディはモーシェにいい縁談《シッドゥーフ》が来ることを望んでいたが、イェシバにも通っていない十八歳の若者と結婚してくれる相手などまずいない。モーシェの顔はどこにも髭がなく、つるつるだった。処理しているのか、たんに成長が遅いだけなのか。伸ばさないようにしているのなら、重大な戒律違反なので、どんなことになるかとわたしはわくわくした。

そのことでモーシェをからかいもした。

「ねえ、教えてよ。手で抜いてるの？　それとも剃刀？　毛抜きとか？」

「うるさいな、黙ってろ。なんにも知らないくせに。ほっといてくれ」

それなのに、夜のお祈りが終わるとモーシェはわたしの部屋に来て持ち物をあさり、あれこれちょっかいを出した。女の子に話しかけてはいけないのに、バビーが叱らないのを見越しているのだ。ゼイディもまだコーレールで研究中だった。そのあと、みだりに異性と話すなとゼイディがお説教するのが聞こえた。

「女の子と無駄話をしている場合か。いまは寸暇を惜しんで聖なるトーラーを学び、将来に備えるべきときだろう。どんな娘がおまえみたいな者に目をくれる？　一日どころか、一時間さえ集中できない者に」

わたしはちらりと様子を窺《うかが》った。モーシェはなにも言わず、そわそわと足を動かしながらうなだれていた。その表情はいかにも惨めで、思わず同情を覚えた。

ゼイディのお説教は効き目なしだった。モーシェはあいかわらず言いつけに背いてわたしに話しかけ、わたしも同情と好奇心から拒みはしなかった。バビーが友人の家に出かけた晩、わたしはモーシェにコンロでマシュマロを焼く方法を教えた。マシュマロ自体がコシェルでも、刺すのに使う金串は、バビーがシシカバブを焼くのに使うものだった。つまり肉に触れたものだ。ミルクココアに入れて飲むことはできない。

モーシェはいたずら電話のかけ方を教えてくれた。

「もしもし、電力会社のコン・エジソンの者ですが。お客様がお住まいの地域に問題が発生しておりまして、冷蔵庫が正常に動いて《ランニング》いるか確認していただきたいのですが。ああ、動いてます？　なら、スニーカーを履いて、追いかけてください！」わたしはがちゃんと電話を切り、ふたりしてひいひい笑った。笑いすぎてお腹が痛くなるほどだった。

ある夜、モーシェが言った。フリーダイヤルの８００のあとに、へんてこな番号を適当につけてかけてみようぜ。たとえば、１―８００―ＢＯＯＧＥＹＭＡＮ（お化け）とか「アメリカの電話のキーパッドにはアルファベットも割り振られている」。ときには実際に使われている番号にかかることもあった。1—800—TOILETSにかけたら、配管業者が出たり。

「いいか、聞いとけよ」モーシェはそう言って、1—800—FATLADY（デブ女）にかけ、スピーカーホンにした。女の人の声が聞こえてきたが、録音だとわかった。吐息交じりの変な声だった。「ぽちゃぽちゃで……むちむちで……熟れ熟れで……」そこでまた吐息が聞こえたので、わたしは慌ててオフボタンを押した。モーシェがわたしの反応を見て大笑いしたので、騙されたような気持ちになった。部屋の空気が変わった。

「おまえいくつだよ、デヴォイラ」

「十三よ、なんで？」

「ほんとか？　十三歳？　信じられないな。十七にはなってると思ってた。ずいぶん大人に見えるな」

「ほんとに十三歳だってば」わたしは金串に残った最後のマシュマロを歯で引き抜いた。唇を舐めるわたしを見て、モーシェはまいったなという顔で首を振った。

「なに？」

「別に。大人っぽくて驚いただけさ」

翌朝ゼイディに呼ばれ、この一年、学校でイフードの決まりを教わったかと訊かれた。いくらかは習っていた。女の子は男性がひとりでいる部屋に入ってはいけない。たとえほかの女性といっしょでも許されない。男性がふたり以上いればいい。男性とふたりになってしまったときは、ドアに鍵をかけてはいけない。身体に触れるのも、男性の前で歌うのも当然だめだ。といっても、祖父母はとくに心配もせず、夜もわたしとモーシェをふたりにして出かけていた。わたしもいちおうドアはあけたままにしていたけれど、モーシェはいとこだ。親戚のあいだでは、決まりは形式的なものだった。

バビーが施設の老人のお世話に出かけた日、わたしはまたミスター・マイヤーの店へアイスを買いに行った。チェリー味にするかレモン味にするか、まだ迷っていた。レモンは酸っぱくてさっぱり、チェリーは甘ったるい後味が残り、舌や歯が濃いピンクに染まる。

冷凍ショーケースのガラス扉を見下ろしていると、店の手伝いのロドリゴというメキシコ人の若者が、後ろを通ろうとして偶然わたしに触れた。狭い通路のなかでわたしは思わず飛びのいた。チェリー味にすると決めて赤いほうを手に取り、ガラス扉を閉めようとしたとき、お尻を触られたのがわかった。たしかにつかまれた感触があったものの、一瞬のことで確信が持てないまま振りむくと、ロドリゴが黴だらけの暗いバックヤードに引っこむのが見えた。

アイスを手にし、背中をショーケースにつけて身を守りながら、わたしは少しのあいだ呆然としていた。顔が熱い。悔しさで喉の奥も燃えるようだった。メキシコ人のやつ！　ここはわたしの町なのに！

木の床を踏み鳴らしながら、わたしは憤然とカウンターへ向かった。年老いたミスター・マイヤーが覆いかぶさるように帳簿を覗きこんでいた。パーキンソン病のせいで手は震え、黄ばんだ白髭がすり切れた帳簿のページに垂れていた。

わたしは合板のカウンターに音を立てて二十五セント硬貨二枚を置いた。もちろん手渡しはしない。それは禁じられている。ミスター・マイヤーは顔を上げもしなかった。わたしはしばらくそこに立ったまま、たったいま起きたことを告げるべきか、黙っておくべきかと迷った。ひどく恥ずかしかった。

「ミスター・マイヤー」

反応なし。年のせいで少し耳が遠くなっているのかもしれない。気づいてもらおうと、大きな声で繰り返した。

「ミスター・マイヤー！」

今度は少し顔が上がり、老眼鏡ごしに視線が注がれた。

「おたくのメキシコ人に言ってください、お客を触らないようにって」

ミスター・マイヤーは黄ばんだ白目を剥きだして、ぼんやりとわたしを見ていた。聞こえなかったのかもしれない。そう思ったとき、その唇がなにか言おうとするように震えたが、言葉は出てこなかった。やがてしなびた片手を伸ばしてわたしの置いた二枚の硬貨を取り、もう片方の手で白いティッシュペーパーに包まれた木べらを押しやった。やはりなにも言おうとしない。わたしはしかたなくスプーンを取って出口に向かい、やかましいドアベルの音を聞きながら店を出た。

家に帰ると、玄関前の階段にすわって、バビーが前庭に撒いたパン屑を奪いあうハトを眺めた。包みに入ったままのアイスは手のなかで溶けだし、紙容器がへなへなになっていた。チェリーピンクの水が底からしみだして指を赤く染めた。吐き気がしてきた。

誰かに言うべきだ。ゼイディに話したら、店に怒鳴りこむだろう。そうしたらミスター・マイヤーも耳を傾けるだろうし、従業員に好き勝手させるわけにはいかないとわかるはず。そのくらい当然だ。わたしはユダヤ人なんだから、このコミュニティのなかで安全に過ごす権利くらいはあるはずだ。

だけど、どんなふうにゼイディに話せばいい? さっき起きたことをどう説明したらいいのか。考えただけで恥ずかしかった。それに、話を聞いたゼイディがわたしのせいだと考えたら? ゼイディのがっかりした顔は見たくなかった。

手に持った冷たい容器のせいで手がしびれ、寒気が腕から肩へ、さらに胸にまで広がっていた。目に見えない悪魔を振り払うように、わたしはぶるっと身震いした。甘ったるいチェリーアイスの味を想像しただけで吐きそうになり、手つかずのままの容器をアルミのゴミ箱に捨てた。なかに入ろうとして立ちあがると、足もとの石段に濃いしみができていた。

六月の安息日はとりわけ長く、おまけにその週は午後のあいだずっとソファで寝て過ごさなければならなかった。お腹がしくしく痛み、バビーがくれるいつもの制酸薬も効かなかった。土曜の夜、ゼイディはいつも十時半にするハヴダラの儀式を十一時まではじめなかった。ボロー・パークに住むラケルとトビヤ夫婦の一家が、安息日明けの食事であるメラッウェー・マルカーに来ていた。鎮痛薬を飲むと腹痛もましになったので、わたしもいとこたちと食卓につき、スクランブルエッグと野菜サラダを食べた。そのあいだにモーシェがマーシー・アベニューの店にコシェルなピザを買いにやられた。土曜の夜は通りにまで行列のできる店だ。

油じみた大きな紙箱を抱えてモーシェが戻ったときには、ゼイディとトビヤはタルムードの解釈について話しこんでいた。わたしが子供たちにピザを分けるのを待って、ゼイディが手招きした。地下室からブルゴーニュワインを取ってこいという。黄色いラベルのケデムという銘柄のものを。わたしはためらった。ひとりで暗い地下室へ下りるのは怖い。ネズミがいるし、ときには野良猫が入りこんで、獲物を血祭りにあげていることもある。

「ひとりで行きたくない」

「そうか、それならモーシェと行きなさい。ワインを間違えんようにな。モーシェ！　デヴォイラと地下室に行って、明かりをつけてやれ。ほら、鍵だ」ゼイディはそう言って、家中の鍵がついた重い鍵束を渡した。

モーシェとわたしは三階分の階段を下りた。地下室への階段は真っ暗で、蜘蛛の巣らしきものだらけだった。モーシェの制汗剤のにおいが鼻を突いた。無香料のものを使わないといけないのに。足音がやけに重く響く。どうしてゼイディはふたりだけで地下室に行かせたりしたんだろう。禁じられているはずだけど、もしそうならゼイディが許すはずはないから、問題はないのだろう。

モーシェが手探りでヒューズボックスのスイッチを見つけた。ようやく天井の配管にぶら下がった電球に鈍いオレンジの明かりが灯り、暗い地下室を照らした。がらくたの山が少しよく見えるようになった。積み重ねられた古いスーツケース、車輪がひとつ欠けた大昔のベビーカー、使い古されたマットレス、その奥にワインの木箱が見つかった。

電球の明かりだけではよく見えず、わたしは瓶を一本ずつ引っぱりだしてワインを探した。そのあいだモーシェは手伝いもせずに後ろをうろついていた。

それらしきワインが見つかった。ケデムのブルゴーニュ、黄色いラベル。目を凝らしてたしかめてから、モーシェに渡した。

「ほら。上に持っていって。わたしが明かりを消して、鍵をかけておくから」

モーシェはワインを受けとると、それを床に置いた。

「なにしてるの。セメントの上になんか置いて、瓶が割れたらどうする気？　ゼイディはかんかんよ」わたしは手を伸ばして瓶を取ろうとしたが、モーシェに両手首をつかまれた。「ちょっと――なにするのよ」声が震えた。

モーシェがわたしを壁に押しつけた。抵抗できなかった。驚きで腕が動かない。鍵束だけは手から離さないようにした。トマトソース臭い息が額にかかるほど、モーシェの顔が目の前にある。

その身体が急にいかつく大きく見えた。きつくつかまれた手首が痛み、腕が小枝のように折れてしまいそうだった。わたしだって、エアコンを担いで階段をのぼれるくらい頑丈なのに。

わたしは引きつった笑い声をあげ、ただの悪ふざけだろうかとモーシェの様子を窺った。イェシバを退学になった不良少年が、地下室でいとこを怖がらせようとしているだけだろうか。でも、顔にはいつもの薄笑いが戻らない。口もとをこわばらせ、目つきも鋭いままだ。

膝で蹴ってやろうとしたけれど、モーシェはがっしりした腿に体重をかけてわたしの脚を壁に押しつけた。片手でわたしの両手首を頭の上に持ちあげ、もう片方の手をワンピースのファスナーに伸ばす。一気にファスナーが下ろされ、わたしは身体を隠そうと反射的に前かがみになり、叫んだ。

「やめて！　ねえ、やめて！　どういうつもり、こんなばかな――」

手で口をふさがれ、しょっぱい汗の味がした。モーシェが片手でわたしの肩を、反対の手で腰をつかんで床に押し倒そうとする。鍵束があるのを思いだし、それで相手の腰のあたりを突き、必死に押しのけようとした。

鍵の先をモーシェのお腹の肉に食いこませ、ぐっと押しこんでねじった。多少でも動かせる手首に渾身の力をこめると、耳もとで悪態が聞こえた。モーシェがわたしに覆いかぶさったまま身をよじり、少し上体を離して鍵束を奪おうとする。わたしはうなり声とともに一気に鍵を突きだした。と、モーシェが飛びのき、両手でお腹を押さえて悶絶した。

わたしはファスナーを上げて逃げだし、がらくたの山を抜け、木の階段を派手にきしませながら明るい一階の廊下に飛びだした。ワインは忘れた。

上階のダイニングルームを抜けてこっそり部屋に戻ろうとしたが、気づいたゼイディに呼びとめられた。「おい、デヴォイラ《ヌー》！　ワインは取ってきたのか」

わたしはうなずいた。「モーシェに渡した」

そこへ息を切らしたモーシェが入ってきて、持っていたブルゴーニュをテーブルに置き、なにごともなかったかのようにいつもの薄笑いを浮かべた。わたしのほうを向いたとき、その目には自信と力のようなものがみなぎっていて、気圧《けお》されたわたしはくるりと背を向け、熱い頬を手で押さえて立ち去った。

部屋に入ると明かりもつけずに横になった。暗がりに街灯の桃色の薄明かりが差しこみ、狭い部屋の壁に楓の枝の影を落としていた。わたしは身体の輪郭をなぞるように両手の指を喉から胸、お腹へと這わせ、身体の奥で疼《うず》くような感じがする場所を探った。熱があるかたしかめるときのように。肌はつるりとして冷たく、なにも感じられなかった。しばらく横になったまま、ダイニングルームの話し声が静かになり、重たい足音が階段を下り、玄関扉から通りへ出ていくのを聞いていた。トビヤが車に乗りこむ音がし、大きな青のダッジ・デュランゴが夜の街を走りだす音が続いた。

ババーが寝床の用意をはじめ、ダイニングルームのゼイディは研究を続け、モーシェがようやく自分の部屋に戻ったのは午前二時だった。わたしは着替えもしないまま、両手をお腹に置いて声ひとつ立てずに長いあいだ起きていた。夜が明けるころ、眠りに落ちた。

金曜の安息日の食卓でゼイディの聖歌を聞いていたとき、わたしはわっと泣きだし、詠唱を中断させた。わたしの突然の爆発に誰もが当惑した。「なにを泣くことがある」ゼイディは祈祷書から顔を上げて静かに訊いた。わかってるけど、とわたしは言い返したくなった。ゼイディから見たら、こんなことなんでもない。ゼイディが味わった痛みに比べたら。

泣いているわけをゼイディに話すのは気が引けた。神がわたしを場違いなところに遣わしたのはゼイディのせいじゃない。それに、必死になにかで埋めないと呑みこまれそうな大きな穴のことを、どう説明すればいいだろう。満たされないプライドと欲求のことを、なにも持たない惨めさを、どう言葉にすれば？

この世で自分が持っていると思うものはすべて、本当は自分のものではないとゼイディは言う。いつ奪われてしまうかわからないものだと。せめてもの慰めだ。わたしの持ち物なんて、ひと晩でまるごと盗まれたとしても、どうということはないから。親、兄弟姉妹、家、服——すべてが所有物だが、長い目で見ればたいしたものではないとゼイディは言っていた。すべてを失ったからこそ自分にはわかるのだと。人生から得られる価値あるものはただひとつ、魂の平穏《メヌハ・ハネフェシュ》であって、それは迫害のさなかにも失われることのない、心の奥深くの静寂だ。われわれの先祖は非常に忍耐強く、どれほど過酷な状況に置かれようと平静を保つことができた。惨い拷問も、筆舌に尽くしがたい苦痛も、彼らの心の静けさを揺るがしはしなかった。信仰があれば、大きな目で見て人生に意味などないことがわかる。天国から見ればわれわれの苦しみなどちっぽけなものだが、魂がよどむと目の前のものしか見ることができず、幸せにもなりえない。

そんな揺るぎのない心の安定を、どうしたら得られるんだろう。わたしは目の前にあるリアルな世界に手を伸ばさずにはいられないし、天国がそれほどすばらしい場所にも思えなかった。

その週、モーシェにようやく縁談が持ちこまれた。孫の結婚をあきらめかけていたゼイディはひどく喜んだ。でも、先方からモーシェの人となりを尋ねる電話があったとき、わたしは彼を褒めなかった。しきたりを無視し、モーシェのことを頭のおかしい出来損ないだと告げた。それを知ったゼイディに部屋に呼ばれて叱責されたとき、わたしは話の途中でテーブルに両手を叩きつけて大声をあげた。

「なんだ、いったいどうしたんだ」

「あいつ、わたしに……わたしに……」でも、モーシェがなにをしようとしたかはわからなかった。わたしは説明するのをあきらめて席を立った。戻ってきなさいというゼイディの声が聞こえたが、話したくないことを話さない権利くらいはあると思った。部屋を出ていく権利くらいは。

ゼイディはハヤに頼んでわたしと話をさせた。猫なで声で事情を訊かれ、わたしは話した。全部は打ち明けなかったが、それでもハヤは怒りで顔をゆがめ、低くつぶやいた。「けだものね。

あいつらはけだものよ」

「誰が？」

「若い男たちのこと。ゼイディはなにを考えていたんだか。あの子をあなたと同じ家に住まわせるなんて」

結局、モーシェはイスラエル人の娘と婚約した。イスラエル人との縁組が最後の手段だということは誰でも知っている。家が貧しいので、父親は裕福な相手になら喜んで娘を嫁がせるのだ。モーシェは妻の実家のそばに住むためにイスラエルに渡ることになり、二度と顔を合わせることはなかった。


バビーがおばの誰かと電話で話しているとき、わたしは下着にどろりとした血がついているのに気づいた。バスルームのドアの向こうではため息交じりのおしゃべりが続いていた。話がすむのを待って自分が余命わずかだと告げようとしたが、恐怖でじっとしていられず、ドアを少しあけて手招きした。バビーは電話の相手に断り、かすかないらだちを浮かべてやって来た。

「もう《ヌー》、どうしたっていうの、お嬢さん《ママレ》」早口でそう言って、ずれたターバンを直した。

「血が出てるの」わたしは消え入るような声で言った。バビーは大慌てでハッツォーラー〔ユダヤ人コミュニティ内のボランティアの救急医療班〕に電話して、わたしを病院へ連れていくはずだ。

「あらそう」バビーはそれだけ言って、洗面台のいちばん下の抽斗をあけた。そこから細長い綿のようなものを取りだして、わたしに手渡した。「これを下着に当てなさい。すぐに薬局に行ってナプキンを買ってくるから」

どうしてそんなに落ち着きはらっていられるのか不思議だった。かなりの血が出るけれど、心配はないし誰にでも起きることで、健康なしるしよとバビーは言った。身体がいらないものを外に出しているだけ、数日で終わるから、と。

薬局でナプキンの箱を買ってきたバビーは、それを人目に触れないようにクロゼットの奥に隠しておきなさいと言った。人前で話題に出してもいけないという。

ナプキンを数時間ごとにこっそりと替えるのには苦労した。バビーに教わったように紙に包んでビニール袋に入れ、誰にも気づかれないようにさりげなくゴミ箱に捨てないといけない。なんだか憂鬱な気分になった。自分の身体が別のものに替えられたようで、おまけに新しい身体が好きになれなかった。バビーの言うように出血が終わるのが待ちきれなかった。二度と起きなければいいのにと思った。

細くてしなやかだった身体はみるみる変わりはじめた。服が日に日にきつくなり、鏡を見るたびに違う自分がいた。自分の身体に起きることや変わっていく見た目をどうにもできず、それが歯がゆかった。

友人たちはダイエットに夢中になり、ランチにはクリームチーズのベーグルの代わりに、プラスチック容器にレタスを詰めて持ってくるようになった。わたしはといえば、白パンに塗ったなめらかなピーナッツバターの味や、バニラアイスのチョココーティングのぱりっとした歯ごたえには抵抗できなかった。

なかには極端なダイエットに走る女の子たちもいた。休憩時間のたびに廊下でジョギングをして、摂取してもいなさそうなカロリーを燃やそうとする子とか。授業中に倒れて何週間も入院し、両親に懇願されても食べるのを拒む子とか。

若い娘は、なによりも慎み深くあるべきだとされる。ほっそりした身体のままで、人目を引かないようにし、子供のような純真無垢さを保つことを求められる。そうやっていつまで大人の女性になるのを拒否していられるのだろうとわたしは考えていた。

どのみち、じきにみんな母親になるのに。少女時代の終わりにさしかかり、本当の人生のはじまりをまえにしたこのころが、最後の気楽な日々だった。


サマーキャンプには新しい下着とスーパーサイズのナプキンを持参した。大人になったような、なにか重大な変化が待ち受けているような気がした。広大なキャンプ場はキャッツキル山地の奥の蒸し暑い谷間にあり、主要幹線道路からは何キロも離れていた。わたしたちが町に出て異教徒の住民たちと接することがないように、草ぼうぼうの目立たない未舗装路を延々と進んだ先にある施設が使われていた。あたりの地面はぬかるみ、日陰にはキノコが生えていて、雨が降ると池のような水溜まりができた。高台に建てられたキャンプ施設の周辺だけがどうにか水浸しになずにすんでいた。

わたしは二段ベッドの下段を選んだ。上段に寝るラヤラはブロンドで青い目の大柄な子で、しょっちゅう問題を起こしていた。夜間の見回り当番たちがポーチでおしゃべりしていたとき、わたしはラヤラのマットレスを思いきり蹴りあげた。金属の枠ががたつき、ラヤラが叫び声をあげたので、懐中電灯を手に駆けつけた当番たちがベッドのあいだを歩きまわりながら声の出所を探した。わたしは薄い上掛けをかぶって目をつぶり、すやすやと眠っているふりをした。

夏はいたずらの季節だ。わたしは禁止されていることを片っ端からやった。水泳の時間はこっそりベッドに残り、見回りが来るとバスルームに隠れた。全身を覆う青い水着にはヤシのマークがついていて、それを見ると自分がサトマール派だと思いだすので水泳は嫌いだった。ヤシの木はレベの名字を表している。タイテルバウムはドイツ語で〝ヤシの木〟を意味するので、あらゆる場所にそのマークが使われていた。コテージにも、バスにも、文房具にも、水着にも。水着は濡れると裾がまとわりつき、歩くたびにふくらはぎを打った。

水着をまくりあげて腕と脚を出し、熱いコンクリートに敷いたタオルに寝そべって、プールを囲う高いレンガ塀の上から差しこむわずかな日光を浴びようとする子もいた。二週目にはほぼ全員が日焼けしていた。わたし以外は。わたしの青白い肌はこれっぽっちも焼けなかった。ラヤラが小麦色の肌になるあいだに、わたしに表れた変化といえば、膝のかさぶたと鼻の頭のそばかすだけだった。

あっという間にわたしの罰点は溜まっていった。タルムードの講義をサボったり、お祈りの最中に居眠りして叱られたりしたせいだ。キャンプ場内でうだるような暑さでないのは広大な食堂だけで、そこで全員が交代で食事をとった。千五百人が入れる広さで、天井に設置されたいくつものエアコンが、巨大な空間に心地よい冷風を送っていた。

食事の前後にお祈りを唱えるとき、毎回ひとりが選ばれてマイクの前に立った。わたしも夏のあいだずっと選ばれるのを待っていたけれど、前に行けるのは優等生ばかりだった。劇のオーディションに参加したときは、よく通る大きな声で指導員たちを感心させたのに、与えられたのは端役で、大役に選ばれたのはファイギーやミリアム＝マルカといった、お行儀がよくて有力者の父親がいる子ばかりだった。ゼイディがなにかしてくれれば違ったかもしれないが、そういうことには疎く、指導員たちも文句は言われないとわかっているので、わたしの気持ちなどおかまいなしだった。ときどきバビーにお願いして、毎週金曜日に来るバスでおやつの包みを送ってもらった。中身はほかの子たちがもらうようなきれいなお菓子ではなく、アルミホイルで包んだスポンジケーキや生のプラムだった。それでも、ないよりましだ。みんなと同じように、わたしにも気にかけてくれる人がいると示せるから。

その夏、ミルキーとファイギーはいつもいっしょにシャワーを浴びていて、ほかの子たちはそのことをひそひそと噂しあっていた。ラヤラからは、ドアを閉めたバスルームのなかで水着姿のふたりが浴槽でじゃれあっていたというスキャンダラスな話を聞かされた。ある夜、見回り当番が外でおしゃべりをしているとき、ベッドにもぐりこんできたラヤラがわたしの胸に両手を置き、どっちの胸が大きいか比べっこしようと言った。もちろんラヤラのほうが大きく、それをラヤラは自慢した。勝負に勝ったみたいに。わたしはキャンプ後半にベッドを替え、フリメットという子の上に移った。フリメットはネズミのようにおとなしかったけれど、ときどき枕に顔をうずめ、おもちゃのトラックのゴムタイヤがきしむような小さな泣き声を漏らした。

当時、ふたつのグループが別々にサマーキャンプを開いていた。ひとつはわたしのようにサトマール派のレベの末息子であるザルマン・ライブをレベの後継者として支持する家族の子供たち、もうひとつは長男のアーロン派の家族の子供たちだった。レベが亡くなったとき、どちらの息子も後継者の座を主張して、長く醜い争いが続いた。

学校で仲良しのゴルダはアーロン派のキャンプにいたので、夏のあいだは会えなかった。けれどもわたしの誕生日に、ゴルダがハシド派のコミュニティとキャッツキル山地のキャンプ場を結ぶ大型の乗り合いバスで会いに来てくれた。足踏みや拍手でうるさい中央のコテージから離れて、わたしたちは静かに話せる場所を探した。

キャンプ場の前の野原には丈の高い草が茂り、人目につかないのでそこへ行った。ふたりで草の上にすわって脚を組み、緑色の汁で指先を染めながらデイジーの花輪を編んだ。ふたりともキャンプが嫌いだった。わけもなく声を張りあげさせられるのも、熱いコンクリートの上で指導員が考えたゲームを何時間もさせられるのも楽しくなかった。ゴルダは歌詞を考え、わたしがそれをノートに書き留めた。歌が上手でかわいいゴルダがうらやましかった。肌はオリーブ色で、微笑むと丸い頬がつやつやと輝き、白い歯がダイヤモンドのようにきらめく。額にはニキビができていたけれど、それでもきれいだった。きっと、素敵なことだらけの夢のような人生を送るんだろうと思っていた。

やがて、ゴルダの言葉が中国の巻物のようにほどけてわたしを夢のなかへ誘《いざな》った。ゴルダも隣でうつらうつらしていた。とろんとした目でそちらを見ると、日の光に輝く黒髪に草が絡まっていた。蟻に脚を噛まれた。蚊とは違って、ごく小さな毛抜きでつままれたような痛みを覚えた。掻くと血が出てストッキングにしみこんだが、あっという間に乾いて固まった。

サイレンの音が響き、ふたりとも飛び起きた。野原にもその向こうの駐車場にも人影は見あたらない。ほかの子たちは中央のコテージでマハナイム〔ドッジボールに似たユダヤの球技〕の試合を観戦中のはずだ。サイレンの音は近づいたり遠ざかったりし、音もかすれていて、メガホンから聞こえているようだった。草のあいだから覗くと、キャンプ場管理者のミスター・ローゼンバーグと、キャンプ責任者のミセス・ハルバースタムが近づいてくるのが見えた。でっぷり太ったミセス・ハルバースタムの手にメガホンが握られていた。

ゴルダとわたしは顔を見合わせた。立つべき？　隠れるべき？　なんでこっちに来るの？

「あなたたち《メイドラッハ》！」おんぼろのメガホンからノイズ混じりの声が響いた。わたしたちのことだ！

「そこから出てきなさい。いますぐに！」ミセス・ハルバースタムは熱さでまだらに顔を赤くし、まぶしさに目を細めている。それ以上近づいては来ないが、わたしたちが見えているのは明らかだった。コテージを離れたのがまずかったようだ。それか、マダニの心配をしているのかもしれない。ここは草ぼうぼうだから。

ゴルダとわたしはしかたなく出ていった。奥歯を噛んで笑いだしそうになるのをこらえ、神妙な顔を作ろうとした。ミセス・ハルバースタムはすっかり興奮し、取り乱していた。ミスター・ローゼンバーグもひどく険しい顔で、目をかっと見ひらき、橙褐色《とうかっしょく》のもじゃもじゃの顎ひげを逆立てんばかりだった。ふたりは無言でわたしたちを連れ帰った。

こんな些細な規則違反を咎めるために、なぜわざわざキャンプの責任者がふたりもやってきたんだろうとわたしは不思議だった。

野原を出るとふたりは足を止め、ミセス・ハルバースタムがわたしたちに向きあった。ミスター・ローゼンバーグも背後でにらみを利かせ、橙褐色のパヨスを猛然とねじって怒りをあらわにしている。

「あそこでなにをしていたの」ミセス・ハルバースタムが訊いた。

「なにも。おしゃべりしてただけです」ゴルダが軽い調子で答えた。ゴルダは相手が偉い人だろうと、びくついたりしない。自分のキャンプの人でなければ。

ミセス・ハルバースタムが語気を荒らげた。「あんなところにふたりで行くなんて、どう思われるかわからないの。まったく、どういうつもりです。なんと言われるか考えてみなさい。家に送り返されたいの？」

　わけがわからなかった。ゴルダは頬をひっぱたかれたような表情を浮かべている。いったいどういうこと？

「でも、話をしてただけです。この子は友達で、久しぶりに会えたんです。キャンプが別々なので」わたしはミセス・ハルバースタムの怒りを鎮めようとした。

　ミセス・ハルバースタムはゴルダに目をやった。ミスター・ローゼンバーグが前に出る。ふたりは小声で話を交わした。「本当なの？」そう訊かれたゴルダがうなずいた。

「話がしたいだけなら、どうしてわざわざあんなところへ行ったの。ピクニックテーブルで話せばいいでしょう。ちゃんと草を刈った広場だってあるのに。つまり、話だけが目的じゃないってことでしょ！」ミセス・ハルバースタムは勝ち誇ったようにそう言った。

　ほかになにをするっていうの？　叱られている理由をわたしは必死に考えた。

　ゴルダも同じようにとまどっている。ふたりとも怯えていた。

　わたしは涙を絞りだした。泣くのは得意なので、思いきりしゃくりあげた。それを心からの反省と受けとったのか、ふたりはみるみる表情を和らげた。

「わかったから、話なら食堂のそばのピクニックテーブルでしなさい。そこでもできるでしょ。お行儀よくして、二度と草むらには入らないこと」

　ゴルダとわたしは慌ててピクニックテーブルのところへ行き、まだ見張られているだろうかと振り返った。ふたりが別の方向に去っていったので、同時に安堵のため息を漏らした。ゴルダの向かいにすわったわたしは、膝に置いた両手を揉みあわせた。話ははずまなかった。友情に傷がついてしまった気がした。叱られるだけ叱られて、その理由がわからないままだった。とても悪いことのようだが、なにかわからなければ、申し開きのしようもない。さっきまでの楽しい気分はすっかり消えてしまった。

ゴルダはその日の午後にほかの子たちと家へ帰り、夏のあいだ会うことはなかった。そのあと誰かに野原に誘われても、丁寧に断った。静けさを求める以外の理由でそこに行く子たちもいるんだろうかとわたしはあとで考えた。たしかに、キャンプ場で人目を避けられるのはそこだけだった。

ラヤラには元のベッドに戻ってきてよと誘われた。特別な友達になってくれたら守ってあげるとも言われた。ラヤラは大柄で、みんながその力を恐れていた。声まで荒々しく、有無を言わせない響きがあった。

キャンプ終了の二週間前、ニューヨーク州北部にコバエが大量発生した。谷間に溜まった雨水のせいだ。コバエはキャンプ場にも押し寄せ、疫病のようにわたしたちを襲った。口からも鼻からも入ってきて、喉の奥にもぐりこんだ。一匹がわたしの目に飛びこみ、そのせいで黴菌《ばいきん》に感染してしまった。朝起きると目がふさがっていて、温めたタオルで緑の目やにを拭きとらないと瞼があけられなかった。鏡を覗くと、真っ赤に腫れた目玉がふてくされたように眼窩《がんか》にもぐりこもうとした。

わたしはモーセがエジプトにもたらした十の災いを思いだした。これは第三の災いなのか、第八の災いなのか、つまりブヨとイナゴのどちらに近いのだろうと思った。聖書のなかのエジプトのようにあたり一面にコバエがいた。誰もが虫を防ごうと目を細め口もきつく閉じ、よろめきながら歩いていた。それでも鼻から入ってきた。古代ローマ皇帝ティトゥスの脳に入りこんだブヨのように。頭蓋骨を食い破られ、ウジ虫みたいに脳味噌を食いつくされそうで怖かった。空っぽの抜け殻になりそうだった。

わたしの魂は脳にあるんだろうか。脳味噌がなくなったら、魂も消えてしまうのだろうか。考えることも話すこともできなくなったら、わたしは何者でいられるんだろう。でも異教徒は？彼らには魂がないのでは？ 彼らはどう違うの？ 学校では、ユダヤ人には神のかたち《ツェレム・エロヒム》である火花が備わっているから、選ばれた特別な存在なのだと教わった。わたしたちのなかには小さな光が宿っていて、それこそが神様なのだと。だからサタンはつねにわたしたちを誘惑しようとする。その光を手に入れるために。

これはサタンの仕業なのだろうか。この異様なコバエの大群は。それとも神の罰だろうか。わたしは鏡のなかの蒼白な自分の顔を見つめた。選ばれしユダヤ人の顔を。こんな罰を受けるなんて、どれほどの過ちを犯してしまったのだろう。

キャンプは台無しになり、予定よりも一週間早く切りあげられた。乗り合いバスが高速を降りてウィリアムズバーグに入ると、街はキャッツキル山地から戻ったハシド派の少年少女であふれていた。リー・アベニュー沿いにとまった何台ものバスから、くたびれきった乗客と荷物が吐きだされていた。男の子たちは黒い上着の皺を伸ばし、濡らした指で帽子の埃を払ってから家へと歩きだした。女の子を迎えにきた父親たちは、ガムテープで閉じた段ボール箱をバスから降ろしてミニバンのトランクに積みこんだ。

埃と排気ガスで汚れた空気が、猛りくるう獣の息のように熱く身体にまとわりついた。高速道路の跨道橋《こどうきょう》に立って荷物を両脚ではさみ、わたしは天を仰いだ。あの薄っぺらい灰色の空は、キャンプ場で超然とこちらを見下ろしていた空と同じだろうかと考えた。もしかして、あれは神の災いなどではなく、自然の気まぐれにすぎなかったのだろうか。報いではなく、ただの不快な出来事だったのだろうか。罰というのは神ではなく、人が与えるものなのかもしれない。

新学期までの一週間、自由に使える時間ができた。バビーと新しい靴やストッキングを買いに行く合い間に、わたしはバスに乗ってボロー・パークの図書館へこっそり本を借りに行った。キャンプに本を持っていくのは危険すぎたので、夏中なにも読めなかった。また周囲を気にせずひとりで過ごせるようになってうれしかった。

図書館にはまだ学校の推薦図書が展示されていて、ワゴンにはぴかぴかの背表紙の新刊ペーパーバックがぎっしり詰めこまれていた。わたしはハリー・ポッターの最新刊と、フィリップ・プルマンの人気三部作の一作目、それに図書館の推薦図書の『ブルックリン横町』を借りた。『選ばれしもの』を読んだときの、冬の寒い日に飲むバビーのチキンスープのような温かい心地よさが忘れられずにいた。わたしも『ブルックリン横町』の主人公と同じブルックリン育ちの女の子だ。同じこの埃っぽい街の住民同士、共通点は多いはず。

主人公のフランシーが困窮から抜けだす物語にわたしは夢中になった。最初の極貧状態を少しずつ着実に脱していくさまを追いながら、心の底では望みどおりのハッピーエンドが来ないのではと不安も覚えていた。フランシーの行く末が気になり、失敗や落胆を自分のことのように感じた。フランシーが抜けだせるなら自分にも抜けだせる、そんな気がしていた。わたしを一生縛りつけようとする灰色の世界から。

ラストでフランシーは大学に通うことになるが、それを勝利と喜んでいいのかわからなかった。大学に行けばすべての夢がかなうのだろうか。自分が大学に行けないことはわかっていた。教科書からはその言葉が削除され、教育など受けても無駄だと教えられていた。だからこそ、教育、そして大学がウィリアムズバーグを離れるための第一歩なのだ。ゼイディに言わせれば、教育は混乱への第一歩だという。そこへ踏みだせば過ちの無限ループに捕らえられ、神から遠ざかったユダヤ人は魂の昏睡状態に陥るのだそうだ。そう、教育がわたしの魂を殺すことは知っていた。でも、フランシーは？　大学を出たあとどうしたのだろう。戻ってきたのだろうか。そもそも、生まれた場所を捨てることは本当に可能なんだろうか。よそへ行って失敗するより、いまいる場所に留まるほうが賢明だとしたら?

月曜日、高等部の新学期がはじまった。卒業まで三年。そこで子供時代が終わる。いつかブルックリンを出る、わたしはそう決意した。こんなにちっぽけな狭苦しい場所で人生を無駄遣いするなんて耐えられない。外には広い世界が待っている。どんな方法になるにせよ、フランシーと同じように一歩ずつ確実に出口へ近づいていけばいい。何年もかかるかもしれない。でも、いつかきっと。わたしは強く心に誓った。

4　わたしの家柄の低さ

「あなたの家柄が低いことを喜べとおっしゃるのですか。どう見てもこちらより生活程度の劣る親類ができるのを、手放しで歓迎しろと?」

――『自負と偏見』ジェイン・オースティン

わたしは右手でむきだしの天井の梁をつかみ、左手は隣で危なっかしくぐらつく女性の肩に添えていた。シナゴーグの二階の混みあったバルコニーにハイヒールの足で立つのはひと苦労だった。サトマール派のシナゴーグで律法の祝典《シムハット・トーラー》〔トーラーを一年かけて読み終えた喜びと感謝を表す祝典〕が行われるその夜、最前列に陣取ったわたしは、十五メートル下の出入り口からレベが入ってくるのを大勢の人々と待っているところだった。会堂内にめぐらされた狭いバルコニーは女性専用エリアで、わたしは目隠しの仕切り板の小さな隙間から、一階で踊る男性たちの姿を覗き見ていた。薄い板が破れ、そこにもたれたわたしたちが落っこちたらどうなるだろう。聖なる場所で男女が入り交じるなんて、大スキャンダルだ。そんな光景を想像して思わず笑うと、そばにしゃがんだ気難しそうな中年女性ににらまれた。

シムハット・トーラーに参加するのは初めてで、楽しめるかどうかもわからなかった。狭い通路の混み具合にとにかく圧倒されていた。ウィリアムズバーグ中の女性が晴れ着姿で集まっていた。主婦たちは白いシルクのスカーフを巻き、若い娘はぱりっとしたスーツに完璧なスタイリングのボブで決めている。誰もがレベの踊りをひと目見ようと押し合いへし合いしていた。十四歳のわたしや友人たちは、年上の主婦たちに遠慮しながらも、みっともない体勢になるのもかまわず見やすい場所を確保した。

真夜中まであと二分。

身をよじり、よく見ようと首を伸ばす友人たちを見て、なんだか滑稽に思えてきた。老人が巻物を持って身を揺らすのを細い隙間から覗くのに必死になるなんて、ばかばかしいったらない。わたしは退屈していた。首は痛いし、レベが到着する気配もない。下の階では、祈祷用のショールをまとった男性たちが歩きまわっていた。身体を左右に揺らしながら、列をなしてゆっくりと進んでいる。堂内はとっくに収容人数の制限を超えているのに、外に車をとめた警備の警官たちは口留め料でももらったのか、降りてこようともしない。十分ごとに誰かが熱気で気を失い、救急車を呼ぶ声があがった。ひとりの人がショールをはいでストレッチャーをと叫び、誰かが小部屋のひとつに運びこまれた。わたしのまわりでは女性たちがそわそわと身じろぎしながらレベを待っている。すべてはお決まりの前置きで、レベが聖なる花嫁であるトーラーと踊る至高の瞬間へのプレリュードなのだ。

同じような熱狂を感じられなくても、夢中なふりをしないといけない。聖なる恍惚に浸るためだからこそ、人を押しのけて前へ出ることも許される。むしろそういう姿をアピールしなければならない。年に一度のレベの踊りを見る機会を喜ばない女性など、ウィリアムズバーグにはいないはずだから。

男性たちが朗唱をはじめた。シムハット・トーラーの歌は七曲あり、どれも意味のない音節で紡《つむ》がれた土俗的な旋律を持っている。それは古来のユダヤの響きで、どんな言葉も超越した純粋で動物的な感情を表している。今夜、言葉は必要ない。何千もの男たちが両手を天に差しのべ、石の床をリズミカルに踏み鳴らして歌っている。「オイ・ヨイ・ヨイ・ヨイ、イェイ・ティ・リ・レイ・ティ・リ・レイ・ティ・リ・レイ・オイ・ヨイ！」そして「アイ・ヤイ・ヤイ、アイ・ディ・リ・ラ・ラ・アイ・ディ・リ・ラ・ラ……」ひとつに溶けあったその声の力にわたしは圧倒された。つかのま天地の境界があいまいになったようにさえ思えた。まわりの人々が消え、清らかな聖人たちに囲まれているような気がした。わたしだけが罪深い人間のままだった。わたしにもようやくこの祝祭の神聖さがわかりはじめたということだろうか。熱中できずにいたのは、あまりに無知なために、わたしにだけ聖なる光が注がれていなかったせいかもしれない。今夜こそ自分の務めを理解し、平凡な運命を受け入れ、自分と周囲を隔てている冷めた懐疑の衣を脱ぎ捨てることができるかもしれない。

ここには五人の友達と来た。九年生のクラスでいちばんの人気グループで、女王様はミリアム＝マルカだ。外巻きにしたつややかな鳶《とび》色の髪、くっきりしたえくぼ。完璧な組み合わせの名前は、口にすると妬ましいほど素敵に響いた。その名前だけでも女王にふさわしい。ウィリアムズバーグに何百といる女の子のなかで、同じ名前の子はひとりもいなかった（デヴォイラは九年生に五人、学校全体なら百人はいるかもしれない。高貴さの欠片もない平凡な名前だ)。軽々と梁につかまったミリアム＝マルカは、片足で椅子の肘掛に乗り、もう片方の足を仕切り板にかけて、最上部の覗き穴を確保していた。迷いのないその姿がわたしはうらやましかった。ここがこの子の居場所、生きる世界なのだ。

姉御肌で人気者のミリアム＝マルカには気まぐれなところがあり、きらきらした仲良しグループに運よくわたしも加えてもらえたものの、輪のなかに留まるのはひと苦労だった。その夜そこにいたのもレベを見るためではなく、ほかの子たちと同じようにシムハット・トーラーを楽しんでいるところをミリアム＝マルカに見せるためだった。

「シーッ、レベがいらっしゃったわ」女の人が興奮した声で囁き、わたしをおとなしくさせようと脇腹を肘でつついた。しゃべってもいなかったのに。女性専用エリアはしんと静まり返った。

階下では男たちの海が分かれて通路ができ、その先にレベのための小さなスペースがこしらえられた。助手《ガッバイ》を務める若くて屈強なイェシバの学生たちが互いに腕を組んでレベのまわりに囲いを作り、押し寄せる人波を押しとどめている。誰もがレベ・モーシェに触れ、手を握り、頭からかぶった象牙色の祈祷用ショールの縁飾りにキスすることを望んでいる。あるいは、年齢のせいで濁《にご》りの出た聖なる目で自分を見てもらうことを。わたしにもレベが見えた。弱々しげに前かがみになり、胸に巻物を抱えてごくかすかに身を揺らしている。わたしのいる場所からは、会衆に囲まれて小刻みに身を揺するレベが蟻のようにちっぽけに見えた。背中の曲がったその身体からはほとんどオーラが感じられない。華奢でか弱げなその老人が妙なる後光に包まれて見えるのは、堂内に満ち満ちた畏敬の念のせいだった。これほど無条件に崇められれば、レベが神性を帯びるのも当然だ。わたしが圧倒されたのはレベ本人ではなく、歓喜してレベに忠誠を誓う会衆のほうだった。自分もそこに加われたらとは思いながら、レベの姿はあまりに平凡で、熱狂をかきたててはくれなかった。

夜明けに祝祭が終わるまでにあと四つ踊りが残っていたが、わたしは三つ目の終わりに帰ることにした。もう三時半で、夜更かしは苦手だ。いたくもない場所を奪いあうのにも疲れてしまった。これからまだ夜道を歩いて帰らないといけない。どうせ聞こえないだろうと思いながら、バビーが表で待っているからと友人たちに声をかけ、わたしは階段を下りた。サトマール派の初代レベのひとり娘がそこで背中を押されて亡くなったと言われている。お腹にはレベの後継ぎになるはずだった赤ん坊がいたが、出産予定日のわずか数週間前に死んでしまった。そんな階段を下りるのはためらわれた。レベの大事なひとり娘であるロイゼが大きなお腹でそこに立ち、特徴的なタイテルバウム家の目でわたしを見ているような気がした。相手の痛みを身の奥に感じるようだった。当時のサトマール派は歴史も浅く、後継者争いが起きるほどの価値もなかった。それがいま、第二代のレベの息子たちはおもちゃを奪いあう子供のように玉座を争っている。神は兄弟のように愛しあうことをユダヤ人に命じたのに、神聖なはずのこのコミュニティのどこにそんな愛があるだろう。ゼイディの話では、ヨーロッパにいたころはラビの座を争うことなどありえなかったそうだ。打診されても断ることが多かったという。本当にラビにふさわしいのは慎み深い人だ。権力や尊敬を求める人ではなく。なのに、最近のラビは運転手つきの黒いキャデラックに乗り、専用の沐浴用浴槽を備えた豪華な自宅に住んでいる。いわばハシド派のセレブリティだ。子供たちはラビのカードを交換し、ラビとのつながりを自慢する。仮装祭《プリム》［ユダヤ民族がペルシャ帝国による虐殺から奇跡的に救われたことを記念する祭］では白いコットンでこしらえた長い髭を顎にテープで貼りつけ、フェイクファーのコートを着こみ、ぴかぴかの木の杖を持って歩く。どの子もラビやラビの妻になりたいと夢見ている。

わたしはウィリアムズバーグの暗い通りを足早に歩いた。ときおりクラウン・ハイツから来たルババヴィッチ派の人たちとすれ違う以外は、誰にも会わなかった。自宅のある通りの角に着くころには魔法はすっかり消え、その夜のすべてがくだらなく思えた。ほんのいっとき心がぐらついたものの、わたしのなかにしっかりと根づいた懐疑にはかなわなかった。

わたしはラビの妻になりたいなんて思わない。バビーのように夫に服従しなければならないのなら。力は欲しいけれど、それは人を従わせるためではなく、自分の人生を生きるための力だ。

月曜日、学校ではみんなシムハット・トーラーのことなど忘れてしまったようだった。次にレベの姿を見にシナゴーグへ行くのは一年後だ。女の子たちはシナゴーグへは通わない。お祈りは家か学校でする。どこでどんなふうに祈ろうとかまわない。男性の礼拝だけが価値あるものとされ、細かい規則が設けられている。いつものように、一時限はヘブライ語の祈祷書、シッドゥールの朗唱の時間だった。わたしはなぜかヘブライ語が苦手で、クラスメートの読みあげる速さについていけず、しかたなく口を動かしながらときどき声を出して祈りを唱えるふりをした。初等部ではそれぞれの祈りに節がつけられていたので覚えやすかった。でも、十二歳を過ぎると歌は禁止になる。節なしの祈祷は味気なく、先生の目をごまかすために口だけ動かすものの、やる気はまるで出なかった。

　新学期が本格的にはじまった。正式には九月にはじまっていたが、新年《ロシュ・ハシャナ》や贖罪の日《ヨム・キプール》や仮庵の祭《スコット》といった祭日だらけなので、授業はその合い間の二日ほどしかなかった。十月に入ると、長い祭日は早春の過越の祭までなくなる。延々と続く授業が待っているものの、わたしも友人たちも高等部に上がったことを喜んでいた。これまでに比べて、かなりの力と特権を手にすることができる。

　高等部の教室は広く、壁にはところどころ白いタイルが残っていた。以前はトイレだったところを教室に改装したのだとクラスの誰かから聞いた。配管はまだ残っていて、切断されたパイプが壁のあちこちから突きでていた。そこはかつて第十六公立校のイースタン・ディストリクト・ハイスクールだったが、周辺にサトマール派の家族が増えすぎたせいで生徒があふれ、別の場所に移転した。空いた校舎をサトマール派のユナイテッド・タルムーディカル・アカデミーが譲り受けて私立の女子学校を設立した。

校舎はゴシック調で、ガーゴイルはラビが偶像だと判断したため頭を切り落とされていた。一ブロック全体を占める広い建物だが、それでもかなりの過密状態で、教室の多くは簡易的な壁で仕切られ、一クラスに三十から四十人の生徒が押しこめられていた。わたしたちのクラスは三十七人とかなり大人数だったため、大きな教室が割りあてられ、後ろでクゲレフをするゆとりもあった。クゲレフはジャックスに似たゲームで、五つの金属のサイコロを使い、ひとつを投げあげて受けとめるまでにどれだけほかのサイコロを拾えるかを競う。わたしはそういうゲームが得意ではなく、たいていは三回戦あたりで負けてしまった。

クラスメートたちが次の授業に備えて本や筆記用具を準備しているあいだ、わたしは外の景色を眺めた。高等部に上がるまで校舎のこちら側には来たことがなかった。教室の窓からはブルックリン・クイーンズ高速道路を跨ぐ二本の通りが見え、交差部分の小さな三角形の敷地に公共図書館が建っていた。ツタに覆われた赤レンガの立派な建物で、高い錬鉄のフェンスに囲まれている。入り口は高速道路を見下ろすディヴィジョン・アベニューに面していて、幅広い三段の石段の先にゴシック調の正面玄関がそびえている。サトマール派の生徒は図書館の裏手を通る決まりになっていて、正面側はめったに人通りがなかった。図書館に入ることも禁止されていた。英語は魂をゆっくりと侵していく毒だとゼイディは言っている。英語を話し、読みつづけることでやがて魂が曇り、聖なる刺激を感じとれなくなるという。イディッシュ語を使うようにと口を酸っぱくして言われていた。神がお認めになったユダヤの先祖の言葉を。でもイディッシュ語は、ドイツ語やポーランド語、ロシア語、ヘブライ語、それにあちこちの方言の寄せ集めにすぎない。英語と同じように世俗的な語句とされるものもたくさん含まれている。なのに、なぜいきなり純粋で正しい言語になったのだろう。

ゼイディには内緒だけれど、わたしはもうイディッシュ語で考えることをやめていた。ゼイディがよこしまな蛇と呼ぶ本が親友だった。すでに堕落していて、それを隠すのがうまかっただけだ。教室の窓から図書館を眺めながら、ゼイディの予言が本当になったのかもしれないとわたしは思った。本のせいで自分の魂は少しずつ曇り、神聖なものを目にしても、それを感じられなくなってしまったのかもしれない。シムハット・トーラーでのラビの踊りに感動できなかったのも、それなら納得がいく。ほかの人たちは純粋で無垢なままで、わたしだけが言葉によって汚され、聖なるものが目にも耳にも入らなくなっているのだ。

ずっと昔、その図書館に忍びこんだときにはまだ十歳だったが、人に見られてはいけないことは承知していた。館内にはほとんど人がいなかった。静けさのせいで広々とした閲覧室が洞窟みたいに思えた。おそるおそる歩いてまわりながら、神様の目を感じて足がすくみそうだった。もら一度入ってみる勇気はとてもなかった。失うものが多すぎる。細心の注意を払って築いてきたクラス内での地位が台無しになる。ミリアム＝マルカに見つかったらおしまいだ。たった一度のミスで三年間の学校生活を棒に振りたくはない。それに、どちらかをあきらめる必要もない。いまは市バスに三十分乗ってメイプルトンの図書館へ通っている。そこなら誰かに見つかる可能性は低く、安心して奥の書架の本も眺められる。新しいカードはぴかぴかの白いプラスチック製で、図書館のロゴが入っている。見つからないように、家ではベッドのスプリングとマットレスのあいだに隠してある。薄いペーパーバックもそこに隠せるし、ハードカバーはドレッサーの裏に押しこんである……。

教室が急に静まり返り、わたしは物思いから引きもどされた。二時限の担当のミセス・フリードマンが入り口に立って、授業開始前の儀式を待っていた。生徒全員が机の横に起立して先生を迎えるのだ。自分の席ではなく窓のそばにいるわたしに気づき、先生は咳払いをして急かすようにこちらを見た。わたしは慌てて席に戻った。早くも目立ってしまった。

ミセス・フリードマンはサトマール派の王族だ。旧姓はタイテルバウムでレベのまたいとこにあたる。〝レビッシュ〟と呼ばれる、レベと親戚関係にある幸運な人たちのひとりだ。頭にはきつくスカーフを巻き、猫背気味で、お化粧っ気はなし。どことなく聖人っぽく見える。その威厳に圧倒されたように、クラスメートたちはペンと紙をきちんと用意して席についていた。

聖地の道《デレフ・エレツ》と、ミセス・フリードマンが黒板にヘブライ文字で大書した。二時限は行動規範についての授業だ。卒業までに、ハシド派社会でのふさわしい振る舞いを残らず身につけてもらいます、とミセス・フリードマンは言った。

「デレフ・エレツの基本中の基本は、目上の人にはつねに三人称で呼びかけることです。たとえば、〝あなた〟ではなく〝先生〟や〝校長先生〟などと呼ばなくてはなりません」

ゼイディは目上の人だ。これからは三人称で呼ばないといけないのだろうか。変なの、とわたしは思った。「ゼイディは紅茶にレモンを入れますか？」バビーのほうは？　バビーを三人称でなんて呼べない。よそよそしすぎる。そんな決まりは大事な人とのあいだに隔たりを作ってしまいそうに思えた。三人称で呼べば、血縁や個人的なつながりよりも長幼の序を重んじることになる。どうにも納得できなかった。それでなくても数少ない身近な人たちとのあいだに距離を保たなければならないなんて。

ぜんまいが緩むように、五分後には集中力が途切れ、先生の顔がぼやけはじめた。唇は動いているのに声が耳に入ってこない。ほんの数秒ぼんやりしていただけのはずが、ベルが鳴ってはっとした。その数秒のあいだにわたしは夢の城を思い描き、そこを豪奢なベルベットで飾り、オークの羽目板張りの書斎もこしらえていた。洋服箪笥の奥にはナルニア国への入り口も。頭のなかの迷宮にすっかり迷いこんでいた。

洋服箪笥の奥から夢の国へ行くのはもうあきらめていたが、すばらしい未来が待っているという望みは捨てていなかった。魔法の国ではなくても、せめてここではないどこかに。

窓のない殺風景な食堂で味気ない昼食をとったあと、わたしは四階分の階段を上がって教室に戻った。次はいちばん好きな英語の授業だ。政府の義務付けによって毎日最低限だけ施される普通教育のことをそう呼べるなら。その時間だけ、わたしは輝けた。

英語の先生はボロー・パーク出身の〝モダンガール〟たちだった。もちろん大学出ではないけれど、普通高校を卒業していて、サトマール派の学校の卒業生とは段違いの本格的な教育を受けていた。ただし、ハシド派のなかでも戒律の緩い環境で育った人たちのため、サトマール派では正統とみなされず、生徒も英語教師には本物の敬意を払う必要がないとされていた。過度な世俗的教育を受けていて、信仰をおろそかにしているからだ。英語の授業中に悪ふざけをしても、イディッシュ語のときほどは厳しく叱られなかった。

ミス・マンデルバウムは長身で、明るいブロンドの髪を高い位置でポニーテールにしていた。驚いたことに、リップグロスも塗っていた（リップクリームにしてはピンクが濃すぎるから、たしかだ）。笑うと上下の歯が見え、上の歯茎も下品なくらいむきだしになった。何日も寝ていないようなかすれ声をしていて、所作のぎこちなさから、わたしたちに気に入られようと必死なのがわかった。授業の内容は文学と読解だった。その日、ミス・マンデルバウムは五ページの短篇をクラスに配った。学校の検閲によってあちこちが黒く塗られていた。

授業はさっぱり進まなかった。生徒たちの朗読が下手くそだからだ。週に一度の授業のほかには読む練習をする機会もない。教材も小学四年生レベルだった。読書は大好きなわたしも、文学の授業は退屈だった。二分で読めてしまうので、あとはみんなが読み終えるのを待つしかない。頬杖をつき、脚をぶらつかせ、窓の外を見ながらたっぷり十分間夢想にふけったあたりで、ミス・マンデルバウムと目が合った。フリメットが朗読中で、単語を変なところで切って発音するため、さっぱり意味不明だった。先生は手に持った教材を指し、〝ちゃんと読みなさい〟と手振りでわたしに示した。わたしもとっさに手振りで全部読んだと返した。先生の呆れた顔を見て、嘘だと思っているのがわかった。ろくに本も読めないばかな子が、読み終わったふりをしているのだと。先生はフリメットの朗読を止めた。

「デヴォイラ、あなたが読みなさい」

「はい。どこからですか」

前の席のルヒーが振り返って教えてくれたので、わたしはあちこち黒塗りされた短篇の一文を読みあげた。少年とペットの犬の話だ。もう一文読んだところで顔を上げると、ミス・マンデルバウムがあっけにとられた顔をしていた。ボロー・パーク育ちの先生は、この学校にまともに英語を読める生徒がいるとは思ってもいなかったのだ。ましてや、すらすらと、流れるような抑揚をつけて読める子がいるなんて。どうやってそんなに完璧な英語を身につけたのかと先生が不思議がっているのがわかった。

クラスメートたちはわたしが英語を得意なのを知っていたから、先生が鼻を明かされて愉快がっていた。みんなわたしの朗読が好きだった。よく通る元気な声で感情たっぷりに読むので、授業が楽しくなるからだ。でも、ミス・マンデルバウムは気を悪くした。

「あなたには練習はいらないようだけど、ほかの子たちには必要です。全員に朗読してもらわないといけません」

エスティがいつもの蚊の鳴くような声で朗読をはじめると、うめき声があがった。間違いがばれないように小さな声しか出さないのだ。ミス・マンデルバウムがもっと大きな声でと促したが、無駄だと知っているわたしたちはにやにや笑った。エスティはひどく内気なふりをして、背中を丸め、顔を思いきり赤くして、先生があきらめるのをひたすら待った。わたしはほくそ笑んだ。ゲーム開始だ。

ミス・マンデルバウムは次々と生徒を指名し、大きくはっきりした声で読むようにと告げた。もちろん全員がエスティの真似をした。先生にしかたなく指名されたわたしは、嬉々として実力を見せびらかした。ほかの子たちは両手で顔を覆って笑いをこらえていた。

人気らしきものを獲得したわたしは、英語の授業では遠慮なくやろうと決めた。イディッシュ語の授業で目立つのは恥をかくときだけだが、英語の授業で大胆に振る舞うとヒーローになれる。学ぶべきことはなくても、ちょっとした楽しみと熱心な聞き手を得るチャンスを逃がす手はない。

家に帰ると、いつものように誰もいなかった。バビーは老人ホームのボランティアへ出かけていたので、自分の部屋で気がねなく一時間は本が読める。その週は『若草物語』がマットレスの下に隠してあった。薄いペーパーバックなので隠しやすかった。数分しかたっていないと思ったのに、ゼイディが階段を上がってくる重い足音が聞こえたので、急いで本をマットレスの下に戻し、シーツの乱れを直した。

わたしはいい子、わたしはいい子、わたしはいい子だ。

そう心で唱えながら、いい子らしい顔をこしらえた。従順で、虚《うつ》ろで、控えめな顔を。ときどきゼイディのことが怖かった。射るような鋭い目も、青白い髭も。わたしの演技を見破り、神に与えられた眼力でわたしが注意深くこしらえた仮面の奥を見通してしまいそうに思えた。本当の自分を知られるなんて耐えられなかった。わたしは従順な子じゃない。ゼイディが心から望んでいるような。

新しいストッキングには後ろに太い茶色のシームが入っていた。外を歩けば高等部の生徒だとひと目でわかる。以前は十年生から穿く決まりだったが、九年生もシームなしのものを穿くには成熟しすぎているとラビが判断したせいだ。担任の先生の話では、シームがあれば肌色のストッキングを罪深い素足だと誤解されずにすむという。ストッキングとわたしの素肌を見間違える人がいるなんて思えなかった。脚は真っ白で、ストッキングは濃いコーヒー色なのに。

それでも新しいストッキングは、足首がほっそりきれいに見えた。みんなと同じ茶色い革のペニーローファーにもよく合っていた。自分がもう高校生なのが信じられなかった。学校生活はあと三年。四年後には結婚しているかもしれない。

高等部の先生たちはみんなわたしのことを知っているようだった。それまで会ったこともなかったのに。わたしが両親と暮らしていないから、特別な目で見られているのだ。

両親と暮らしていないのはクラスでわたしひとりで、学年全体ではライザとわたしだけだった。ライザは幼いときに両親を亡くし、おばさんと暮らしていた。みんなは陰で〝哀れな子〟とか〝いらない子〟と呼んでいたので、わたしはどう言われているのか、ときどき心配になった。惨めとか、物乞いとか、邪魔者とか？

「施しなんていりません」授業のあと、なにか困っていることはないかと先生に訊かれたとき、わたしはそう答えた。自分の異質さが後光のように身体から放たれているような気がした。うんざりだった。

友人たちのなかに、姉が婚約する子が増えてきた。両親のいないわたしが結婚に苦労することになるのは誰もが知っていて、そんなところもわたしと友人たちの違いだった。その違いは、いきなり部屋に現れた巨大な象のように目障りで、みんなを気まずくさせていた。

エスティ・オーベルレンダーのお姉さんは二十二歳でまだ独身なのよとクラスで噂になっていた。兄の結婚を待っていて、自分の番が来たときにはもう二十一歳、適齢期を三歳も過ぎていたそうだ。オーベルレンダー家のように立派な家柄でうなるほどお金があっても、二十一歳の娘に結婚は難しい。

わたしは両親がふたりとも罰当たりだから、相手探しに苦労するのは目に見えていた。通りでばったり父に会い、手を振られても、気づかないふりをせずにはいられなかった。コーヒーのしみがついたシャツも、太鼓腹も、がりがりの脚も、すべてが恥ずかしかった。母は母で、信仰を捨てたことを隠してもいなかった。わたしも同じようにおかしな考えに取りつかれないともかぎらない。母のように頭がすっかりいかれ、神にも信仰にも背を向けるかもしれない。少なくともわたしには姉がいないから、待たされることはない。わたしが十六歳になったら、ゼイディが見合い相手を探しはじめることはわかっていた。もうまもなくだ。

ルーツがなければ、受け継ぐものもない。わたしたちの価値は先祖の価値によって決まる。親は子供のために名を残そうとする。残すべき名のないわたしを誰が望むだろう。母はわたしが物心ついたときにはいなかった。謎めいた突然の逃亡は大スキャンダルになった。わたしはその不名誉の重荷を背負っている。

「どうして悪いことが起きるの」わたしはバビーに尋ねた。「神様《ハシェム》のせい?」

「いいえ、ハシェムじゃない。サタンよ」バビーは赤い格子縞の布巾で皿を拭き、わたしに食器棚へ片づけさせた。「悪いことは全部サタンの仕業よ」

父が自分やわたしの面倒を見られないほど無能になったのは、サタンの仕業なのだろうか。サタンがわたしを哀れな捨て子にして、すでに子育てで疲れ果てていた祖父母に託したのだろうか。

わからなかった。神様は支配者なのでは？　神の力の下で、なぜサタンは暴れまわれるのだろう。神がすべてを創造したのなら、サタンを生みだしたのも神のはず。どうしてそんな恐ろしいものを生みだしたのか。なぜサタンを止めてくれないの？

「ヒトラーの足は鶏の足だったんだよ。だからけっして靴を脱がなかったの。自分が魔物だと知られないようにね」バビーが言い、長年の家事で節くれだった手で、鍋底に焦げついたチキン・フリカッセをこそぎ落としにかかった。そんなに単純な話だろうかとわたしは思った。悪人がひと目で邪悪とわかるいびつな身体をしているなんて。そんなに都合よくはない。邪悪な人間もごく普通の姿をしている。靴を脱がせれば一目瞭然というわけにはいかない。

学校では、神がヒトラーを遣わしたのは、みずからを啓蒙しようとしたユダヤ人たちを罰するためだったと習った。同化したユダヤ人、選ばれし者の責務から逃れようとした〝自由なユダヤ人〟を一掃するためだったと。彼らの罪を贖うのがわたしたちなのだという。

初代の偉大なるサトマール派のレベは、かつてのように模範的なユダヤ人に戻れば、神もお喜びになり、ホロコーストのようなことが繰り返されることもないと説いた。でも、分厚いストッキングや長いスカートを穿いたくらいで、どうやって神様を喜ばせられるのだろう。本当にそんなことで神様は満足するのだろうか。

なにをしようと同じことはまた起きるとバビーは言っていた。ホロコーストのような出来事は、五十年ほどの周期で何世紀にもわたって繰り返されてきたもので、じきに次の周期が来るはずだと。ポグロムや十字軍や宗教裁判と同じく、人間の力でどうこうできるなどと考えるのは愚かだとバビーは思っていた。でもゼイディの前では言わなかった。ゼイディはサトマール派のレベがわたしたちをすべてから救ってくれると信じていた。なんといっても、レベ自身が奇跡的に強制収容所での死を免れたのだから。記念すべきその日はいまも年に一度の祝日とされている。

バビーは誰もが内心ではユダヤ人を憎んでいると考えていた。神様がそのように世界をお作りになったのだからしかたがない、どれだけ優しそうに見えても異教徒を信じてはいけないよと言っていた。

会ったこともないのに、世界中の人がすでにわたしを憎んでいる。そう考えるとなんとも言えない気持ちになった。わたしはこんなに若くて、まだなにもしていないのに。母はユダヤ教を捨てた。母も異教徒のひとりなんだろうか。わたしを憎んでいるのだろうか。

バビーはその問いを鼻で笑った。なにをしようと、ユダヤ人は異教徒にはなれないよ、と。異教徒のような服も、話し方も、生活も、ユダヤ人であることを消せはしない。ヒトラーもそれを知っていた。

ある晩、わたしは通りの車の音が静かになったあとも寝つけず、ふたつ折りにした枕をお腹に押しあてて身を丸めていた。わたしを愛してくださっていますかと神に問いかけた。またヒトラーを遣わして、わたしのことも殺すのですか。わたしのお腹をこんなに痛くしているのは神様、それともサタン？

自分は愛されていないと感じていた。両親からも、代々の先祖からも、わたしを一族の恥さらしだと見下しているおばやいとこたちからも。なによりも、神の愛を感じられなかった。わたしをここにほったらかしにして、忘れてしまったにちがいない。神様の愛なしに、どうして幸せになんてなれるだろう。

枕を涙で濡らして眠りに落ち、高架鉄道の音に邪魔されながら途切れ途切れの夢を見た。フードをかぶったナチス親衛隊の将校たちが、黒い馬に乗ってウィリアムズバーグを駆けまわっていた。わたしが逃げまどう人の波に呑まれかけたとき、遠くでヘリコプターの音が響き、見上げると母らしき女の人が乗っていた。助けに来てくれたのだ。朝焼けのなかへ飛び去りながら、おののく群衆を見下ろしたわたしは、ようやく救われたと感じた。

そのとき、通りであがった叫び声に起こされた。時計の表示は午前三時。驚いてベッドを飛びだし、窓の前へ行った。格子に首を突きだして隣室の窓を見ると、バビーとゼイディも起きだして外を見ているのがわかった。通りでは、白いパジャマとスリッパ姿の男たちがいっせいに走りながら、「ハプツェム！　ハプツェム！」と叫んでいた。

あいつを捕まえろ――夜間の侵入者を捕まえろと言っているのだ。声を聞きつけて、通りのあちこちからパジャマ姿の男たちが飛びだし、追跡に加わった。

「なにがあったの」わたしは隣の窓のバビーに訊いた。

「お隣のミセス・ドイチュの家に強盗が入ったらしいよ。銀器をまるごと奪われたって」バビーは困惑した顔で首を振った。「黒人《シュヴァルツェ》の若い連中だろうね、ブロードウェイの」

バビーの言っているのは、線路の向こうにあるアフリカ系アメリカ人が多く住む地区のことだ。そこへ行ってはいけないとわたしたちは言い聞かされていて、高架鉄道が境界の役割を果たしていた。ウィリアムズバーグ周辺には、多種多様な民族が暮らしている。閉鎖された工場や倉庫に蔓延《はびこ》る雑草のように。こんなごみごみしたところ、下層階級でなけりゃ暮らそうなんて思わないだろうねとバビーは言っていた。

それでも、ユダヤ人はそのなかでうまくやっている。バビーに言わせれば、貧乏で学がないと思わせておいたほうが、異教徒の嫉妬や恨みを買わずにすむそうだ。ヨーロッパでは身の程をわきまえず異教徒より豊かになり、教養も身につけたばかりに、憎しみを招いたのだという。

コミュニティの自警団であるショムリムの一団が隣家の前に原動機つき自転車《モペッド》をとめるのが見えた。蛍光色のロゴのついたアーマージャケットを着ている。三人の男がぐったりとした黒人少年の両腕をつかんで引きずってきた。

「あの子、まだ十四くらいじゃないの」捕らえられた罪人を見てバビーが言った。「ギャングの仲間に入れてもらおうと、盗みに入ったのかねえ。あんなに若いのに面倒を起こして、やりきれないね」

ショムリムのメンバーが身を震わせる少年を取り囲んだ。情け容赦なく蹴りつけられ、少年は泣き声をあげた。「おれ、なにもやってない。本当だって！　なにもやってない！」ひたすらそう繰り返し、許しを乞うている。

男たちは痛めつけるのをやめなかった。「ここで好き勝手しようってのか。仲間にいいところでも見せる気だったか。とっくに逃げたようだがな。おまえみたいな薄汚いやつがここへ来ていいと思ってるのか。とんでもない。警察は呼ばないが、代わりにずっと恐ろしい罰を与えてやる。わかったか」

「わかった、わかったよ……」少年はすすり泣いている。「お願いだから放してくれ、ほんとになにもやってないんだ！」

「今度おまえたちの誰かを捕まえたら、殺すぞ。いいな。殺してやるからな！　帰って仲間に伝えるんだ、二度とここへは来るな、でないとおまえたちのどす黒い魂を地獄に落とす」

男たちが囲みを解くと、少年は立ちあがって夜の闇に逃げ去った。ショムリムたちはモペッドにまたがり、ジャケットの埃を払った。十五分もすると通りはまたしんと静まり返った。わたしは胸がむかついた。

「ああ、よかった」バビーが言った。「ありがたいことね、自警団があって。警察なんて、枝から落ちた木の実だって捕まえられないんだから。なんの頼りにもならないんだよ、デヴォイラ。頼れるのは自分たちだけ。それを忘れないようにね」

また同情する相手を間違えた。わたしは自分を叱った。あの少年を気の毒がってはいけなかった。敵だからだ。気の毒なのはミセス・ドイチュだ。死ぬほど怖い目に遭って、先祖伝来の銀器を奪われたんだから。そう思いながらも、こぼれた涙を拭わずにいられなかった。暗くて人に見られずにすんで助かった。

父が騒々しく階段をのぼってきて、ドアをどんどん叩いた。「ママ！」と息をはずませて言った。「見た？　さっきの見た？」

バビーがドアをあけると、皺だらけの汚いパジャマ姿の父が裸足で爪先立ちになり、ぐらつきながら立っていた。

そして得意げに言った。「おれも追いかけたんだ！　捕まえるところも見てた」

バビーがため息をついた。「裸足で走るなんてどういうつもり、シア？」

父は足から流れた血が玄関マットにしみこむのにも気づかず、滑稽なほど興奮しきっていた。「帰りなさい、シア」ゼイディが悲しげに言った。「帰って寝るんだ」そして、うやうやしく見えるほど静かにドアを閉じ、父の足音が聞こえなくなるまでノブを握っていた。

わたしは父を避けていた。離れていればいるほど、父の無能さや奇妙な振る舞いを恥じずにすむような気がした。安息日に友人たちと出歩くとき、姿を見るのがつらい人たちがいた。顎のいぼから長い毛が生えたフーパー通りのカップケーキ売りの老婆とか。キープ通りとリー・アベニューの角でいつも臭い煙草を吹かしている、虚ろな目の挙動不審な〝いかれたゴリー〟とか。そのたびに友人たちが大騒ぎで通りの反対側へ逃げようとするので、そのうち父と鉢合わせしないか心配だった。見かけたこと自体はあったはずだ。わたしの父だと知らないだけで。ろくなことがない人生に、わたしは腹を立てていた。両親が離婚して、母親が逃げただけでも十分なのに、父親まで頭がおかしいなんて。絶望的だ。どんなに完璧を目指しても、どんなに人とうまくやっても、父とのつながりは消せない。

父と自分が親子だということ自体が不思議でたまらなかったが、それ以上に、一族の誰かが父の世話をしたり、医者に診せたりしないことが不思議だった。ほったらかしで好きに歩きまわらせるせいで、わたしが恥ずかしい思いをさせられた。

バビーは問題のある子が生まれるのは罰だと言っていた。ゼイディは神の試練だと言った。問題を解決しようとするのは、神が与えた苦しみから逃げることだという。詳しく調べて病名がはっきりすれば、まわりじゅうに知られてしまうともバビーは言っていた。病気と診断された息子がいるとわかったら、ほかの子供たちの結婚はどうなる？　だからあいまいなままでいい。神の思し召しを受け入れるほうがいい。

祖父母もできるだけのことはした。結婚相手が見つからないまま父が二十四歳になったとき、ふたりは海外に目を向けた。不遇な娘なら、アメリカでの快適な生活に憧れて来てくれるかもしれないと考えたのだ。そのために、自宅のタウンハウスの三階を空けて七部屋のアパートメントを用意し、床は寄せ木張りに替え、上品な壁紙を貼って、居心地のいい家具と上等のラグもしつらえた。お金に糸目はつけなかった。挙式費用も、渡航費も、相手の望みどおりに支払うことにした。そして見つけたのが、貧しい離婚家庭に育ち、ロンドンの慈善家の援助でユダヤの女子学校に通っていた母だった。可能性に満ちた新天地へ行けるチャンスに母は飛びついた。

わたしが生まれてすぐに両親の結婚は破綻し、母は大学に通いたいと家を飛びだした。子育てを終えたつもりだった祖父母はわたしを引きとることになった。これも罰なのだろうか。わたしも祖父母にとっては神の試練で、だからふたりは従容《しょうよう》と受け入れたのだろうか。

小説に出てくるような理想的な両親のもとに生まれた自分をわたしは想像した。ピンクの壁に天蓋つきのベッド、窓の外には芝生の庭。

想像のなかの両親はわたしに歯列矯正をさせてくれて、素敵な服を買ってくれる。ちゃんとした学校に通えるし、大学にも行けるかもしれない。テニスもするし、自転車にも乗る。頭《こうべ》を垂れて小さな声で話しなさいと言われることもない。

安息日には、家族のいないわたしの境遇がいっそう目立つ。遊んであげる弟や妹も、家に招いてくれる兄や姉もいないからだ。安息日は家族と過ごす日とされているのに、わたしには祖父母しかいなかった。だからお客が来るのは楽しみだった。たまに結婚したいとこたちが祖父母に会いに来ると、多少は退屈が紛れた。

いとこたちに子供ができるとそんな機会もなくなった。安息日にものを運ぶのはユダヤ法《ハラハー》で禁じられているからだ。ベビーカーも使えないので、安息日が終わるまで家にいるしかない。数週間のあいだ、そのことが安息日の食卓で話題にされていた。ウィリアムズバーグのラビのひとりが、安息日にもエルーヴ内ではものを運んでもいいと認めたためだ。エルーヴという結界の紐を張ることでその内部は私的領域とみなされ、子供や家の鍵など必要なものを運ぶことが合法になるという。

ほかのラビたちはエルーヴを正統《コシェル》でないと考えていた。ブルックリンのような場所で〝私的領域〟を作ることなど不可能だからだ。問題は、ウィリアムズバーグを縦断するベッドフォード・アベニューが、外の地区とつながっていることらしい。法解釈のことはよくわからなかったが、とにかくそれがもっぱらの話題だった。

最初は誰もエルーヴを使おうとはしなかった。壁のペンキが乾きもしないうちに落書きされてしまうような場所で、そんなものがいつまでも無事なはずがない。それでも、少しずつエルーヴを承認するラビたちが増えてくると、安息日の午後にベビーカーの母親が通りを歩くようになった。エルーヴを使う者がずいぶん増えたよと、シナゴーグから戻るたびにゼイディも言っていた。ところが、ハシド派の若者たちのなかに、通りでベビーカーの女性を待ちかまえ、安息日の掟を破るなと罵声を浴びせる者たちが現れた。石を投げる者までいるとゼイディは怒っていた。連中はユダヤ法《ハラハー》のことなど気にしていない、誰かを怒鳴りつけたいだけだ、と。

ゼイディは念入りに調べた結果、エルーヴがコシェルであると信じていた。そしてわたしにとって祖父の宗教的解釈は絶対だった。タルムード的な知性と公平さのバランスが絶妙だからだ。ゼイディは理由もなくノーと言ったりはしない。ラビのなかにはそういう人もいる。優れたラビとは、柔軟な解釈が可能なように、法に抜け穴を見つけられる者だというのがゼイディの意見だった。タルムードの知識が足りないラビほど厳格な解釈を選ぼうとする。抜け穴を見つける能力に自信がないからだ。

ただし、完全にコシェルではあっても、おまえは使わないようにとゼイディはわたしに言った。「安息日、安息日、聖なる安息日だぞ!」と寄ってたかって罵声を浴びせる若者たちのせいだった。そんな独善的な怒りが家族に向けられることを心配していたのだ。

わたしはあまり気にしていなかった。どのみち、連れて歩く赤ちゃんもいないから。

二〇〇一年九月十一日の火曜日。その日は遅刻だった。午前十時十五分、学校までの三ブロックを急いでいたわたしは、マーシー・アベニューに入る角を曲がったとき異変に気づいた。空が不気味な灰色で、家々の屋根に重く垂れこめていた。雨の気配はないものの、空気がどんよりしていて、建設現場の粉塵が舞っているような感じだった。教室にはエアコンがなく、まだ秋の涼しさではなかったので、窓があけられていた。通りの騒音が先生の声を邪魔してしまうため、いつも授業中は窓を閉めきっているのに、その日は気味が悪いほど静かだった。ドリルの音も、クラクションも、広い二車線道路に敷かれた金属板をトラックが踏む音も聞こえない。耳に入るのは、かすかなスズメのさえずりだけだった。

午後一時、教室のスピーカーから小さな雑音が聞こえた。事務員がめったに使わない旧式のマイクの操作に手間取っているらしかった。

「全校生徒は帰宅してください」くぐもってはいるが、大きな声が響いた。キーンというハウリング音がしてわたしたちは耳をふさいだが、すぐにはっきりした事務員の声が続いた。「荷物をまとめ、整列して校舎を出てください。家が遠い人は外にとまったバスに乗るように。授業を再開するときには連絡します」

わたしは困惑してクラスを見まわした。休校になるのは、火事などの緊急事態が起きたときだけだ。若い娘が町をうろつくのは誰のためにもならない。でも警報ベルは鳴っていない。なぜ下校させられるのだろう。ほとんどの生徒は浮かれていて疑問にも思わないらしく、鞄のファスナーを閉じて廊下に並び、楽しげにおしゃべりしている。いぶかしんでいるのはわたしだけのようだった。

下校の途中も考えこんでいた。家に帰ってゼイディに話しても、信じてもらえないかもしれない。学校をサボったと思われるかも。急に帰れと言われたなんて、どんなふうに伝えたらいい？

忍び足で玄関ホールに入ると、ゼイディは書斎にいなかった。ドアは大きくあいていたが、机は空だった。上階のキッチンではバビーが縄編みパン《ハッラー》の生地をこねていた。耳に受話器を当てていて、わたしが椅子に鞄をどさっと置いてもなにも言わなかった。電話のやりとりに耳を澄ましてみたけれど、バビーはあまり話さず、ときどきうなずいては「なぜ?」とか「どうやって?」と尋ねるだけだった。

やがて、ゼイディが重たい足取りで階段を上がってくるのが聞こえた。たたんだ新聞を手にしていた。ゼイディは世俗的な新聞を家には持ちこまないが、株式情報を知りたいときには、ブロードウェイの向こうのメキシコ人の雑貨店で《ウォール・ストリート・ジャーナル》の経済欄を読むようにしていた。どうして持ち帰ってきたのだろう。

ゼイディがバビーに電話を切れと手振りで伝えた。「これを見ろ」そう言って小麦粉だらけのテーブルの上に新聞を広げた。一面はツインタワーの写真で、燃えているように見えた。わたしは見せられたものの意味がわからなかった。

「なにこれ」

「テロ攻撃だ。今朝のことだ、信じられるか? 飛行機がツインタワーに突っこんだんだ」

「今朝?」信じられなかった。「今朝の何時?」時計を見ると午後二時十五分だった。飛行機が朝に突っこんだのなら、とっくになにか聞いているはずなのに。

「八時台だ。ラジオを買ってくるから、ニュースを聴こう」

ショックだった。ゼイディがラジオを聴かせてくれるなんて。よほどの一大事にちがいない。下校させられたのもこのせいだ。午後の残りは三人でキッチンに置いた小さなラジオにかじりつき、同じニュースを繰り返し聴いて過ごした。「午前八時四十六分、旅客機がノースタワーに衝突し……」

「ユダヤ教徒のせいにされる」とゼイディが首を振った。「いつもそうだ」

「ユダヤ教徒じゃないわ」バビーが言った。「イスラエルだとしても、ユダヤ教徒じゃない」

「フライダ、わからんのか」ゼイディがゆっくりと答えた。「外から見れば同じだ」


バビーはまたホロコーストが起きると信じていた。暴動が起きて、アメリカからユダヤ人が追いだされると言っていた。いつかそうなるのはわかっていたと。

「悔い改めなさい」とバビーはわたしに言った。「贖罪の日《ヨム・キプール》に間にあうように悔い改めるのよ。いつなんどきこの世がひっくり返ってもおかしくないんだから」

ニュー・スクエアの町で魚が口をきいたらしい。そんな噂が流れていた。ニューヨーク州北部にあるスクヴェル派［ハシド派の一派］の小さなコミュニティで鯉が生き返って口を開き、ユダヤ人は贖罪せよ、さもなくば地獄が来ると言ったという。それが大きな騒ぎを呼んでいた。話によれば、魚屋のモーシェが祭日に備えて鯉を締め、重たい包丁で頭を切り落とそうとしたところ、鯉が口をあけて声を発したという。目撃者もいた。魚市場で働くユダヤ人と異教徒のどちらもが、魚の言葉を聞いたと証言した。魚は名乗り、神の使いだと告げた。神はいまもユダヤの民を監視し、悪行を懲らしめようとされているという。「許しを乞うがいい」と魚は言った。「さもなくば、破壊の雨が降る」

その事件が起きたのがツインタワーへの攻撃直後で、年に一度の贖罪の日であるヨム・キプールの直前だったため、話はとりわけ大きな関心を集めた。これが警告でなくてなんだろう。心の底から悔い改めねばならない。魂の再生の証しが目の前に示されたのだ。

噂はたちまち広がり、尾ひれがついた。実際のところはこうらしい、と毎日のように誰かが家に報告に来た。でも、詳細はどうでもよかった。要点は同じだった。魚が口をきいたのなら、なにがあろうとおかしくない。ヨム・キプールでお決まりの祈りを捧げて改悛を示すだけではすみそうにない。誰もがそんなふうに深刻に受けとめ、浮足立っていた。

わたしも魚が口をきいたと信じたかったが、贖罪には興味がなかった。自分の罪や、神に課される山ほどの罰のことなど考えたくなかった。それよりも、その出来事の不思議さに惹きつけられた。魚が息絶えるまえに残した奇跡のお告げに。その魚は魚屋の断食前の食事に出されたそうだ。

ゼイディは魚の話を信じなかった。現代では、もはや神は奇跡を行わないという。みずからの介入が目立つことのないよう、自然の摂理に沿った形でみわざをなすのだそうだ。魚の話を疑うのは理解できるものの、ゼイディの説明には納得がいかなかった。神様は奇跡を起こすのを急にやめてしまったりするだろうか。紅海を分け、荒野にマナを降らせたのと同じ神なのだから、そういうドラマチックな奇跡に興味を失ってしまうとは思えなかった。わたしは地獄より再生を信じたかった。戻ってこられる望みがあるほうが、ずっと死を受け入れやすい。

ゼイディは毎年のヨム・キプールにニュー・スクエアを訪れていて、魚の噂で持ちきりのその年も行くことにした。スクヴェル派のレベとは長年親交があり、一度はニュー・スクエアに引っ越すことも考えたが、バビーが反対したという。好きになれなくてねとバビーは言っていた。ロックランド郡の北西の端にあるその町に、住宅地の通りが二本しかなかったころの話だ。バビーは正しかった。そこにはいま男女別に色分けされた歩道がある。決められた歩道しか歩けないような場所に住むのなんて、わたしには耐えられなかっただろう。

バビーとわたしは家に残ってシナゴーグへ行った。一年で一度だけ女性エリアが礼拝に使われる日だ。断食の日は誰もが慈悲を求めて祈りを捧げる。わたしは断食が苦手で、シナゴーグに立っているあいだ空腹ばかりに気をとられていた。まわりの人たちは熱心に悔い改めていた。その日天国で定められるはずの死後の運命を気にしているからだ。

学校では、ヨム・キプールの終わりを告げる雄羊の角笛までに罪を贖わなければ、神の裁きが下されると教わった。理不尽な罰などありません、身に受ける苦しみは、すべて神に定められ、与えられたものですと先生たちは言った。つまり、受ける苦しみが大きいほど、罪深いということだ。でも、バビーとゼイディほど信仰に篤い人たちはいないのに、苦労ばかりしている。ふたりがどんな悪いことをしたというのだろう。

それでも、昔に比べればいまの苦労などなんでもないとバビーは言っていた。近頃は、立派な服や車を持っていないだけで誰もが不平を言う。「わたしが子供のころは、家に食べ物の欠片でもあれば満足だったよ。家族がいっしょにいられれば幸せだったからね」

バビーはめったに昔の話をしなかったが、ごくたまにわたしの曾祖母のことを聞かせてくれた。名前はハナ・ラケルで、わたしのいとこの多くがその名をもらっている。ハナ・ラケルは七人きょうだいの五人目だったが、結婚するころには四人が亡くなっていた。ハナ・ラケルが幼いころに、一家の住むハンガリーの田舎町でジフテリアが流行したせいだ。曾々祖母は、四人の子供が喉を腫らし、窒息死する姿を目の当たりにしなければならなかった。同じように高熱を出し、皮膚をまだらに染めたハナ・ラケルを見て、曾々祖母は泣き叫びながら娘の喉に手を突っこみ、呼吸を妨げている厚い膜を剥ぎとった。すると熱が下がり、ハナ・ラケルは一命をとりとめた。ハナ・ラケルはその話をたびたび子供たちに聞かせたが、生き残って子孫に語り継ぐことができたのはバビーだけだった。

わたしはその話に言いようのない感動を覚えた。曾々祖母は正しき者《ツアデケス》で、聖人だと思った。子供を救うために、そんなに思いきったことができるなんて。バビーは、曾祖母が回復したのは神に祈りが通じたからで、喉の膜を破りとったからではないと言った。そうは思わなかった。曾々祖母は自分の手で娘の命をつかみとった。行動を起こしたのだ。見ているだけでなく、立ち向かうという考えにわたしは興奮した。

わたしもそんな人になりたいと思った。神の奇跡をただ待つのではなく、自分で奇跡を起こす人に。周囲に合わせてヨム・キプールの祈りを唱えるあいだも、祈祷の意味を考える気にも、慈悲を乞う気持ちにもなれなかった。

神様がわたしを罪深いと思うなら、罰すればいい。わたしは挑むようにそう考え、天国からどんな反応が来るだろうかと思った。さあどうぞ、やれるものならやってみて。

これほど無差別に世界に苦しみを与えるのだから、神が合理的な存在のはずがない。話の通じない相手にどう祈ろうと無意味だ。それなら、好きなように懲らしめさせればいい。

そのとき静かな啓示が訪れた。ヨム・キプールの懺悔《ざんげ》が受け入れられたかのように。わたしはきっと、そんなにちっぽけな存在じゃない。そう思わされているだけだ。神との対話でも、無力なだけではないはずだ。神の心をつかみ、言いくるめれば、力を貸してもらうことだって可能かもしれない。


ウィリアムズバーグの誰かのアパートメントで、週に一度ユダヤ書籍の図書館が開かれている。学校でそんな噂を聞いた。検閲ずみのコシェルなユダヤ人作家の本を二冊ずつ借りられるという。わたしはゼイディを説得してそこへ行く許可をもらった。コシェルな図書館で借りた本ならマットレスの下に隠す必要もない。部屋の外で物音がするたび、びくびくせずにすむ。

教わった所番地を訪ねると、みすぼらしいロビーには誰もいなかったので、おんぼろのエレベーターで五階に上がった。廊下に出ると５Ｎの部屋のドアが少しあいていて、なかから明かりが漏れていた。

室内では高等部の生徒がふたり、本棚を眺めていた。ひとりは知っている子だった。まっすぐな黒髪と、角ばった顎、淡いグリーンの目。一学年上のミンディという子で、学校一の秀才と言われていた。物書きを自称していてどこへ行くにも日記を持ち歩き、食堂ではサンドイッチ片手にペンを走らせていた。

挨拶しても、わたしのことは知らないだろう。下級生と話す気もないだろうし。ミンディは分厚い本を二冊借りて友達と帰っていった。わたしのクラスにもあんな子がいたらいいのにと思った。コシェルな本ばかりだとしても、読書の好きな子が。

ゼイディが通りで拾ったビラを持って帰ってきた。近頃ウィリアムズバーグがお気に入りらしい若手の〝芸術家〟たちを糾弾するものだった。ウィリアムズバーグはその種の人間とは無縁な場所のはずだった。ドラッグに溺れ、騒々しい音楽を流し、インスピレーションを求めて通りをうろつくような人種とは。そもそも、こんなにごみごみした、どぶ臭い場所に住みたいと思う人がいるなんて、誰も思っていなかった。

彼らはわれわれの土地を奪っているとラビたちが訴え、不動産契約に関する規制を定めた。いわゆるヒップスターたちには物件を貸したり売ったりしてはならないというものだ。ところが、改装もしていないあばら家に三倍ものお金を払う人たちが次から次へと現れた。誰がノーと言えるだろう。

ハシド派は通りで抗議デモを行った。不動産業で儲けた金持ちが住むベッドフォード・アベニューの屋敷前に並んで拳を突きあげ、窓に石を投げて「裏切り者!」と呼んだ。「おまえたちは異教徒も同じだ!」

にわかに隣人になった〝芸術家〟たちに興味を引かれたわたしは、ウィリアムズバーグの北側へ行ってみることにした。とりわけ人気らしいウォーターフロントへ。

ブルックリン海軍工廠《こうしょう》から見渡したマンハッタンのスカイラインはまぶしいほどに鮮やかで、イースト・リバーにかけられたネックレスのように輝いていた。わたしは息を呑んだ。あの素敵な街はとても近くて、とても遠い。あんなにすばらしい場所を離れてここへ来たがる人がいるなんて。こんなみすぼらしいところに、なにがあるというんだろう。好き好んでゲットーに住む自由以外に。

わたしはひとりでマンハッタンへ行ってみることにした。図書館で地下鉄とバスの路線図や地図を調べ、できるだけ頭に詰めこんだ。迷子になるのが怖かった。違う、流砂に呑まれるように、マンハッタンに呑みこまれるのが怖かった。二度と出られなくなりそうで。

地下鉄J線の列車が高架線路をゆっくりとウィリアムズバーグ橋へ進みはじめた。ヘドロのような色の屋根を見下ろしながら、外に出るのがこんなにいい気分だなんてとわたしは思った。ポールからポールへと飛びうつり、車内を跳ねまわりたいほどだった。

F線では落ち着かない思いをした。地下に潜ったせいもあるが、なによりハシド派の中年女性がふたり、向かいにすわっていたからだ。ふたりとも無表情だったけれど、マンハッタンへひとりで来るなんてと苦々しく思っているのは明らかだった。とたんに心配になった。わたしのことを知っていたらどうしよう?

次の駅で降りて、ユニオン・スクエア近くの十四丁目に出た。広い通りは車と歩行者でいっぱいで、タクシーのクラクションやバスのブレーキの音がひっきりなしに響き、屋台で売られている肉の香りが漂っていた。騒音と人混みとにおいに圧倒され、しばらくのあいだ、どちらへ進めばいいかもわからなかった。そのうち〈バーンズ&ノーブル〉の看板が目に入ったので、必死にそこを目指した。本に囲まれれば安全だと思った。

書店内には魅力的にディスプレイされたテーブルがあちこちに置かれ、自分で考えなくても読みたい本を教えてくれるので、心強かった。新刊本にはあまり惹かれなかった。表紙がカラフルすぎて安っぽく思えた。シルクとレースを身にまとった上品な顔立ちの女性が表紙に使われているような、昔の物語が読みたいと思った。現代のヒロインよりは時代小説の登場人物のほうが共感できそうな気がした。

安いペーパーバック版の『自負と偏見』を買うことにした。一行目に心をつかまれた。〝広く知られた真理のひとつに、こういったものがある。財産のある独身男性なら、妻を求めているにちがいないというものだ〟それを読んだだけで、どんなことが書かれているかわかった。結婚とそこに至る仕組み以上に興味のあるテーマはなかった。婚約者のいない若い娘にそういったことを教えてくれる人が周囲にはいなかったからだ。自分の番が来るまでなにも知らずにいるのは嫌だった。この本が参考になるかもしれないと思った。

『自負と偏見』は、とても楽しい読書体験を与えてくれた。それまで読んだことがないほどフォーマルでエレガントな文体で書かれているのに、とても刺激的だった。絶妙に鋭いフレーズがちりばめられ、はらはらドキドキした。ヴィクトリア朝以前のイギリスに触れるのは初めてだった。母がイギリス出身でも、時代はまるで違うので、最初はとっつきにくいかと思ったけれど、すぐにベネット家の姉妹と自分の世界に共通点が多いことに気づいた。

そう、わたしは『自負と偏見』の登場人物とあまり変わらなかった。わたしの将来も、いかに有利な結婚をするかにかかっている。わたしのコミュニティも地位と評判を重んじ、些細なことでそれを比べあう。イギリスの上流階級が経済力を重視するように、わたしの世界では魂の価値を競う。エリザベスの考えや言動からなによりも読みとれるのは、絶えず感じている焦燥だった。彼女もきっと、男性がすべての力を握り、女性は選ばれる側に甘んじるしかないことに憤りを覚えているのだ。知性とウィットを備えた女性だから、条件のいい男性の気を引こうと相手に媚びることなど、プライドが許さないにちがいない。ほかの女性たちとは違ってエリザベスには自立心が感じられ、わたしはそこに惹かれた。彼女と自分の運命が深く結びついているような気がして、結末が気になってたまらなかった。

わたしは寸暇を惜しんで『自負と偏見』を読みふけった。授業中も真面目にノートをとるふりをしながらうわの空で、ネザーフィールドの田舎町とそこに暮らす人々の顔を生き生きと思い描いていた。

押しつけられた縁談を断り、自分の生き方を求める結婚適齢期の女性の物語。まさにわたしにぴったりの本だった。昔はどこもわたしのコミュニティと似たような環境で、同じように不満を覚えていた人がいたのだ。エリザベスがそばにいて教えてくれたらいいのにと思った。本のなかで鮮やかにやってのけた反逆を、どうすれば実現できるかを。

わたしは高等部の三年に上がった。学生生活最後の年だ。卒業が早いのは、必要のない教育をもう一年受けても時間とお金の無駄だからだ。ニューヨーク州の高校卒業資格はもらえず、校長とラビの署名が入った見た目だけ立派な卒業証書を渡される。州の卒業資格があっても、どのみち役には立たない。コミュニティ内に女性が就けるまともな仕事はごくわずかしかない。

それでも最終学年ということで、英語の授業の担当は学校一の高学歴を持つミセス・ベルガーだった。つばの広いチューリップハットをかぶり、クイーンズ区から通ってきていて、修士号をふたつも持っているせいで、鼻持ちならない高慢ちきな先生だ。おまけにがみがみ屋で、生徒にはひどく不人気だった。校内の混みあった廊下で人を押しのけながら、タイルの床を踏み鳴らして去っていく姿をわたしも見たことがあった。顔には不満といらだちが表れていた。ここの仕事がそんなに気に入らないなら、なぜ辞めないのかと不思議だった。

初回の授業に現れたミセス・ベルガーは、うんざりした顔で教室を見まわした。

「まあ、このなかからアメリカを代表する作家が出ないのはたしかでしょうね」見下したようなその言葉には、あきらめと幻滅も感じられた。

わたしはとたんに反発を覚えた。わたしたちにはろくなものが書けないってこと？　本が書けないと立派なアメリカ人じゃないとでも？　書かずに読むだけじゃ意味がないの？　ヘブライ語の本は英語の本に劣るってわけ？　いったい、何様のつもり？　そんなふうに憤慨するのが自分でも驚きだった。日頃から友人たちの向学心のなさを不満に思っているのに。先生に自分だけは例外だとわかってほしかった。外の世界の人がきまってするように、ほかの子たちと一緒くたにしてほしくはなかった。

ミセス・ベルガーが小冊子を配った。わたしたちが持つことの許されない文法書のコピーで、内容は検閲されている。

「最初にルールを言っておきます」先生は新しいチョークを持って黒板に向かった。「口語体、慣用句、婉曲表現は禁止」口に出して言いながらその言葉を書き、それぞれの語句の下に太い白線を引いた。

耳慣れない言葉ばかりだったが、そのときわたしは、しかめっ面で突き放すようにこちらを見ている先生が好きになった。毎年辞めずにこの学校へ来て、予習もろくにしない生徒に本格的な授業をしてくれることをありがたいと思った。学校に上がってからずっと、知らないことを教えてくれる人を待っていたから。

わたしはミセス・ベルガーを尊敬した。授業のたびに出来の悪い生徒たちに浴びせられる叱責にも、かえってやる気をかきたてられた。先生の努力が無駄ではないと証明するつもりだった。先生が年間に教える三百人の生徒のなかで――そして、過去十年に教えた数千人のなかで――ひとりでも真剣に授業を受ける者がいれば、少しはやりがいを感じてもらえるかもしれない。

「わたしのクラスでこれまでにAをとった生徒はいませんし、これからもいないでしょう」ミセス・ベルガーは決めつけるようにそう言った。「いまのところ、去年の生徒につけたAマイナスが最高です。十五年前にここへ来て以来、初めてのことでした」ミンディのことだと誰もが気づいた。ミンディはミセス・ベルガーにAマイナスをもらった最初の生徒なのだ。

ならAをとってやるとわたしは決意し、何カ月ものあいだ必死に頑張った。返された答案用紙に捺《お》された赤いAの文字のスタンプを見たとき、わたしは有頂天で先生を見上げた。

「ほら！　やったでしょ？　誰にもとれないって言われていたのに！」得意げに言わずにはいられなかった。先生をぎゃふんと言わせてやりたい気持ちもあったからだ。

ミセス・ベルガーは無表情でわたしを見返した。少ししていきなりため息をつくと、「それで、そのAをどう生かすつもりなの」と訊いた。

その後も次々とAをとったものの、そのたびに先生が浮かない顔をするのが理解できなかった。わたしがいい成績をとれば、教え方がいいからだと誇りに思えるはずなのに。

その年、わたしは英語でもイディッシュ語でもいい成績をおさめた。最後のチャンスだとわかっていたので本腰を入れて勉強し、ゼイディがずっと望んでいた完璧な成績表をもらった。もちろん卒業後のためでもあった。優秀な成績と推薦状なしには、希望している初等部の英語教師にはなれない。子供のころに気の合う先生がいればずいぶん違っただろうし、わたしと同じように知識に飢えている子がどこかにいるはずだと思っていた。

同じように読書好きのミンディは、七年生の世俗科目の担当教師に採用され、そのことが噂の種になっていた。意外な結果だったからだ。ミンディは戒律に厳しい家の娘で、教職に就くなら宗教科目の担当だろうと思われていた。どうやって家族を説得したんだろうとわたしは思った。ミンディの母親はいつもシュピッツェル［人工毛の前髪とスカーフを組み合わせたヘッドカバー］を着けていた。ゼイディでさえ、そんなものをバビーにかぶれとは言わなかった。普通のかつらで十分だからだ。

教職に応募するため、春の終わりに八年生の教室で模擬授業を行った。カリキュラム・アドバイザーのミセス・ニューマンと英語科主任をしているおばのハヤが審査を担当した。おばが初等部の主任だからわたしは余裕で合格だと思われていたが、ハヤにそんな力はなかった。校内の実権は男の偉い人たちが握っていて、ハヤは操り人形にすぎなかった。世俗科目が専門なのは、ある意味体裁の悪いことでもあるからだ。おまけにハヤは、全校の教師のなかで唯一かつらの上に帽子もスカーフも着けていなかった。自毛と紛らわしい姿をするのは、サトマール派の女性には好ましくないこととされている。

八月の終わりに合格通知が来た。六年生の担当だった。週給百二十八ドル。紺色のウールのブレザーに長いタイトスカート、それに合う水色のオックスフォードシャツを買った。紺色のローファーで初等部のタイル張りの廊下を歩くと、こつこつと音が響いた。古ぼけたエレベーターの鍵をもらったので、混雑した階段をのぼり下りする必要もなくなった。

生徒たちはわたしを憧れのまなざしで見た。十七歳になったばかりのわたしは、無邪気な子供でも堅苦しい大人の女性でもない、年上の不思議な存在に思えたのだろう。

ミンディとはすぐに仲良くなった。願いがかない、ようやく対等の立場になれた。放課後にはふたりでリー・アベニューのピザ屋へ行き、発泡スチロールカップのコーヒーを前に、仕事や職場の人間関係のことをおしゃべりした。そのうち、ミンディもこっそり本を手に入れて読んでいたと教わった。わたしと同じ本をたくさん読んでいることもわかった。驚いたことに、ミンディはヘッドホンでFMラジオまで聴いていて、わたしにも選局の方法を教えてくれた。

ワム！の〈ラスト・クリスマス〉がどの局でも繰り返しかかり、甘ったるいバックストリート・ボーイズやブリトニー・スピアーズ、シャナイア・トゥエインもたびたび流れていた。ヘッドホンをつけてベッドのなかで夜更かしし、存在すら知らなかった音楽をひたすら聴いた。わたしはエレクトロニカとトランスが気に入った。ミンディはティーン・ポップが好きだった。

わたしはミンディに恋していたと思う。ミンディを思って詩を書き、命を捧げるところを夢想した。ふたりでポップコーンとスラッシーを買い、不良がドラッグを買いに来るような人目につかない団地裏のベンチにすわった。家に帰る気になれず、寒さに身を寄せあいながら朝の四時までそこにいた。

一月の日曜日、わたしはミンディを電話で誘った。「マンハッタンに遊びに行こうよ。ブロードウェイへ行って、IMAXも観よう。誰かに見られたら？　平気よ。顔にマフラーを巻いとけば気づかれっこない」

うれしいことに、ミンディもなかなか大胆だった。無鉄砲なほど。ふたりでマンハッタン行きの地下鉄に乗りこみ、車内では人目を避けて顔を伏せていた。

リンカーン・センターまでは溶けかけて黒ずんだ雪溜まりを歩くことになったが、それが革命の道みたいに感じられた。映画館のチケット売り場の人はわたしたちを変に思ったはずだ——長いスカートに分厚いベージュのストッキング、そっくりなボブカットの髪をヘアバンドで押さえたふたり連れを。二番シアターらしき場所に入ると、内部は狭く、バルコニーと赤いカーテンと赤いビロード張りの座席があった。映画がはじまると、それはIMAXでもなんでもなく、ポスターで見たようなアニメーションでもなかった。ミンディが急に慌てはじめた。映画で生の人間を見るなんて、罪深すぎると思ったのだ。わたしも自分のしでかしたことに怖くなったが、いまさら出ていくのははばからしいとも思った。

映画のタイトルは『ミスティック・リバー』だった。子供が友達の目の前で誘拐され、その子になにか悪いことが起きたようだった。それから女の子が殺される。たくさんの人が殺され、みんなが怒っていて、多くの秘密を抱えているようだった。映画を観るのは初めてで、どういうものなのかよくわかっていなかった。なにかを表現しているのか、現実の話なのか、たんなる娯楽なのか。自分が汚されたように思え、罪悪感も覚えた。わたしは間違っていたのだろうか。自立心や反抗心は苦しみを招くだけなのだろうか。

外に出ると日差しがきらめき、地面の雪に反射していた。わたしはまぶしさに瞬きしながら、ミンディと手をつないで六十八丁目とブロードウェイの角に立ちつくした。ふたりとも、ひとことも口をきかなかった。

その後ふたりで映画に行くことはなかった。そのとき観た映画をあとから思いだそうとしても、俳優たちのぼんやりとしたシルエットと、不穏なイメージしか浮かばなかった。大人になってたくさんの映画を観るようになり、スターたちの顔を覚えたあとも、あの映画で見たショーン・ペンやほかの俳優たちの顔は思いだすことができなかった。あまりにリアルで恐ろしかったせいだ。誰もが生きたまま怖い絵のなかに閉じこめられているように思えた。

外の世界は聞いていたとおりのひどいところなのかもしれない、あんなに暴力的で悪夢みたいな場所があるなんてと当時は思った。大人になってから、あの映画で描かれたような危険は自分のコミュニティにも存在すると気がついた。臭いものに蓋をしているだけだと。そして、危険の存在を隠さない社会のほうが、危険を知らせず、備えようともさせない社会よりもましだと考えるようになった。

日常的に恐怖にさらされていれば耐性がつく。ずっと守られていたぶん、わたしは恐怖に敏感だったのかもしれない。その後、外の世界におそるおそる足を踏みだしたときも、首まで浸かることはけっしてなく、脅威を感じるたびに慣れ親しんだ生活に逃げ帰った。何年ものあいだ、わたしはふたつの世界に片足ずつをかけ、刺激的な境界の向こうに惹きつけられては、頭のなかで鳴り響く警報に引きもどされていた。

5　目的のために

彼女が追い求めている目的は、貧しく野心的な少女にとっては無理もないものだったが、そのために取った手段は最善とは言えなかった。

——ルイーザ・メイ・オルコット『若草物語』

縁談を斡旋する仲人からの電話が毎晩のようにかかってくるようになった。電話に出たゼイディが階下の書斎に引っこむせいで、すぐにわかった。わたしが上階の受話器を持ちあげるとゼイディは話をやめ、弱々しく震える声で「もしもし、もしもし」としか言わなくなるので、そっと受話器を下ろすしかなかった。バビーは電話をバスルームまで引っぱりこんでドアを閉め、水音で声を消して娘の誰かと話しているふりをした。

わたしが気づいていないとでも思っているのだろうか。もう十七歳で、事情はわかっているのに。夜にバビーとゼイディがキッチンでこっそり話しているのも、縁談のことだと知っていた。

ゼイディが望んでいるのは、信仰に篤く、有力なサトマール派の一族の出で、親族になることを誇れるような若者だった。なんといっても結婚に大事なのは体裁だ。よい縁組であればあるほど家名に箔がつく。バビーは話をするときにうつむいてしまうような子は嫌だと言っていた。いとこのカイラの結婚相手がそうで、敬虔なあまり、自分の祖母にすら女性だからと話しかけようとしないのだという。わたしの希望は、本を読んだり、物語を書いたり、ユニオン・スクエアまでストリート・ミュージシャンの演奏を聴きに行ったりすることを許してくれる人だった。もっと進んだ考えの人のほうがお似合いよとミンディは言った。ボロー・パークの正統派ユダヤ教徒みたいに、世俗音楽を聴いたり、映画も観たり、ボウリングへも行くような人が。ミンディには二十四歳の未婚の兄がいて、二年は待たされる見込みだったが、わたしには結婚を妨げるものがなかった。

学生時代に比べて生活は自由になっていた。働きだしたことで、気兼ねなく過ごせる時間が増えた。授業計画の話し合いのために同僚で集まることも、授業に必要なものを買いに行くこともあった。なによりの変化は、信用らしきものを得たことだった。優秀な成績で卒業してまともな職に就いたことで、ゼイディやハヤの期待に応えたからだ。自分たちの指導の賜物《たまもの》だとふたりは思っていた。わたしが良縁に恵まれる見込みが出てきたのは明らかで、なにも聞かされなくても、周囲の興奮は手に取るように感じられた。ひそひそ話や、注がれる視線、そういったものすべてがじきに訪れる幸運を期待させた。鏡を覗くと、そこにはレイヤーカットの大人びたわたしがいた。自分が特別になった気がして頬が火照った。未知の可能性にあふれたそのころが、人生最高のときかもしれない。将来が未定のあいだはどんな奇跡だって起こりうる。すべてが決まってしまえば興奮は冷める。

祖父母も親戚たちもしきりに縁談の話をしていたが、気にしないようにした。知ったところでどうなるわけでもない。いたずらに不安になるだけだ。どのみち、家族が決めたとおりにしかならないのだから。せめてこの瞬間を思いきり楽しもうと思った。

以前のようにゼイディに部屋を調べられることもなくなり、気兼ねなく本も読めた。〈バーンズ&ノーブル〉に行ってお給料でハードカバーも買えるようになった。真っ先に買ったのは、どれも図書館で読んで気に入った本だった。『若草物語』の新装版は数年前に借りたぼろぼろの本とは大違いだった。わたしはそれをドレッサーの最下段のスリップの抽斗に大事にしまった。以前に読んだときは元気な姉妹たちの茶目っ気が楽しかったが、あらためて読みなおすと、自分らしさを追い求めるジョーの姿に胸を突かれた。ジョーは時代にうまくおさまりきれず、暮らしや運命を自然に受け入れられない。考えてみれば、子供時代に読んだ本の主人公はみんなそうだった。誰もが居心地の悪さに絶えず苦しんでいた。いい子に作り変えようとする周囲のプレッシャーは、身体に合わない服を無理やり着せられる窮屈さに似ている。この本から得られる希望があるとすれば、いくらか折り合いをつければ、誰もが居場所を見つけられるということだ。ずっと居心地が悪かったわたしも、自分の場所を見つけられるかもしれない。わたしもジョーのように成長し、変わりもしたから、自分らしさを捨ててしまわなくても、ちゃんとした大人の女性になれるかもしれない。愛と結婚によって、ジョーはずっとなるまいとしていたレディになった。わたしの性格も魔法のように穏やかになるのだろうか。

火曜日の四時十五分、わたしは仕事を終えて帰宅した。宵闇の迫る空には灰紫の雲がたなびき、葉の落ちた木々の梢が茜色に染まっていた。バビーが待ちかねたように玄関の前でわたしを迎えた。なにかに気をとられたような、ぴりぴりした様子だった。

「どこへ寄り道していたの、お嬢さん《ママレ》。すぐに行かないと。急いでシャワーを浴びて、髪をちゃんとしなさい。紺のスーツを着てね」

わけがわからなかった。今夜はなにかあったたっけ？　いとこの結婚式とか、バル・ミツバーとか？

「ほらほら、ママレ、早くシャワーを浴びなさい、急ぐんだから」

それ以上の説明はなかったので、わたしは言われたとおりにした。

濡れた髪にタオルを巻き、青いバスローブを着てバスルームから出ると、電話が鳴った。バビーはわたしに聞かせないように、受話器の口もとを手で覆った。しばらく小声で話していたあと、どうでもいい用件だというふりをしたので、わたしもそれを信じたふりをした。

部屋で服を着ていると、バビーがドアをノックして言った。「デヴォイラ、六時に待ち合わせがあるのよ。髪を整えて、紺のスーツを着て、真珠のイヤリングを着けなさい。お化粧品は持ってる？　軽くお化粧しなさい。やりすぎはだめよ、おしろいと頬紅をちょっとだけ」

「待ち合わせって？」わたしはシャツのボタンを急いでかけながら訊いた。

「おまえに縁談が来たの。先方のお母さんと妹さんに会うんだよ。ハヤおばさんとトビヤおじさんが付き添ってくれる。一時間で迎えに来るからね」

シャツをスカートにたくしこんでいた手がぴたりと止まった。初めての〝お見合い〟だ。縁談《シッドゥーフ》はかならずここからはじまる。まずは義母になるかもしれない人と顔を合わせる。姉や妹がいっしょの場合もある。相手方も同じようにする。双方が気に入れば、本人同士を会わせるのだ。

向こうがたしかめたいのはわたしの見た目だ。太っていないか、あまりに背が低かったり醜かったりしないか。わたしに関する細かな情報はまえもって伝えられているはずだ。あとは服装や印象もチェックされる。どんなふうにすべきかはわかっていた。乾かした髪を真ん中で分けて、真面目で敬虔な娘に見えるように左右の耳の後ろにかけた。ファンデーションを顔に塗ると、肌にオレンジがかった色がついた。ドラッグストアで買った安物だ。上等な化粧品はどこで買えばいいか知らなかった。頬紅をケース付属の小さな平たいブラシでつけると、頬が筋状にピンクになったので、慌てて指でなじませた。最終的にはごく薄いメイクができあがり、耳に控えめな真珠をあしらった。

待ち合わせの場所はスーパーマーケット〈ランドーズ〉だった。店内に入りながら、わたしは黒革の手袋をした両手を落ち着きなく握りあわせた。蛍光灯の白い明かりで肌が幽霊のように青白く見えてしまうのが気になった。ハヤが安心させるように言った。「数分話すだけよ。ほとんどしゃべらなくていい。向こうは、見た目と印象をたしかめたいだけだから。店内で長々話して、人目を引きたくはないからね」

きっと人目を引いてしまう。わたしはひどく緊張していた。さいわい火曜日なので、安息日前の買い物で混みあってはいなかった。しばらく売り場を歩きまわってみたが、それらしき母娘のふたり連れも、ほかのお客も見あたらなかった。冷凍食品の通路が冷たく光っていた。霜がついた冷凍庫のガラス扉に映った自分の姿をたしかめた。血色の悪い唇を引き結び、こわばった目をしたその娘が赤の他人に見えた。わたしはコートの糸屑を取り、はねた髪を直し、赤みを出そうと頬をつねった。

義母になるかもしれない人は、紙製品の通路で待っていた。小柄で痩せていて、顔には皺が寄り、唇は鉛筆で引いた線のように薄かった。残念なことに、頭にシュピッツェルをかぶっている。サテンのスカーフで、グレーの地にピンクの小花の刺繍があしらわれたものだ。人工毛の前髪以外をすっぽりとそれで覆い、うなじできつく蝶結びにしている。実際の倍ほどに膨れた頭が小さな身体の上でぐらつきそうに見えた。娘のほうはさらに背が低かった。浅黒い肌にネズミ色の髪、四角い顔。口を閉じてもはみだす八重歯。小さな斜視気味の目で瞬きもせずにわたしを見据えていた。なんなのよとわたしは思った。兄にふさわしい美人かどうか値踏みしてるわけ？　そっちはどうなの？　誰があなたと結婚するっていうの、その見た目で。わたしはちらりと優越感を覚え、落ち着いて相手を見返した。
ハヤが相手の母親と言葉を交わしていたが、わたしは聞いていなかった。妹も母親もこんなに冴えない見てくれだとしたら、ふたりと血のつながったお見合い相手にも期待できそうにない。自分だって美人なわけではないけれど、この人たちはあまりに野暮ったすぎる。わたしには釣りあわない。ハヤはなにを考えているの？

古ぼけたリンカーン・タウンカーが店の外で待っていた。わたしは座席の奥へすべりこみ、イースト・リバー沿いの倉庫群とその上できらめくウィリアムズバーグ橋の夜景を眺めた。息で窓ガラスが曇り、それを革の手袋で拭いた。ハヤが運転手に住所を告げてから、スカートの皺を伸ばし、ずれたかつらを直した。ハヤはいつでも完璧でいなければ気がすまない。誰も見ていなくても。訊きたいことがあるのに、わたしはプライドが邪魔して訊けなかった。ハヤも教えてくれようとはしない。ハヤのせいで、わたしは弱みを見せることを恥じるようになった。ハヤにとって感情とは弱みなのだ。なにも感じてはいけない。自分の身に起きることを気にしてもいけない。
タクシーが角を曲がってペン通りに入ったとき、ようやくハヤがぼそりと告げた。「なにかわかったら知らせるわ」

わたしは返事をしなかった。家に入るとバビーはもう休んでいて、ゼイディはまだシナゴーグで研究中だった。わたしはそっと着替え、自分の持ち物をまとめたベッド脇のスーツケースにイヤリングをしまい、しばらくそのそばに膝をついて、いちばん上にのせられたチェックのスカーフを触っていた。ハヤが新しいコートに合わせて買ってくれたものだ。花嫁になる娘には上品な装いが必要よとハヤは言った。結婚相手としてふさわしく思われるために。そんなにたくさんの新しくてきれいなものを持つのは初めてだった。つややかな黒のハンドバッグとイタリア製の革靴。真珠のスタッド・イヤリングとわたしの名前のヘブライ文字がペンダントになった銀のネックレス。子供のころからずっと、友達が着けているアクセサリーがうらやましかったが、ねだろうとは思わなかったし、ねだっても誰も買ってはくれなかったと思う。なのにこの半年、若い女の子の憧れの品を次から次へと贈られていた。なんのために？　わたしを見苦しくない姿にするためだ。でなければ、わたしを甘いエサで釣るためだろうか。後者なら、わたしは子供のようにたやすく釣られ、目の前にぶら下げられた飴玉に飛びつこうとしていた。気にかけられ、大事にされる喜びをついに知ってしまったからだ。すっかり気をとられ、頭がお留守になっていたかもしれない。

翌日、帰宅すると誰も家にいなかった。明かりは消えていて、冷蔵庫は空っぽだった。ピクルスとパンで夕食をすませたあとは、読書をする気にもなれず、ベッドに入ってじきに眠りに落ちた。真夜中すぎに玄関のドアが開く音で目が覚めた。祖父母の足音が響き、バビーの声がしたが、話は聞きとれなかった。ふたりが上がってくるまえにまた眠ってしまった。

木曜日の朝はふたりともなにも聞かせてくれず、わたしもプライドが邪魔して尋ねられなかった。ところが職場にハヤが電話してきて、今夜またお見合いがあると言った。「いちばん上等の服を着なさい。心配ないわ。なにもかもうまくいくから。ゆうべモンローまで先方の息子さんに会いに行ってきた。バビーとゼイディもいっしょに。感じのいい青年よ。誰かれかまわずお見合いさせるわけじゃありませんからね」

外見はどんなだったか訊きたかったが、もちろん黙っていた。仕事を早めに終えて帰宅する途中、花嫁のようにしずしずと通りを歩きながら、わたしが今夜お見合いだと誰か気づくだろうかと思った。スーパーで会ったシュピッツェルの女の人を思いだすと気持ちは沈んだ。息子の姿を想像して浮かんだのは、ずんぐりした身体と、赤褐色のもじゃもじゃの髭だった。ごろんとした鼻、小さくて寄った目、がに股。そのイメージが頭にこびりつき、シャワーを浴びるあいだもその顔に見られているような気がした。

肩までのまっすぐな茶色い髪を、どうにかカールさせようとした。鏡のなかの自分の顔がひどく平凡に見えた。なんて厳しい罰なんだろう。内面は平凡とはほど遠いのに、見た目はこんなに普通だなんて――青白い肌、小さな口に重たげな瞼、ぽってりした頬。相手はこの顔を見て、わたしのよさに気づいてくれるだろうか。結婚したいと思ってくれるだろうか。思わせてみせよう、とわたしは心に誓った。

老人ホームから戻ったバビーが、支度のすんだわたしを見て満足げにうなずき、「とっても上品《エレガンテ》じゃないの」とハンガリー語風の発音で言った。「チヌーシュ・ラバだこと」バビーは興奮するとハンガリー語が出る。チヌーシュ・ラバというのは細いふくらはぎのことで、女性にとっては宝物だといつも言っていた。バビーは箪笥から金のチョーカーを取りだしてわたしに渡した。

「わたしの結婚式で着けたものよ。おまえの大おばさんがくれたものなの。おまえの名前もその人からもらったんだよ。今夜着けていきなさい」

本物の金のアクセサリーを着けるのは初めてだった。わたしはそっとチョーカーを首に巻き、真ん中の部分が水色のタートルネックの胸もとに来るように調節した。

ゼイディが着替えに上がってきたときには、ソファの上にいちばん上等のギャバジンのスーツが用意されていた。ゼイディは磨きたての安息日用の靴と新しいシュトライメルも身に着けた。今夜新しいのをかぶってくれたのがうれしかった。それまでは結婚式でしか見たことがなかった。今日のお見合いを大事に思い、いつになく身なりを気にしてくれたのだ。

ハヤとトビヤが六時半に現れた。ハヤは毛皮をあしらった安息日用の特別なケープをまとっていた。つねって赤みを出した頰、いちばん上等のブロンドのかつら。かつらの毛にはスプレーがかけられ、前髪がしっかりと立ちあげられていた。わたしは気になって自分の髪を撫でつけた。わたしもスプレーを使うべきだったかも？

「では、行きましょうか」ハヤが興奮気味に言った。

「行くってどこへ？」お見合いは家のダイニングルームでするのだと思っていた。

「いいえ、ママレ、ハヴィおばさんの家に行くのよ。あそこのほうが広いから」バビーが羊革のコートを着た。「さあ、行きましょう」

ハヴィの家はほんの五ブロック先なので、トビヤの車は使わなかった。五人が歩道いっぱいに並んで歩く様子はちょっとした見ものだったにちがいない。わたしはコートの両袖口をくっつけてマフをこしらえ、両手を温めた。一月の寒さに身が縮んだ。足早に進む家族に遅れまいと靴音を響かせて歩いたものの、マーシー・アベニューを進むうちに勇気がくじけ、しだいに歩調が弱々しくなるのがわかった。

あと一ブロックだ。向こうがもう来ていたらどうしよう。居間に入るときに膝から崩れ落ちてしまったら？　ハヴィの家が見えてきた。通りに面した窓から光があふれている。脚が震えているにちがいないと思ったが、見下ろすとしっかり歩いていた。自分のほっそりした足首に少し見とれたものの、すぐに喉もとに苦い味がこみあげた。

ハヴィの家は温かく、ウォールライトの黄色い光に照らされていた。「まだ来てないわよ」窓辺に立ったハヴィが言った。通りから見えないようにレースのカーテンに隠れている。それでも薄いカーテンごしに輪郭は見えていた。わたしはそこをどいてと言いたかった。すわっていられないくらいこちらが興奮していると思われたくなかった。

わたしはハヤと並んでソファに浅くかけた。家を出てからずっと無言で、口を開くべきでないのもわかっていたけれど、小声でおばに話しかけずにはいられなかった。向こうの人たちが来たあともしばらくそばにいて、すぐに彼とふたりきりにしないで。緊張で声がかすれた。

ドアが鋭くノックされた。ハヴィがかつらを撫でつけ、興奮に震えながら玄関に飛んでいった。茶色の目を輝かせ、作り物でない笑みを浮かべている。わたしの笑みは不安と震えで引っこんだまま、出てこなくなった。玄関先は見えなかったが、数人の足音と低い話し声、ドアマットで靴を拭く音が聞こえ、一気に家のなかがにぎやかになった。

最初にシュピッツェルの女の人が見えた。これからお義母《シュヴィガー》さんと呼ぶ人だ。次にその夫らしき人。同じように小柄で、白髪交じりの長い顎ひげをたくわえ、皺深い額の下に厳格そうな目を覗かせている。娘の姿はなく、少しだけほっとした。ふたりの後ろに黒の平たいベルベットの帽子がちらっと見えた。そのプロチック帽の広いつばのせいで、さりげなく顔をたしかめられない。

プロチック！　わたしはそこではっとした。おじやゼイディのようなシュトライメルじゃなく、プロチックなんて！　なぜ誰も気づかないの？　疑問が頭を駆けめぐり、そのことしか考えられなくなった。プロチック帽はレベの長男を支持しているアーロン派のしるしだ。ゼイディがアーロン派の男とわたしを結婚させるはずがない。うちの一族はラビの三男のザルマン・ライブこそサトマール派の真の後継者だと信じている。疑ってみるべきだった。この人たちの住むニューヨーク州北部のキリヤス・ジョエルの町は、住民の九十パーセントがアーロン支持派なのだ。でも、気づきもしなかった。ゼイディはアーロンの極端なやり方に反対なのに、わたしをアーロン派と結婚させるつもりなんだろうか。

動揺しながらも、周囲の視線を感じてなにも言えなかった。お見合い相手は黒のサテンの長上着《レケル》の袖口を合わせて両手をもぐりこませ、肩をすぼめて、控えめなイェシバの学生らしく顔を伏せていた。きれいにカールしたつややかなブロンドのもみあげ《パヨス》が、身体の動きに合わせてかすかに揺れている。

見ていると、舌の先がちらりと出て、淡いピンクの唇をそっと舐め、なにごともなかったように引っこんだ。細い顎は金色の産毛に覆われている。二十二歳のはずなのに、十代の少年みたいだ。剃ってはいないだろうから、もともと髭が生えないのだろう。名前がエリだということは知っていた。同年代の多くの若者たちと同じように、偉大なサトマール派の初代レベにちなんだ名前だ。レベは亡くなり、三代目の座をめぐって骨肉の争いが起きている。

争いは裁判にまで持ちこまれ、ゼイディはそれを恥辱《シャンダ》だ、神への冒涜《ヒルル・ハシェム》だと言っていた。身内の汚れた洗濯物を外に吊るして人目にさらすようなものだと憤っていた。サトマール派が恥にまみれると。そうかもしれないが、わたしは気にしていなかった。自分がサトマール派だという実感自体がなかった。サトマール派の血はわたしには流れていない。DNAにも刻まれていない。できるなら、自分のアイデンティティからそのラベルを剥がしたいくらいだった。

エリはサトマール派であることを自然に受けとめているのだろうか。自分の血のなかにあって、けっして洗い流せないものとして感じているのだろうか。ふたりきりになったときに、そのことを訊いてみようと頭にメモした。大胆な質問ではあるけれど、無邪気を装えばいい。エリの人となりを知りたかった。この世界に対して自分の意見を持っているか、周囲の考えを鵜呑みにするだけなのか。自分の結婚に関してわたしに発言権はないかもしれないが、婚約するのなら、せめてできるだけ多くの知識と力を持って臨みたかった。

　全員が狭いダイニングテーブルを囲んだ。わたしはエリと向かい合わせにすわり、ハヤとバビーがわたしの左右に、ゼイディがテーブルの上座についた。義父になるはずのシュロメがその右側に妻と並んですわり、ハヴィが下座で炭酸水とリンツァートルテを配りはじめた。ビロード張りの硬い座面クッションのせいでお尻が痛かった。

　ゼイディとシュロメは習慣どおりにトーラーの教え《ドゥヴァル・トーラー》を披露した。ふたりを眺めながら、ゼイディのほうが明らかに学識豊かなことに、ぞくぞくするような誇らしさを覚えた。祖父ほど研究熱心な人はいない。サトマール派のレベでさえ、ゼイディをタルムードの天才と呼んでいる。未来の義父は肉体も頭脳も小粒に見えた。顔は表情に乏しく、小さな目をきょろきょろさせている。祖父と話せるだけでも光栄に思うべきだ。ゼイディはもっと家柄のいい相手との縁談を望んでいたはずだが、残念ながらわたしの最近の頑張りも、生い立ちの問題を補いきれなかったようだ。

　形ばかりの話し合いが終わると、大人たちはキッチンに移って歓談を続け、わたしとエリがテーブルに残された。わたしはうつむいたまま、レースのテーブルクロスの縁飾りをしきりに指でなぞった。話をはじめるのは男性側だということくらいは知っていた。話しかけられるまでおとなしく待つしかない。エリの背後のドアは戒律どおり細くあけられていた。隣の部屋では全員が聞き耳を立てているのだろうか。

エリが初めて身じろぎし、上着を整えてから、ようやく口を開いた。

「学校の先生だそうだね、妹から聞いたよ」

わたしはうなずいた。

「それはすばらしいね」

「あなたは？」わたしもすかさず訊いた。「いまもイェシバに通っているの？　二十二歳でイェシバに通うってどんな感じ？　同い年の人はいる？」年齢が弱点なのはわかっていた。男性はたいてい二十歳までに結婚する。自分がまだ独身で、弟や妹の婚約を待たせていることに後ろめたさを感じているはずだ。

「きみが大人になるのを待っていたのかもね」エリはにっこりした。

うまい答えだ。帽子のことを訊いてやろう。

「あなたの家族はアーロン派なの？　プロチックをかぶっているから」

「うちは中立だ」エリは少し考えてからそう答え、また唇を舐めた。話すたびに口の汚れを拭うのが信仰の証しだとでもいうように。清めの儀式みたいだ。

エリは入念に受け答えを用意してきたにちがいない。わたしを納得させるために。なにを訊いても、あたりさわりのない答えが返ってきた。話をしながら金色に輝くパヨスを指先でもてあそぶ様子は、イェシバで問答でもしているように見えた。

「炭酸水飲む？」話の接ぎ穂を失い、わたしは尋ねた。

「いや、いい。喉は渇いてない」

さらにもうしばらく話をした。質問するのはほとんどわたしだった。エリは旅行の話をした。父親に連れられ、ヨーロッパ各地の高名なラビのお墓をめぐったという。エリと九人の兄弟は商用バンの床にすわり、降りるのは墓に祈りを捧げるときだけだったそうだ。

「ヨーロッパに行って、見たのはお墓だけ？」ばかにしたような調子にならないように気をつけた。「ほかにはなにも？」

「見たかったけど、父が許してくれなかった。でも、いつかまた行って、ちゃんと見たいと思ってる」

とたんに同情を覚えた。ひどい父親だ。信仰のことしか考えられないほど視野が狭く、偉大なものの価値が理解できないのだ。ゼイディなら、息子たちをヨーロッパに連れていって観光を禁じるなんてことはしない。日頃から、世界はそのすばらしさを称えるために創造されたのだと言っている。もしかしたらいつかエリといっしょにヨーロッパへ行けるかもしれない。ずっと世界を見てみたかった。結婚は自由への航空チケットになるかもしれない。そう考えると心が躍った。

そろそろ誰か入ってくるはずだ。そのまえにもう少しちゃんとした話をしておきたかった。わたしは両手をテーブルの下の膝にのせたまま、少し身を乗りだした。

「じつを言うと、わたしは普通じゃないの。もちろん正常だけど、ちょっと変わってるの」

「そうらしいね」エリは微笑んだ。

「その、言っておかないとと思って、いまのうちに。わたしには手を焼くかもしれない」

エリはふっと身体の力を抜き、テーブルの上で両手を広げた。節くれだった指と浮きでた血管。分厚く赤いてのひら。無骨で美しい労働者の手だ。

「大丈夫」とエリは真顔で言った。「ぼくは誰とでもうまくやれるから。心配はしてないよ。きみも心配しなくていい」

「誰とでもうまくやれるの?」

「そう、気難しい人とも仲良くなれる。そういう相手を面白いと思うんだ。刺激になるから。世の中、退屈な人間ばかりだろ。せっかくなら、個性のある人といたいと思うよ」

わたしの花婿になるためのオーディションでも受けているようだと思った。結果が決まっていることはお互い知っているけれど。それでも、エリの言葉には訴えるような響きがあった。ロマンスの余地なんてないのに、大ロマンスを期待しているような。とりあえず、わたしはエリの返事に安心した。義務を果たしたような気になった。将来なにが起きるにしても、わたしの責任じゃない。手を焼くかもしれないと警告はしたのだから。

様子を見に来たハヤがダイニングルームの引き戸をあけた。三十分のあいだにつかめたことはわずかだったが、エリがブロンドと青い目の持ち主で、歯を見せてにっこり笑うことだけはわかった。きっとかわいい子に恵まれる。

廊下に出たところで、ハヤがこちらを向き、形ばかりの意思確認をした。狭くて暗い廊下の先の明るいキッチンにはお祝いが用意されている。ノーと答えても逃げ場はない。ほかのドアはないのだ。うなずいて微笑むしかないので、そうした。想像していたようなドラマチックな瞬間とはまるで違った。

キッチンでは、すでに男性の席に銀のゴブレットに入ったお酒が置かれていた。乾杯のあと、わたしたちの婚約が宣言された。ハヤが親族に電話をかけはじめ、わたしも数人の友人に電話で知らせた。じきに人が詰めかけ、わたしと未来の夫に祝福のキスをした。

お義母《シュヴィガー》さんが花模様のついた不格好な銀のバングルをくれたので、わたしは気に入ったふりをした。友人たちはヘリウム風船持参で、夜気の冷たさに頰を染めていた。ハヤがコダックの使い捨てカメラで写真を撮った。

結婚式は八月に決まった。七ヵ月後だ。式までは一、二回しかエリに会えず、ゼイディは婚約者同士が電話で話すのにも反対だった。お客が帰ったあと、別れの挨拶のときにわたしはエリの顔を心に刻みつけようとした。ちゃんと知っているのはそれだけだから。けれども、記憶はじきに薄れ、二週間後にはまっさらに戻った。

エリの妹のシュプリンツァがその一週間後に婚約した。独身の兄がいるせいで、二十一歳まで婚約を待っていたのだ。スーパーで会ったあの人と結婚したい人がいるなんて、とわたしは意外だった。相手はエリの親友だという。兄とは結婚できないので、なるべくそばにいられるようにその人を選んだのだろうか。

エリとのお見合いの晩、シュプリンツァは写真を撮りたいとわたしを脇に呼んで、兄さんとはとても仲がいいのよと言った。どんな兄妹よりも仲良しなの。そう言ってちかりと目を光らせたので、脅されているような気がした。兄さんはあなたなんかよりわたしが大事なのよと。

もちろんエリはわたしを大事にしてくれるにきまっている。いつでもわたしをいちばんにしてくれるはずだ。シュプリンツァよりもきれいだし、陽気で愉快だから。わたしが負けるはずがない。

翌週、わたしたちのトゥノイムのパーティーが開かれることになった。婚約の契約書を交わすための場で、そこで署名すると破棄はできない。ラビたちによれば、婚約破棄より離婚のほうがましだそうだ。パーティーではダイヤモンドの指輪をもらい、エリには腕時計を贈ることになっていた。ハヤと宝石店に行って、シンプルな金の文字盤に金のメッシュベルトがついたボーム&メルシエの腕時計を二千ドルで買った。ハヤはゼイディから渡された小切手に平然と金額を記入した。そんな大きな買い物をするところを見るのは初めてで、信じられないような気持ちだった。

突如として、湯水のようにお金が使われはじめた。ドレスショップでハヤが選んだのは豪奢なブロンズ色のベルベットに銅色のサテンの縁取りがついたドレスで、わたしにぴったり合うよう、サイズも直してもらった（ハヤいわく、上手な仕立て屋は女の親友だそうだ）。ラケルおばさんがわたしの髪をショートボブに切ってくれたので、ドレスのハイカラーの上から首がちらりと見えるようになった。結婚式にはちょうどいい長さになるはずよと言われた。

パーティーの朝、起きると目が結膜炎になっていた。目のまわりにファンデーションを塗りたくっても、腫れのせいで顔がゆがんで見えた。診療所に飛んでいって目薬をもらったものの、夜になっても充血は消えなかった。パーティー会場に向かうときにはなんとか笑みをこしらえたが、頭のなかは真っ白だった。まともに目が見えず、こめかみが疼いていた。

プロのカメラマンがわたしとエリの写真を撮るために早めに来ていた。わたしたちは花瓶をはさんで立った。暗い色合いのぱっとしないトロピカルフラワーの花束で、未来の義母が注文したものだ。趣味が合わないことはもうわかっていた。本当は、最近地元の花屋で見かけるふんわりした日本式のアレンジメントにしてほしかった。パステルカラーの蘭や紫陽花をたっぷり使ったものがよかったのに、ユーカリのきつい香りが鼻を突き、花嫁らしい気分になれなかった。

次々とポーズをとらされるたび、無事なほうの目がカメラに向くようにした。デザートのテーブルに移動させられ、プチフールをエリに食べさせるところも写真におさめられた。エリの後ろでは義母がショックをあらわにし、はしたない振る舞いを非難するように口を引き結んでいた。招待客に見られなくてよかったと思ったにちがいない。

エリは素敵だった。笑顔も、青く明るい目も、しなやかな肩も、たくましい手も、落ち着いた身のこなしも。視界がぼやけてはいるものの、見えるものはすべて気に入った。エリも目に映るものを気に入ってくれただろうか。

招待客がホールに現れはじめた。会場は男子学校の食堂で、壁掛けとレースのテーブルクロスでお祝いの場らしく飾りつけられていた。エリと義父は男女のエリアを分ける金属の仕切り板の向こうに消えた。カメラマンが男性エリアの写真をたくさん撮ってくれますようにと思った。どんな様子だったかあとで見られるとうれしい。そうこうするうち学生時代の友達が集まってきて、おめでとう《マーゼル・トーフ》と言ってくれた。

婚約の契約書は、わたしには読めない古代のヘブライ文字で書かれていて、そこに署名がすむと全員が仕切りの端に集まった。男性エリアを覗くと、ゼイディが誓約のしるしにトゥノイムの皿を粉々に割った。この日のために特別に買ったもので、縁に薔薇模様が入った上等の磁器だ。バビーが欠片を集めて脇によけた。欠片で指輪をこしらえる花嫁もいる。薔薇の形が残った部分を宝石屋に磨いてもらって、シンプルな金の台座にはめるのだ。ペンダントにすることもある。わたしはしないけれど。

そこで義母からダイヤモンドの指輪を贈られ、みんながひと目見ようと集まった。シンプルなデザインなのはうれしかったが、リングが太すぎ、ダイヤモンドは小さくて地味だった。エリは腕時計を気に入ってくれるはずだと思った。少なくともわたしが選んだものだし、わたしは趣味がいいといつもバビーに言われているから。

金色の時計は、日に焼けてブロンドの毛に覆われたエリの腕によく似合った。わたしがいい男をつかまえたと友人たちが思っているのがわかった。婚約者がハンサムで鼻が高かった。なんてきれいな人が自分のものになったんだろう、トロフィーみたいに飾っておきたいくらい。エリを見ながらそう思った。小麦色の首に白いシャツの襟が映えていた。

　ある日の放課後、いつものリー・アベニューのピザ屋に寄り、ミンディに婚約パーティーの写真を見せた。ミンディのお兄さんにもようやく縁談が来て、じきに婚約するはずだという。そうしたらミンディも相手を探すことができる。

　なんだか寂しいなとミンディは言った。結婚した友達がみんな新婚生活に夢中になってしまうので、わたしも同じではないかと心配なのだそうだ。じきに独立するわたしをうらやむ気持ちも率直に打ち明けてくれた。もうすぐよとわたしは言った。あなたの結婚も時間の問題なんだから。

「ご両親はどんな人を選ぶと思う？」とわたしは訊いた。質問の意図は、あなたもお母さんみたいにシュピッツェルをかぶるつもりなのか、それとも少し反抗して、かつらで図書館に行くことを許してくれる人と結婚するのかということだった。ミンディにとって、結婚は彼女が望むような自立を意味しないかもしれない。わたしは極端に敬虔で支配的な人と結婚せずにすむのがありがたかった。

「自分で選べると思う？」わたしは続けて尋ねた。ミンディは理解のある人を選びたいとお父さんに訴えたりできるだろうか。「家族の誰かが味方してくれそう？」

「わからない」ミンディは憂鬱そうに言って、つややかな黒髪をかきあげ、秀でた額に垂らした。

「まだ考えたくない。そのときが来るまでは」

わたしはそうだねとうなずき、ぬるくなったコーヒーをプラスチックのスプーンでなんとなくかき混ぜながら、メキシコ人の厨房スタッフがピザ生地を調理台に叩きつけるのを眺めた。身のまわりの女性のほとんどは、結婚後もそれまでと変わらない生活を送っている。実家と新居を往復し、娘の役割と妻の役割を果たすのに忙しい。それが本人たちの望んだ人生なのかもしれない。でも、ミンディやわたしのような人間は、そんな生活には満足できない。とりわけミンディには。家庭に入り、主婦になるだけでは満たされないはずだ。

ミンディは嫌な考えを振り払うように勢いよく首を振り、いつものいたずらっぽい笑みを浮かべた。「花嫁教室《カッラー》で習ったことは全部教えてね」

「もちろん」わたしも笑って返事をした。「日曜日が最初の授業。終わったら電話するね」

わたしの予感は的中した。ミンディの結婚は一年後に決まり、姉たちと同じようにひどく戒律に厳しい相手と結婚した。世俗的な本を読むことは許されず、隠れて読むのは結婚前よりも難しくなった。ミンディは読書をやめてしまい、次々に出産した。最後に会ったときにはすでに三人産んでいて、四人目を妊娠中だった。別れ際、ミンディは幼い子を腰に抱えて玄関からわたしに声をかけた。「これが神様のお望みなのよ」背を向けてアパートメントの階段を下りながら、わたしは胸がむかついた。あれはわたしの知っているミンディじゃない。ミンディは従容と運命を受け入れるような子じゃない。

〝神様のお望み〟という言葉に無性に腹が立った。すべては人間の欲望のためだ。神がミンディに子供を産むよう望んだわけじゃない。なぜミンディは気づかないの？　彼女の運命は神の手ではなく、周囲の人たちに決められたのだ。でも、わたしにはなにも言えなかった。ミンディの夫からはすでに警戒されていた。迷惑をかけないよう、会うのをやめるしかなかった。それでも彼女を忘れることはない。

6　闘う価値はない

「わたしは、闘ってなにかを手に入れたいわけじゃない。誰の許可を得ることもなく、ありのままでいて、好きなことをしたいだけ」
——パール・アブラハム『愛を読む人』

ニッダーは、文字通りに訳せば〝脇に押しやられる〟という意味です。花嫁教室《カッラー》の先生はそう言い、でも本当の意味は違うんですよと慌てて続けた。それは女性の〝時期〟を表す言葉で、月のうち二週間、ユダヤの法では不浄とみなされる期間を示すのだそうだ。そのニッダーの戒律を、いま習っているところだった。

わたしは先生にその言葉を訳してくださいと言った。しつこく訊くとようやく先生は答えてくれた。頭に血がのぼるのを感じた。障《さわ》りがあるとしても、〝脇に押しやられる〟という言葉は屈辱的だ。わたしは汚くなんかない。

先生が言うには、エルサレム神殿があった時代には、女性は神殿の奥に入ることができなかったそうだ。その場で生理がはじまると、神殿全体が穢《けが》れてしまうからだ。たしかに生理はいつはじまるかわからない。周期の予測はとても難しいので、はじまりそうだと思ったら、すぐにたしかめなければならない。

一滴でも出血があれば、女性はニッダー、つまり〝脇に押しやられる〟ことになる。妻がニッダーのあいだは、夫は身体に触れることはおろか、料理の皿を渡すことすらできない。妻の身体のどの部分も見てはいけない。妻が歌うのを聞いてもいけない。夫にとって禁じられた存在になるのだ。

花嫁教室ではこういったことを教わる。先生の自宅がある泥のような色の団地から出るたびに、わたしは通りを歩く女性を二種類に分けずにはいられなかった。こういうことを知っている人たちと知らない人たちとに。わたしはその中間にいて仕組みを学びはじめたところだが、わからないことだらけだった。リー・アベニューをふたり用のベビーカーを押して歩く主婦に、つい責めるような視線を送ってしまった。〝これでいいの？　女だから穢れてるって言われて納得できるの？〟そう問いつめたかった。これまで会った大人の女性すべてに裏切られた気がした。

こんなにややこしいことが待っているとは想像もしていなかった。結婚とはたんに自分の家庭を持つことだと思っていた。料理や掃除の得意な最高の妻になることだと。

生理が終わると、と先生の話は続いた。七日間清らかな日を数えなくてはなりません。日に二回コットンの布で血が出ていないことを確認し、七日連続で〝白い〟日が続けば、沐浴用の浴槽《ミクヴェ》に身を浸し、穢れのない身体に戻ります。結婚したいとこがみんなそんなことをしているなんて信じられなかった。

穢れのない二週間には、なにをしてもかまわない。女性が〝清浄〟であるときの戒律はほとんどない。だからユダヤ人の結婚は長続きするのだと先生は言った。そうやって新鮮な関係を保つおかげで飽きることがないのだという（男性にとってという意味だろうかと思ったけれど、訊くのはやめておいた）。

男性は手に入らないものほど欲しがるそうだ。だから、絶えず拒絶と許容を繰り返すことが大事だという。自分のことをそんなふうに考えるのには抵抗があった。男の人を喜ばせるために、都合よく求められたり遠ざけられたりするなんて。

「結婚したいんでしょ？」わたしが疑問を口にすると、先生はいらだったように言った。わたしは身じろぎした。イエス以外の答えをしたら大事《おおごと》になる。みんなに知られてしまう。

「もちろん、結婚したいです。ただ、こんなにたくさんの決まりを覚えられるか心配で」

先生は検査に使う白い布を見せてくれた。小さな正方形のコットンで、端はぎざぎざになり、四隅に布の尻尾がついている。「この紐は？」と訊くと「出てこないときに引っぱるためのものよ」と答えが返ってきた。油じみたビニールのテーブルクロスの上に置かれたその布は、キッチンの窓から吹きこむ夏のそよ風に小さく揺れた。

検査は一日に二回しなければならない。朝起きてすぐと日没前に。抜かしてしまったら、ラビに電話して、それでも問題ないか、一からやりなおすべきかを確認する。血はついていなくてもしみがあれば、それをラビのところに持参して清浄《コシェル》かどうかを判断してもらう。下着が汚れている場合もラビに見せに行く。または夫に持っていってもらう。

十四枚のきれいな布がようやく揃うと、ミクヴェに行って穢れひとつない清らかな身体に戻り、夫の前に出ることができる。ミクヴェに行くたびに無垢な花嫁に戻れるんですよと先生は言ってにっこり笑い、大げさに目を見ひらいて喜びを強調した。

ミクヴェの前は何度も通ったことがあったが、どういった施設かは知らなかった。ウィリアムズバーグ通りにあるレンガの建物で、ブルックリン・クイーンズ高速道路を見下ろすようにひっそりと建っている。男性は夜にそこを通るのを避けていたが、どこかに通じている場所ではないので昼間でも人通りは少なかった。人目につかないようにミクヴェへは夜行くのだと教わった。閉経後の女性が世話係を務めていて、穢れがちゃんと清められたか、その人の検査を受ける決まりだという。

初めてのミクヴェは結婚式の五日前に行くことになっていた。すでにピルをもらって月経周期を調節してあったので、結婚式前に生理がはじまることはなかった。生理が来てしまうと、穢れのせいで初夜が台無しになる。そうなったら大変ですよと先生は言った。結婚式の日に清らかでない花嫁は、式のあとで夫と手をつなぐことができず、町中の人に穢れがあることを知られてしまう。それは一生消えないほどの恥だという。そのあとも同じ部屋で寝ることはできず、完全に清らかになるまで監視人《ショメル》をつけなければならない。

見ず知らずの世話係の前で服を脱ぐのは気が進まなかったので、先生にそう伝えた。検査のあいだはバスローブを着たままだから、ミクヴェに浸かるまで裸は見られませんよと先生は答えた。出るときもバスローブをカーテンのように広げて包んでくれますからねと。

でも、これまではずっと、家具にさえ裸を見られないように気をつけていたのに。バスルームの鏡の曇りを拭うことさえしなかったし、自分の身体をくまなく見ることも避けていた。どうにも納得がいかなかった。

近所の助産師が処方してくれたピルのせいで夜中に目が覚め、吐き気の波に襲われた。クラッカーもトーストも、少し口に入れただけですぐ吐いてしまった。じきに慣れるし、結婚するまでの辛抱ですよと助産師には言われたが、吐き気は式まで続き、結婚準備の買い物に出るのもひと苦労だった。

高齢のバビーとゼイディに代わって、嫁入り支度もハヤが取り仕切った。ふたりで専門店に出かけてリネン類や食器やキッチン用品を買いそろえた。フォーマイカの小テーブルにかけるビレロイ&ボッホの美しいテーブルクロスも選んだ。テーブルは狭いキッチンにおさまるように誂《あつら》えたものだ。新居はワラバウト通りの大型アパートの五階に借りた。かつてはウィリアムズバーグの商業地区だった場所で、使われなくなった古い倉庫があちこちに残り、行き交う車の音が四六時中響いていた。

アパートメントは六十平米足らずで、狭いキッチンにリビング・ダイニング、小さな寝室ひとつの間取りだった。ベッドは百十センチ幅のものを二台買い、マットレスはボロー・パークの〈リーガル・ファニチャー〉で特注した。居間にはリー・アベニューに面した小さなベランダがついていて、そこに出ると左右に並んだベランダの列が見えた。部屋はどこも同じ間取りで、住人は新婚夫婦ばかりだった。

ときどきクロゼットの整理をすると言ってそこへ行き、居間にすわってステレオでヒラリー・ダフを聴いた。隣人に世俗的な音楽を聴いているのを知られないように、音量はごく小さくした。本もさっそく持ちこんで、バスルームのキャビネットに隠しておいた。大半の家具は搬入前だったから、バビーはわたしがせっせと通うのを不思議がっていた。むきだしの床に寝そべって本を読むこともあった。家では大っぴらに読めない、悪い本を。ミンディが貸してくれた『愛を読む人』だ。わたしたちと同じように戒律の厳しいユダヤ人社会に生まれながら、本を読み、水着を着たいと願う女の子の話だった。おまけに著者の女性も正統派ユダヤ教徒としての道を外れ、世俗の生活を選んでいた。ミンディは著者のお母さんを知っていると言っていた。町の中心で小さな刺繍店を営んでいて、頭にはスカーフを巻いている。娘とはもう口をきいていないそうだ。

小説だと知っていても、わたしは生々しいルポルタージュのように息を呑みながらその本を読んだ。そこで語られているのが目の前にある現実の生活だったから。わたしにも起こりうる話だし、著者の実体験も盛りこまれているはずだと思った。主人公もお見合い結婚をする。ところが、夫が弱気で愚鈍な人間だと気づいて愕然とする。最終的には離婚するけれど、実家に戻ってしまう。わたしにとってそれは究極の敗北だ。なぜ逃げたくてたまらなかった場所へ戻ったりするのか。彼女は結婚すれば自由になれると思っていた。そのあとは離婚で本物の自由が手に入ると思った。結局のところ、自由への道などないのかもしれない。彼女にとっても、わたしやミンディにとっても。

そんな苦い思いを頭から締めだした。わたしの婚約者は弱気でも愚鈍でもないはずだ。勇敢で頼もしく、どんな戒律もふたりで破れるはず。こんな生活、みんな捨ててしまうのだ。

花嫁教室に加えて、ハヤはわたしのためにハシカファの授業も予約していた。これも結婚準備のためのレッスンだが、教わるのは戒律ではなく、夫婦円満の秘訣のようなものだ。グループ授業で、結婚を控えた十数人の女の子たちが出席し、授業のまえにはソファに集まってくすくす笑いながら、宝石を見せあったり、買い物のことをあれこれ話したりした。

先生はラビの妻《レベッツィン》だった。授業では夫婦間に起きがちな問題が例示され、その解決策を考えさせられた。どの例でも訊かれていることは同じで、正解もひとつのようだった。先生はそれを妥協と呼んでいたが、わたしには負けと同じに思えた。

例に出てくる夫婦はひどく堅苦しく、そんなふうに他人行儀にやりとりする夫婦がいるなんて信じられなかった。どんなに内気なふたりでも、さすがにそのうち打ちとけるのでは？　長年連れ添ったラビ夫妻が、取扱説明書が必要な電化製品みたいにお互いに接しているとは思えなかった。ほかの子たちはなるほどという顔で聞いていた。ロボットのような思考停止状態で。思わず肩を揺さぶって怒鳴りつけたくなった。ちょっと、宝石やらリネンやらでボーッとしてるんじゃないの？　大事なことに気づきなさいよ！　このままじゃ、嫁入り道具でいっぱいのクロゼットと、リモコンつきの夫が待ってることになるのよ！

わたしはうぬぼれていた。自分は先生が勧めるようなよそよそしい態度で夫に接したりしない。エリとわたしはもっと人間らしい関係を築く。男と女は違う生き物で、わかりあえない運命なのだと教わってきた。でもその違いはコミュニティに押しつけられたものばかりだ。もともとは同じなのに。

ハヤはたびたび祖父母の家に電話してきては、進み具合を尋ねた。ふたりともあなたにふさわしい先生よと言われ、思わず苦笑したけれど、あいまいに相槌を打っておいた。ふさわしい？　どうしてあんな年寄りのレベッツィンがわたしにふさわしいんだろう。もっと若くて元気で、現実的な人だって選べたはずなのに。ハヤは驚くほどわたしのことをわかっていない。わたしの人生をずっと支配してきたのに。

特別な機会や祭日のたびに、婚約者の家族から贈り物が届いた。どれもきれいにラッピングされ、キャンディや花が添えられていた。最初は樹木の新年《トゥ・ビシュバット》に贈られた大粒の真珠のネックレスで、果物をかたどった小さなアレンジメントの上にのせられていた。エリには仮庵の祭《スコット》でシナゴーグへ行くときに持っていくシトロン《エトログ》用の豪奢なケースを贈った。プレゼントを入れる木箱はスプレーペンキで金に塗り、シダとレモンを添え、エリの妹や弟へのちょっとしたプレゼントも詰めた。贈り物の交換は長年の伝統で、婚約中は互いにプレゼントの嵐になる。いかに相手より上等なものを贈り、いかに見栄えよく飾りつけるか、花嫁と義母が競いあう。

仮装祭《プリム》には、わたしは義母に二十個のチョコレート・トライフルを並べた銀のトレイと高級ワイン、それにミルクチョコとホワイトチョコのムースを入れた二客の金のゴブレットを用意した。それを透明のセロファンで包み、大きな銀のリボンを結んで、いとこのひとりに車でキリヤス・ジョエルまで運んでもらった。エリにもメギラーを贈った。エステル記が手書きされた巻物で、プリムにはシナゴーグで朗読される。それを書士に書いてもらうのにゼイディは千六百ドル払った。巻物は特製の革のケースにおさめられていた。わたしはそれをガラスのアイスペールに入れて、シャンパンのボトルと氷に見立てた氷砂糖も添えた。婚約者に素敵なプレゼントを贈るのがうれしかった。若い男性はメギラーやエトログ入れをシナゴーグで見せびらかしあうそうなので、エリは鼻が高いにちがいない。ゼイディはわたしの婚約者のこととなるとひどく気前がよかった。そんなに楽しそうにお金を使うところは見たことがなかった。このときのために節約してくれていたのかもしれない。

ゼイディがプリムのお祝いを言うためにエリに電話するのを許してくれた。ほんの数分だとはわかっていたけれど、それでも胸がはずんだ。二週間ほどまえにエリの妹が写真を送ってくれていた。わたしが贈ったプレゼントの横でにっこり笑うエリが写っていて、日に焼けた長い腕と鎖骨に何度も見入らずにはいられなかった。声を忘れてしまったので、また聞けるのがうれしかった。繰り返し思いだせるように覚えておこうと思った。

ゼイディが電話をかけて先方の両親に挨拶をすませたあと、受話器をわたしに渡した。「素敵なプレゼントをくださってありがとう」と義母が堅苦しく言った。「飾りつけもとてもきれいですよ」わたしへのプレゼントはまだ届いていなかったが、訊くのはやめた。腕時計だろうか、それともブローチ?

少し待つように言われ、エリが電話に出た。

「ア・グーテン・プリム」明るい声を聞いて、茶目っ気のある笑顔が目に浮かんだ。

プリムはいちばん好きな祝日だとエリは言った。仮装して、音楽を流して、お酒を飲む。楽しいことばかりだろ? みんながリラックスできる。

「わたしのプレゼント受けとってくれた? あのワイン、気に入ってくれた? あなたのために選んだのよ」

「ああ、受けとったよ、ありがとう。素敵だった。でも、ワインは父に取りあげられた。十分にコシェルじゃないらしい。父はサトマール派のラビのしるしがついたワインしか買わないんだ。それ以外はだめらしい」

ショックだった。そのワインはゼイディと買いに行ったもので、ゼイディは信仰心の塊のような人だ。エリの父親なんか足もとにも及ばないほど。ワインに文句をつけるなんて、何様のつもり？　わたしはむすっと黙りこんだ。

エリが気まずい沈黙を破った。「ぼくもプレゼントを送ったよ。じきに届くはずだ。包むのは手伝ったけど、ほとんど妹たちにお任せだった。でも、気に入ってくれるとうれしいよ」

わたしは気のないそぶりをした。贈り物に目の色を変えるのははしたない。ゼイディに急かされたので、別れの挨拶をした。

「楽しいプリムをね、エリ」なにげなく口にしてから、名前を呼んだのが初めてだと気づいた。急に距離が縮まったような気がしたけれど、続きも待たずに電話が切れる音がして、その気持ちはしぼんでしまった。

わたしへの贈り物はその日の午後、キリヤス・ジョエルから特別配達便で届いた。紫色のラフィアで派手に包装された包みはあまりに大きく、配達員が階段をのぼるのに苦労するほどだった。中身はバイオリンの形をした大きなケーキだった。砂糖細工の弦が張られ、弓も添えられていて、楽譜の形のチョコレートがちりばめられていた。カードのメッセージは〝バイオリンの音色のように甘い未来を〟。バイオリンのなかには黒いベルベットの箱がさりげなく入れられていた。中身が気になり、弦の隙間からそっと取りだしてあげると、ずっしりとした金の腕時計が現れた。チェーンベルトがきらめき、分厚い文字盤のまわりにちりばめられたダイヤモンドが後光のように輝いていた。家族がひと目見ようと寄ってきた。着けてみると、重みでだらんと垂れ下がった。「サイズを直してもらわないとね」とバビーが言った。チェーン数個分大きかった。わたしはその贅沢な品を見下ろした。それまでは十ドルかそこらの時計しか持っていなかった。この時計は派手すぎると思った。アクセサリーは上品で華奢なものがいい。装飾品そのものが主張するのではなく、着けている人を引き立てるようなものが。

それでも、わたしは自慢気に腕を上げていとこやおばたちに時計を見せた。みんなは感嘆の声をあげ、値段を当てようとした。ふと思いついて刻印があるかと裏返したが、なにも書かれていなかった。わたしがエリに贈った腕時計には彼の名前を刻んでもらった。ほかの人が着けることがないように。でも、この時計にわたしの名前がないのは当然かもしれない。これは義母にとって好ましい、実在しない娘のものだ。豪華な宝石で飾り立てていても、中身は石ころのように平凡な娘のものだ。

わたしにはこの時計も真珠のネックレスも必要ないと思った。手放すことになっても惜しくはない。自分のために選ばれたものだったら別だけれど、これはわたしの性格や好みを考えずに買われたものだ。数年後、実際に手放したときには心が軽くなった。過去とのつながりを断ち切るたび、わたしはどんどん身軽になった。

最悪なタイミングでスキャンダルが発覚した。ハシド派の既婚女性用のかつらに使われている毛髪が、インドの女性たちが寺院に捧げるために剃ったものだと判明したのだ。ハシド派の女性が偶像崇拝から生まれたものに触れることは想像を絶する罪とされる。これはサタンの所業だ、女たちの気の緩みに対する罰だとラビたちは断じた。贅沢な人毛のかつらをこれみよがしに着けているせいで神がお怒りになられたのだ、女の虚栄心のせいでみながサタンに騙され、堕落させられたのだと。イディッシュ語の新聞には連日糾弾の見出しが並び、ブルックリン中のシナゴーグでラビたちが拳を突きあげる写真が掲載された。

ラビ法廷が人毛の使用禁止を宣告した。偶像崇拝の結果ではない人毛の入手先が確保されるまで、売買できるのは人工毛のかつらだけになった。

よりによって結婚式の直前に、とわたしは不運を呪った。なぜ式のあとまで待ってくれなかったの？　おかげで安っぽい人工毛のかつらしか買ってもらえなくなった。人工毛のかつらは、本物の髪とは大違いの不自然なつやがあり、半年とたたずにだめになってしまう。人毛のかつらがまた認められても、自分で買う余裕などない。三千ドル以上もするのだ。

サイズを測るためにハヤにかつら屋へ連れていかれた日、わたしは回転椅子にぶすっとしてすわり、目の前に並べられたかつらをにらみつけていた。

「なくして寂しいのはひとつだけ」と、発泡スチロールの頭にかぶせられたかつらのひとつを手に取って店主が言った。「風に髪がなびく感触だけよ。それ以外は快適そのもの。髪が乾くのを待たなくていいし、スタイリングにも時間をとられないし。本当に楽ちんよ」

髪にはもともと手をかけず、シャワーのあと下ろしたまま自然乾燥させていた。それでも、かつらが似合うかどうかは気になった。色やスタイルは好きに選んでいいと言われた。

わたしは三種類のかつらを選んだ。ひとつは自分の白いティヘルに合うよう、長めのものにした。ティヘルは安息日の金曜日の夜に着けるスカーフで、かつらの上にかぶってうなじで結ぶ。残りのふたつは、おばたちと同じ短くすっきりしたスタイルのものを選んだ。肩より長いかつらはゼイディに許してもらえない。

その夜、サトマール派のシナゴーグの前で大きな火が焚かれ、大勢の男たちが妻のかつらをそこへ投げこんだ。群衆がしきりにはやしたて、混乱や暴動を防ぐために警察がバリケードを設置した。それでも、立てつづけにシャッターを切る記者たちのせいで熱狂はさらに煽られ、騒ぎは朝まで続いた。

翌日ゼイディが持ち帰った《ウォール・ストリート・ジャーナル》には、その事件が一面に掲載されていた。〝「ブラジャー焼き捨て」ならぬ「かつら焼き捨て」〟という見出しの意味はよくわからなかったが、揶揄《やゆ》されているのはわかった。記事を読んだゼイディは嘆かわしげに首を振った。

「なぜ燃やす必要が?」怒りのこもったつぶやきが聞こえた。「なぜ異教徒の注目を集める必要がある? 若い連中ときたら、騒ぎを起こしてばかりだ」

ベッドフォード・アベニューに引っ越したハヤから昼食に招待された。ハヤは用もなく昼食に招いたりしない。なにを言われるのか不安だった。きちんとした服装にしようと、新しいシルクのブラウスと紺のペンシルスカートを着ていった。

ハヤの新居はウィリアムズバーグの旧工業地帯に新築されたアパートメントの一階だった。優美なレンガ造りのファサードも大理石のエントランスホールも、いかにもハヤ好みだった。キッチンの食器棚は重厚なマホガニー、床のタイルはモダンなブルーグレー。最小限の家具を置いただけのがらんとした部屋がいくつもあった。テーブルにはハヤが用意した優雅な昼食が並べられていた。朝からすべて手作りしたにちがいない。

わたしが料理に手をつけると、ハヤは雑談をはじめた。さっさと用件を告げてほしかった。そうすれば胃のむかつきもおさまるのに。なぜいつもこうなのだろう。なぜわざともったいをつけて焦らそうとするのだろう。わたしを苦しめて楽しんでいるみたいだ。

「ところで」とハヤがフォークを置いて水のグラスに手を伸ばした。「あなたのお母さんから電話があったの」

それは予想外だった。わたしも平静を装いながらグラスに手を伸ばし、気まずい沈黙を埋めようとした。動揺を見せてハヤを喜ばせたくはない。

「結婚式に出席したいそうよ」

わたしは肩をすくめた。「なぜ急にそんなことを？　わけがわからない。何年も会ってないのに」

「母親の権利を主張したいのよ。もしかすると、結婚に反対するつもりかもしれない。なにを言いだすかわからない人だから」

「あの人が式に来たら、とんでもないことになる。みんながじろじろ見て、いろいろ言うにきまってる。わたしも困るし、エリの家族も困る。あの人はまるで異教徒みたいだから」

ハヤはグラスを置き、口もとをこわばらせた。「問題は、どうしたって来るのは止められないということよ。でも出席を認めれば条件をつけることができる。かつらを着けてロングスカートで来ると約束させられるし、式のあいだはわたしが隣で見張っていられる。なにか問題を起こせば、帰ってもらうから」

「じゃあ、それで決まりってことね」ハヤの心が決まっているのなら、どうしてわざわざ呼びつけたのだろう。わたしの意見なんて必要ないくせに。

結婚式の一週間前、花嫁教室《カッラー》の先生を最後に訪ねた。いよいよ例の授業を受けるときが来たのだ。花嫁同士でひそひそ話しあうものの、詳しいことは謎に包まれたままの特別な授業を。わたしは不安と興味でいっぱいだった。家族が直接伝えるのをためらうようなこととは、いったいなんだろう。きっと、重大で、びっくりするようなことで、しかも大っぴらに話すには体裁の悪いことにちがいない。だからこそ、結婚生活全般の指南役としてコミュニティに認められた先生だけが口にすることを許されているのだ。

　わたしは硬い椅子に浅く腰かけ、薄汚れたキッチンを落ち着きなく見まわしてヒントを探した。これから教わる秘密のヒントだけでなく、先生がどんな人なのか、なぜ謎めいた教えを授ける役に選ばれたのかを示すヒントも。キッチンのテーブルには不可解なスケッチがいくつも広げられていた。技術者の描く設計図みたいに見えるが、それほど精密ではなく、なんとなく気味の悪い輪投げのような絵柄がたくさん描かれている。エアコンのない八月なかばの室内は空気が重くよどみ、ふたりでいると息苦しいほどだった。テーブルクロスは油じみ、触る気になれなかった。

　ようやく先生が向かいにすわり、結婚の神聖さについて説きはじめた。聞いているうちにいらいらしてきた。さっさと要点を教わって、饐《す》えた汗とピクルスのにおいのする狭苦しいキッチンから解放されたかった。そのうち、先生がどんな人間で、これまでどんな人生を送ってきたかが、なんとなくわかってきた。わたしの若さをうらやんでいることも。苦労知らずの幸せいっぱいな花嫁が憎らしく、ぺちゃんこにしたいとさえ思っているようだった。ひりひりするような視線をわたしに投げながら、先生は女性の体内にある神聖な場所について説明をはじめた。

　男性と女性の身体は、パズルのピースのように合わさるように作られている。壁に囲まれた通路を進んでいくと小さな扉があり、あけるとそこが子宮《メコール》、つまり〝生命の源〟なのだという。そんな仕組みが身体のどこにあるのか想像もつかなかった。先生は〝生命の源〟に至るその通路への入り方を説明するために、親指と人差し指で作った輪のなかにもう一方の人差し指を突っこんで出し入れする奇妙な仕草をしてみせた。その動きでパズルがはまるということらしい。それでもわたしにはその通路とやらが身体のどこにあるのかわからなかった。わたしの知るかぎり、おしっこの出る場所にそれほどの伸縮性はないはずだ。わたしは話をさえぎった。

「あの、わたしにはないんですけど」ばつの悪さで笑ってしまった。もしあったとしても、人差し指みたいに太いものが入るはずがない。それがなんだとしても。

先生は困ったようにわたしを見た。「ありますとも、誰にでも」

「でも、本当にないんです」急に不安になってきた。先生の言う通路がわたしにはないなんて。自分の身体にある穴に気づかないはずがない。パニックが押し寄せた。花嫁に生まれつき〝生命の源〟がないと、結婚は取りやめになるんだろうか。目に涙を溜めながら、自分にはそんな穴はないともう一度訴えた。不愉快な手の動きをやめてほしかった。

「先生のおっしゃるものがわたしにはないんです。たぶん、生まれつき。そんな穴があったらわかるはずでしょ」

「いいから、落ち着いて」先生はため息をついた。「自分ではないと思っていても、あるんです。生まれつきの異常などではありません。これまで気づかなかっただけ。どこにあるか、たしかめていらっしゃい」

先生の家でそんなことをするのは耐えがたかったが、強く言われて、というよりむしろ、自分のとんでもない欠陥がスキャンダルになるという恐怖に駆られ、わたしは言われたとおりにした。

バスルームに入り、トイレットペーパーを千切って右手の人差し指に巻きつけ、おそるおそる下のほうを探った。後ろから前に向かってゆっくりと指を動かし、そのあいだに穴らしきものがないか探す。やっぱりない。もう一度。指に触れるのは谷間のような窪みだけだ。もしかしたら、男性側のピースがはまり、子宮の祭壇に種を捧げる場所というのはその窪みのことなのだろうか。
わたしはバスルームを出て、おずおずとうなずいた。たぶんそういうことなのだ。でも、自分の発見に裏切られたようにも感じた。それほど大切なものの存在が、なぜ隠されてきたのだろう。なぜこんなにいきなり知らされないといけないのか。これまでは子宮などないものとされてきたのに、結婚することになったとたん、その大いなる入り口が〝神聖なもの〟に変わるということなのか。先生の前に立ったわたしは、憤慨と混乱でいっぱいだった。

あの日を思いだすと胸が痛くなる。自分の身体や自分が持つ力について知るのはいいことだが、あの瞬間はわたしの人生をふたつに引き裂いた。先生の家を訪ねるまではただの娘だったわたしが、あの場で子宮を持つ娘に変わった。自分の身体がセックスするように設計されているということを、いきなり衝撃的な形で知らされた。誰かがわたしの身体に、性行為のために特化した場所を作ったのだ。ウィリアムズバーグで育ったわたしは、セックスにまつわるあらゆる事柄から巧妙に遠ざけられてきた。わたしたちは霊的な存在であり、身体は魂の入れ物のはずだった。自分がこれまで考えたこともなければ、考えたいと思いもしなかった身体の領域を、これからは意識しながら生きていかないといけない。性的なものとは無縁だったわたしの身体は、変化に抵抗した。その抵抗はじきにわたしの幸せを邪魔し、やがては結婚生活を壊すことになった。

結婚式の五日前、ミクヴェに行く日が来た。付き添いのハヤから持っていくものを教わった。ミクヴェにはたいていのものが揃っているが、バスローブ（備え付けのものは丈が短すぎるそうだ）と石鹸とシャンプーは自分のものを持参したほうがいいらしい。ハヤがドラッグストアのレジ袋に入ったヘチマの棒つきブラシをくれた。「手が届かないところはそれで洗いなさい。係の人に洗ってもらうこともできるけど、気まずい思いはしたくないでしょ」

考えただけでぞっとした。敬虔な女性のなかには世話係にすべてを任せる人もいるそうだが、赤の他人に身体を触られるなんてまっぴらだった。

ミクヴェには異教徒のタクシーで行った。女性がいつミクヴェに行くかを男性に知られてはいけないので、トビヤに送ってもらうことはできないし、荷物を抱えた姿は目立ちすぎるから、歩いて行くこともできない。プエルトリコ人の運転手を見て、これから行くのがどういうところか知っているのだろうかとわたしは思った。同じところへお客を運ぶことは多いのだろうか。

ミクヴェは黄色いレンガ造りで、三角形の敷地に合わせた形に建てられている。横手の路地から入ってベルを鳴らした。小型カメラが頭上で低く音を立てていた。しばらくするとブザーが鳴り、重い金属のドアを入ると、奥に明るいエントランスホールがあった。デスクがひとつ置かれ、年配の受付係が退屈そうな顔ですわっている。スカーフをしていないわたしの髪を見てぱっと顔を輝かせた。

「花嫁さんですね、おめでとうございます《マーゼル・トーフ》。今日は特別な日ですよ。お世話係を呼ぶので、すべてお任せくださいね」興奮に顔を震わせてそう言いながら、わたしから目を離そうとしない。差しだされた大きなトレイには、いくつもの爪切りや爪やすりがのせられていた。「さあ、好きなのを選んで」まるで金や銀、真珠やダイヤモンドのなかから選べるかのような口ぶりだ。受付係はなおも瞬きひとつせず、食い入るようにわたしを見つめていた。まばらな眉毛が持ちあがり、くすんだ青い目の上に灰色のアーチを描く。

どれだっていい。そう思って小さな爪切りを手に取ったが、よく見ると金属に欠けや傷があった。これまで何人の女性がこれを使ってきたのか。わたしはそれをトレイに戻した。「持ってきたのがあるので」

背後でドアが開く音が聞こえ、わたしは振りむいた。浅黒い肌の女の人が戸口に立っていた。花柄のホームドレスの袖をまくりあげてがっしりした腕を覗かせ、義母のようにシュピッツェルを着けている。とくに戒律に厳しい女性だけがここで働いているのだ。

「お嬢さん《ママレ》」甘ったるい猫なで声で呼びかけられたが、笑顔は偽物だとひと目でわかった。見下すように首をかしげてわたしを見ている。わたしの身内がシュピッツェルを着けていないので、自分のほうが格上だと思っているのだ。そういったことをざっと見てとるあいだに、相手は作り笑いを浮かべながら片手でわたしの肩を抱き、もう片方の手でハヤを追いやる仕草をした。「ここでお待ちください、ミセス・メンドロヴィッツ。娘さんはちゃんとお世話しますから、ご心配なく」ハヤは娘ではなく姪だと訂正はしなかった。赤の他人に待合室で話すには事情がこみいりすぎている。

ミセス・メンデルソン（両開きの扉を抜け、ビロード張りのソファと巨大なシルクフラワーのアレンジメントが並んだ広いメインロビーに入りながら名前を教わった）に案内され、シャンデリアとウォールライトの柔らかな光に照らされた大理石の長い廊下を進んだ。途中でいくつもの細い廊下に枝分かれしていたが、そこは素通りした。これから行くのは花嫁専用の特別な部屋なのだと説明された。そこに着くころには、どこを通って来たかも、どうやって戻るのかもわからなくなり、少し不安になっていた。部屋はクロゼットほどの広さしかない（一般の人が通されるのはどんな部屋なのだろう）。ほかの小部屋で儀式に没頭する何百もの女性たちが頭に浮かび、狭苦しい場所で支度をはじめようとする自分が地図上のちっぽけな点にでもなったように思えて心細かった。

「やるべきことはわかっているわね、ママレ？」ミセス・メンデルソンが権威を見せつけるように腰に手を当てて訊いた。ミクヴェについて習ったことを忘れてはいないかと言いたいらしいが、しっかり覚えている。来るまえにも確認したし、記憶力には自信がある。見くびらないでとわたしは作り笑いを返した。

「もちろん覚えています。花嫁教室でしっかり教わりましたから。お気遣いどうも」明るくそう答えたが、少し声がうわずった。

「それはよかった。なにかあれば、壁のボタンを押してちょうだい」浴槽の脇の呼出ボタンが赤く点滅していた。ひとつのボタンには〝ヘルプ〟もうひとつには〝準備完了〟の文字がある。小さなインターホンもついている。わたしはうなずいた。

ミセス・メンデルソンが部屋の奥のドアから出ていくと、わたしは急いでバッグを開き、持参したものをすべて取りだした。それから蛇口をひねって浴槽に湯を張り、用意してきたチェックリストに従って準備をはじめた。最初に眼鏡を外してケースにしまう。メイクを落とし、耳を掃除し、歯にフロスをかけて、爪を短く切る。浴槽のなかで髪を二度洗って櫛でとかし、先生に言われたとおり、足の指のあいだやお臍《へそ》のなかや耳の後ろに汚れが残らないよう入念に洗った。襞《ひだ》になった部分は要注意だ。「くれぐれも身体と水を隔てるものが残らないように。あとでなにかが見つかって、それがミクヴェにいるあいだにもついていた可能性があれば、戻って一からやりなおしです」先生にはそう教わった。それは困るので、決められたとおりにきちんと全身をきれいにした。

指先がナツメヤシのように黒ずんで皺くちゃになるまで湯に浸かってから浴槽を出て、青いタオル地の新しいバスローブに身を包み、〝準備完了〟のボタンを押した。間髪を容れずインターホンからミセス・メンデルソンの声が聞こえた。「早かったわね、ママレ」

返事はしなかった。すぐにスリッパを履いたミセス・メンデルソンが入ってきて、ローブ姿でトイレの縁にちょこんと腰かけたわたしを見ると、いらだったように両手を振った。

「だめだめ、ローブを着ていたら検査できないでしょ。なにを考えているの。お湯に浸かったままでないと。わかってないわね」

頬が熱くなり、組んでいた脚を解きながら考えた。そんなのおかしい。お湯に浸かったままだなんて。花嫁教室の先生からはローブを着て検査を受けると教わった。そう言おうとしたが、喉から声が出なかった。

ミセス・メンデルソンは険しい顔をしながら、どこか勝ち誇ったような様子で、わたしを浴槽のなかへと急きたてた。「のんびりしている暇はないのよ、ママレ。今夜はお世話をしなくちゃならない娘さんがたくさんいるんだから。怖がらなくていいの。花嫁教室の先生はどうするか教えてくれなかった？　教わったことをちゃんと覚えていないの？」

自分が正しく、わたしが覚えていないのだと決めつけようとしているが、わたしは絶対に覚えている。こんな大事なことを忘れるはずがない。ただ、先生の部屋はとても暑かったので、もしかしたら一瞬だけ居眠りしてしまったのかもしれない。癪《しゃく》でたまらないけれど、相手に従うほかはない。わたしは急いでローブを脱いで湯に浸かり、膝を抱えた。身震いがし、腕に鳥肌が立った。ミセス・メンデルソンが浴槽の傍《かたわ》らにひざまずき、満足げな表情を浮かべるのを見て、相手の思うつぼだ、負けたんだと悟った。腹が立つやら情けないやらで目の端に涙がにじんだが、必死にこらえて平静を装った。動揺なんてしていない、わたしは鋼《はがね》のように強いから、誰にも辱められたりなんかしない、そう示すために。

浴室のぎらつく白い光の下でわたしの肌は青みを帯びて見えた。膝をきつく抱えて身をこわばらせ、髪にふけがないか、皮膚にかさぶたがないか調べられるあいだ、感情を表に出すまいとした。

「いいわ、ママレ、準備はよし。ローブを着てスリッパを履いたら、ミクヴェに案内しましょう」ミセス・メンデルソンは、浴槽を出ようとするわたしに背中を向けようともしない。わたしは目を逸らし、唇を噛みしめた。鼻の穴がぐっと広がり、頭のなかで熱く膨れあがった脳が目を圧迫した。

涙でぼやけた目で、案内されるままに廊下を歩いた。たどりついた狭い部屋には小さな青いプールがあった。やるべきことはわかっている。わたしはローブを脱いで預け、視線を感じながら慌てないようにプールの階段を下りた。少しでも恥ずかしがっていると思われたくはない。誰もわたしを傷つけたりできない。どんなことをされようとわたしは傷つかない。わたしは鋼だ。

水に入るとほっとした。左側のタイルの壁にヘブライ語の祝祷が書かれている。「神《ハシェム》よ、沐浴の戒律でわたしを清めてくださることに感謝します」わたしは小さな声でそう唱えた。一度頭まで潜って顔を出し、「清浄《コシェル》」と声がかかるのを聞いてからさらに二回、身を沈めた。足をプールの底から一瞬離し、全身を水に浸す。水面から髪が出ないように、身体の隅々にまで水が触れるように注意しなくてはならない。三度目が終わると、教えられたとおりに胸の前で腕を組み、また祝祷を唱えた。これで終わりだ。

階段をのぼるとミセス・メンデルソンが待ちかまえていた。花嫁教室の先生から聞いたとおりに広げたローブが差しだされたが、襟の上から黒い目でじろじろ見られているのに気づいた。とたんに嫌悪感でいっぱいになり、抑えていた涙が一気にあふれだした。ローブを着るあいだも涙は止まらず、必死に泣き声をこらえた。なのに、頬にキスを受けるしきたりを忘れていて、こちらに向きなおった相手に頬の涙を見られてしまった。ミセス・メンデルソンは目を丸くした。

「まあまあ、いったいどうしたの、ママレ。さあ、話してごらんなさい」猫なで声に耐えきれず、わたしは嗚咽を漏らした。無邪気さを奪われた子供のようにわんわん泣きはじめた。

「少しぐらい気持ちがたかぶるのは当然なのよ、初めてですからね。だけど、そんなに泣く必要はないでしょ？　あなたは幸せなんだから。今夜は人生最高の夜なんですよ」

信じられないことに、わたしが魂を揺さぶられて泣いていると思っているのだ。まったく、どうかしている。でも、あえて否定はせず、信仰心のせいだと思わせておくことにした。ばかげたプールの神聖さに感極まったのだと。

急いで服を着て、待合室に戻った。ハヤは隣の席の女性とおしゃべりをしながら待っていた。ハヤがわたしの赤い目とむっつりした顔に気づくと、ミセス・メンデルソンは大げさな笑みをこしらえて言った。「なんて素敵なお嬢さんなんでしょう。純粋で、清らかな魂をお持ちだわ。少し圧倒されてしまったようですけど、ほら、初めてのときは誰だって……」そう言って、操り人形のように何度も何度もうなずいた。急に慌てはじめたのは、少しばかりの罪悪感、それとも恐れのせいだろうか。

ハヤは相手にチップを握らせ、わたしの腕を取って連れだした。「そんなにつらかった？」わたしは黙っていた。ハヤはそれがどんなものか知っていて、自分でも経験しているし、いまも続けている。わざわざ答えなくてもわかるはずだ。

ルールについてはわたしが正しかった。結婚後に行ったほかのミクヴェの世話係は、誰も湯に浸かれとは言わなかった。ミセス・メンデルソンはわたしを鍛えようとしてわざと厳しくしたか、あるいは極端なほど戒律に厳格なやり方を押しつけようとしたのだろう。あとになってそう考えた。なにかもっと後ろ暗い、個人的な理由があったのかもしれないという考えは浮かばなかった。その後、どこかのミクヴェの世話係が花嫁たちにみだらなことをして逮捕されたという話を聞いたが、あまりに衝撃的で誰も本気にはしなかった。でも、神の思し召しだから従うようにと世話係に言われれば、それを疑うのは難しい。神を疑うようなものだからだ。

タクシーはまだ外で待っていた。ひんやりした革のシートにすべりこむと、ハヤも乗りこんでドアを閉じた。マーシー・アベニューの赤信号でとまったとき、ふと隣にハヤがいることに違和感を覚えた。ハヤはいまわたしの母親代わりで、母娘にとって最も大事だとされる儀式にもこうして付き添っている。いったい、なんの権利があって？　わたしたちの関係は母娘とはほど遠く、ハヤの頭にあるのは、わたしが行儀よく振る舞い、一族の恥さらしにならないよう見張ることだけなのに。

「なにがあったの」わたしは尋ねた。

「なんの話？」ハヤは優しげに問い返し、とまどったような笑みを浮かべてこちらを見た。街灯の明かりが顔にオレンジ色の縞模様を投げかけていた。

「母さんのこと。なにがあったの」

車がいきなり走りだし、ハヤの顔が暗がりに吸いこまれた。

「神経衰弱よ。あなたを産んだあと、頭がおかしくなったの。だからあなたを育てさせるわけにはいかなかった。入院する必要があったから」

「育児放棄だと言ってたじゃない」

「同じようなものよ。きちんと立ちなおって、強い母になることもできたはず。なのにそうしなかった」

〝頭のおかしい〟人間に立ちなおれと言ったの？ そう訊き返すまえに家の前に着き、ハヤはドアをあけてわたしを降ろすと、そのままタクシーで帰って行った。

ハヤに連れられてブライダルサロンに行き、レンタルのウェディングドレスを選んだ。夏用のドレスでサイズが合うのは八着しかなく、どれもひらひらのレースとチュールだらけで、スパンコールや大小の宝石がどっさりちりばめられていた。まるで、いくつものドレスを解いて一着のドレスに仕立てなおしたように見えた。わたしはいちばんシンプルなドレスを選んだが、それでもまだ派手だった。裾がぎざぎざになった足首までの総レースのスカート、宝石が山ほどあしらわれた幅広のウエスト。でも純白ですっきりした身頃と、ハイネックの首もとに入ったV字の切れこみは気に入った。受付係が結婚式の日付を書き留めた。レンタル期間は二週間で、期限までにクリーニングして返却しないといけない。裾を引きずらないように、大きな黒いビニール袋に入れてドレスを持ち帰った。部屋に置いてみると分厚いスカートのせいでドレスはまっすぐに立ち、朝起きて目にするたびに、不審者が忍びこんだのかとぎょっとした。あまりに存在感があり、襲いかかってこられそうな、たっぷりした襞のなかに呑みこまれてしまいそうな気がした。

結婚式前の金曜日、わたしは真夜中の少しまえにベッドに入った。車の往来のない通りは静かで、街灯の明かりが部屋の壁にくっきりとしたストライプの影を落としていた。シーツがまだ冷たいうちに眠りに落ちると、夢には鮮やかなオレンジの光を放つ安息日の蝋燭が二本現れた。炎はしだいに大きくなり、あたり一面に広がった。気づくとわたしは大鍋のなかにいて、バビーとラケルとハヤが上から覗きこみ、祭日のごちそうでも作るように中身をかき混ぜていた。ステンレスの壁が途方もなく高くそびえ、覗きこむバビーたちの顔がはるか遠くに見えた。熱中からか、怒りからか、三人の額には皺が刻まれ、背後には炎が音もなく燃えさかっていた。なぜ自分が燃えているのに気づかないのだろう。三人はかき混ぜる手を速めながら、わたしの話をしていた。

わたしが悪い子で、なにひとつ誇れるものがないと。そんなふうに露骨な本音を聞かされたのは初めてだった。もちろん、厄介者と思われていることはうすうす感じていたけれど、誰も理由を教えてはくれないから、わたしの存在が一族の恥を思いださせるからだと考えていた。生い立ちは変えようがないのだから、どう振る舞おうと同じでは？

これでようやくあの子も人並みになれると三人は話していた。せっせと木べらをかき混ぜるラケルの額から汗が滴り落ち、わたしを煮こんだスープにぽたぽたと垂れる。三人にとって、この結婚はわたしの問題を解決できる願ってもないチャンスなのだ。なんとしてでも成功させ、わたしという惨めな物語に終止符を打とうとしているのだろう。

わたしは焼かれようとしていた。三人が焼き時間を相談するのが聞こえた。オーブンが百八十度に予熱され、わたしはアルミの型に注がれた。三十五分で完璧なスポンジケーキが焼けるわとラケルが言った。それにしても、なぜ熱くないのだろう。むしろ暖かく安全なオーブンに守られ、冷ややかなおばたちの目から隠れられることにほっとしていた。タイマーが鳴ってオーブンの扉が開き、わたしは天板ごと取りだされた。笑顔で迎えられるかと思いきや、三人ともショックに口をあんぐりあけた。出てきたわたしは、こんがり焼けて口にリンゴをくわえた子豚の丸焼きだった。当のわたしでさえ、あまりのみっともなさに呆然とした。

はっと目が覚めると、部屋はまだ暗かった。オレンジの炎のなかで猛然と木べらをかきまわすラケルの顔が瞼にこびりついていた。完璧なスポンジケーキになりたいという願いも、自分の真の姿を目の当たりにした屈辱も消えようとしなかった。

わたしは寝返りを打って首もとにまとわりついた髪を押しやり、不快でショッキングな光景を頭から振り払おうとした。期待を裏切ってばかりのわたしという存在を。違う、あんなのはわたしじゃない。わたしはいい子で、みんなの誇りにだってなれる。結婚さえうまくいけばこれまでの不名誉は消し去れる。わたしが有能で従順な主婦になれば、家族を謗《そし》る人もいないはず。

7 野心の代償

この世ではなにかを手に入れるために代償を支払う必要がある。野心を持つのは意味のあることだが、たやすく達成できるものではなく、努力と克己心を求められ、不安や落胆にさらされもする。
——ルーシー・モード・モンゴメリ『赤毛のアン』より

結婚式の朝は雲ひとつない晴天で、窓の外の青々とした楓の葉が朝露に輝き、ウェディングドレスの幅広のサッシュリボンにあしらわれたラインストーンも日の光にきらめいていた。しきたりどおり丸一日断食したのに空腹はまったく感じなかった。わたしは詩篇の書を手に取ってお祈りを唱えた。花嫁としてのわたしの務めは、神が耳を傾けてくださるこの機会に、導きや救済が必要なすべての人のために祈ることだ。

生まれて初めてプロにお化粧をしてもらうのが楽しみでならなかった。家に来たメイク係の女性が持参したケースには、色とりどりのアイシャドウやリップグロスがぎっしり詰まっていた。それまではファンデーションにごく薄く頬紅を引くくらいだった。金属の器具を使って睫毛をカールさせるときには、根もとから切り落とされるのではとびくびくした。メイクが終わり、鏡を覗きこむと、そこには別人のような、大人っぽくて洗練されたわたしがいた。瞼は濃いグリーンのシャドウに彩られ、マスカラを塗り重ねた睫毛の重みで伏し目がちになるせいで、もの憂げで優雅な表情に見えた。これを楽しみに結婚に憧れる女の子も大勢いる。こんなに華やかなお化粧を許されるのは花嫁だけだからだ。

ウェディングドレスの襞が広がらないように手で押さえ、車でベッドフォード・アベニューの男子学校に併設されたホールに向かった。夕方五時の日差しはまだ明るく、通行人にじろじろ見られないように急いで館内へ入った。シルクフラワーが縁に編みこまれた花嫁専用の白い籐椅子にすわると、レースの裾が床にきれいな円を描くようにバビーがチュールのスカートを整えてくれた。カメラのフラッシュが焚かれ、わたしは急いでポーズをとった。唇を閉じたままにっこり笑い、上目遣いにレンズを見つめると、カメラマンはシャッターを切ってさっと立ち去った。

招待客が到着しはじめた。夏休みを早めに切りあげて参列した友人たちは、薔薇色の頬と華奢な足首をしたにこやかな若い娘を探す仲人連中の目に留まろうと、精いっぱいおしゃれしていた。みんなでわたしの前に列を作り、おめでとう、お幸せにと言っては音だけのキスをした。バビーはわたしの隣にすわり、寂し気な笑みを浮かべてティッシュで鼻を押さえていた。義母の友人だという人や、花婿の友人の奥さんだという人など、会ったこともない人たちが何人もやってくる。わたしは満面の笑みを張りつけ、愛想よく応えた。

エリの甥や姪たちからも写真をせがまれたので、わたしはまた笑みを浮かべ、幼い子たちが笑顔で写るように顎の下をくすぐった。ふと見ると、遠くのほうに母がぎこちなく立っていた。厳しい顔のハヤに腕をつかまれている。紫のドレスらしきものを着ていて、蜂蜜色のかつらがわずかにずれていた。それだけ離れていれば、花嫁の母親だと気づかれることもない。騒ぎを起こすようなことはさせないとハヤからは言われていた。

何時間もたったと思われたころ、ようやく音楽が流れ、行進がはじまった。女性はわたしの両側に分かれて立ち、バデケンという儀式のために入場してくる男性陣を迎えた。ゼイディはわたしの頭を覆うための白く分厚いヴェールを掲げ持っていた。バデケンのあと、わたしは天蓋《フッパー》の儀式が終わるまで、つまりエリと正式に夫婦になるまで、なにも見ることができない。

ゼイディが子孫繁栄の祈りを唱えるあいだ、わたしは唇を噛んで神妙な顔を保った。最も神聖なこの瞬間に笑いはふさわしくない。ちらりとエリの様子を窺うと、頭にのせたぴかぴかのミンクのシュトライメルのせいで、ずいぶん小柄に見えた。黒いサテンの上着に包まれた肩をこわばらせている。うっかり笑顔になってしまいそうで、目は合わせないようにした。

ヴェールがかぶせられると、わたしは大勢の注目のなかで顔を隠していられることが愉快になり、そっと笑みを浮かべた。フッパーのところまで歩くあいだ鼻をすするふりをしていると、誰かがヴェールの下にハンカチを差し入れたので、優雅な手つきでそれを受けとった。

フッパーの下に入ると男たちの足だけが見え、わたしは手を引かれてエリのまわりを七周してからようやく隣に立った。どれも同じに見える黒い紐靴がしきりに地面に打ちつけられていた。わたしは硬いペチコートの下でこっそり足を踏み替えた。

ラビの祝祷のあと、重いヴェールの下から差しだしたわたしの指にエリが結婚指輪をはめた。グラスの割れる音が響き、エリがヴェールを上げてわたしの手を取る。それからふたりで参列客のあいだを抜けてイフードの間《ま》に入った。それは結婚式のしきたりとして新郎新婦のために用意される特別な部屋で、そこで初めてふたりきりになることを許され、晩餐をともにする。もちろん形式的なもので、部屋の鍵はあけたままにしておく。すぐにかつら屋が入ってきて、わたしの髪の上からかつらを着け、ヴェールをかぶせなおすことになっている。ゆっくりスープを飲む暇もない。

この部屋で、エリはしきたりどおりに義母が選んだイヤリングを贈ってくれた。シンプルな真珠のイヤリングを外し、ダイヤモンドをちりばめた正方形のイヤリングを着けると、耳たぶが少し垂れ下がった。エリが顔を近づけてくる。キスをするつもりだ。わたしはそれを止めた。「待って。誰かが入ってくるかもしれない。あとにしましょ」間近にエリの顔を見るには照明が明るすぎた。

思ったとおり、かつら屋がきれいにセットしたかつらを大きな革のケースに入れて持ってきた。つやのある美しいわたしの髪は白いレースのキャップに残らず押しこまれた。正式に妻になったわたしは、夫以外の男性にほんのわずかでも自分の髪を見せてはならないのだ。かつら屋はわたしにかつらをかぶせ、レースのキャップがはみださないように耳のあたりまで引き下げた。押しこまれた髪がどうなっているかなど気にする余裕もない。エリが写真撮影のために兄弟たちに連れていかれたので、わたしはひとりでスープを飲み終え、皿の横に置かれたパンをほんの少し千切って口に運んだ。食べないと空腹で倒れてしまうと思いながら、喉がからからで、ほとんど飲みこめなかった。

履きやすいパンプスを選んだつもりだったが、ダンスの激しさは想像をはるかに超えていた。ドレスの生地が硬く、少し身体を動かしただけで肩や肘や手首がこすれてひりついた。わたしは次から次へとダンスフロアに引っぱりだされ、気力を振りしぼって笑顔でそれに応えた。テーブルの上にのせられたり、人のアーチをくぐらされたり、リボンをつけた棒やブーケを頭上でくるくるまわされたりするあいだ、目を見ひらいてにこやかな表情を保つのに必死だった。

ブラスバンドの陽気な演奏が深夜一時に終わると、参列客は名残り惜しそうに別れを告げ、あとには親族だけがミツバタンツと呼ばれるダンスのために残った。ここでようやくひと息つくことができたので、水を何杯も飲み、花嫁控え室のエアコンの前に陣取って身体の火照りを鎮めた。ピアニストがアルペジオを奏ではじめるのが聞こえたので、わたしは親族の待つホールへ戻った。部屋の両脇には男女別に椅子が並べられ、花婿はわたしのそばの特等席にすわることになっている。エリの姪が、ふたりでどうぞとブドウの皿を持ってきてくれた。

深夜まで残ることを許された女の子たちが寄ってきて、ちらちらとわたしを見ていた。わたしも子供のころは、お姫様のような花嫁に憧れてこっそり近づいたものだ。ゼイディがガーテルと呼ばれる黒く長い帯を持ってきた。花嫁と踊り手とを結ぶもので、わたしが片方の端を持ち、もう一方の端は男の親族が交代で持って踊る。そうするあいだ、ウェディング・ポエットと呼ばれる詩人がそれぞれの親族を詩で称えた。

「エリ、同胞を助ける者、広き心を持つ者よ。この真摯なる学び手が、大いなる稼ぎ手にならんことを。多くの子宝に恵まれ、多くの幸いがもたらされんことを、そして息子の結婚式で踊る日が近からんことを」韻は単純で語呂もよくないが、すっかり酔っぱらっているせいか、みんな楽しげに聞いていた。

最後のダンスはエリとわたしが踊るが、ダンスというより揺れているだけだった。花婿と花嫁は両腕を伸ばし、指先だけをそっと触れあわせることになっている。結婚はしたけれど、まだ慎み深い関係であることを示すための仕草だ。目が合うと噴きだしてしまいそうで、ふたりとも顔を伏せていた。わたしは足を動かす必要すらなく、スカートを少し揺らして踊るふりをするだけだった。ようやく音楽がやむと、安堵のため息が出た。いつまで笑いをこらえていられるか自信がなかった。

親戚たちも引きあげはじめ、ホールは閑散としてきた。ほとんどの人は数時間後に仕事が待っている。何人かが最後にもう一度わたしのところに来て、「お幸せに」と声をかけてくれたが、わたしは気もそぞろで笑みを返すだけだった。頭のなかはドレスを脱ぐことでいっぱいだった。

肘の内側がすりむけてひりひりしていた。エリの両親に新居の前まで送ってもらい、おやすみの挨拶を交わすあいだもそわそわしどおしで、玄関のドアを閉めた瞬間に履きつぶしたパンプスを蹴って脱ぎ、背中のホックを外しながらバスルームに飛びこんだ。へばりついた袖から腕をそっと抜き、肘や肩にできたみみず腫れを指で撫でた。ウェディングドレスがこんなに痛いなんて夢にも思わなかった。

シャワーを浴び、もつれた髪からヘアスプレーを洗い流し、水が髪を伝い落ちる感覚を最後に味わった。毛先から滴った水が背中にしみた。鏡の前に立つと虚ろな顔が見返し、思わず目を背けた。バスローブを着て浴室を出た。

「シャワーをどうぞ」暗がりに向かって声をかけた。エリは礼服も脱がずにキッチンにいて、コシェルなシャンパンのコルクを抜くところだった。「きみの好物だってハヤに聞いたんだ」わたしはとっさに笑みを返した。シャンパンもワインもおいしいと思ったことがない。

エリがシャワーを浴びるあいだ、わたしはシャンパングラスを持って寝室に行き、ベッドサイドテーブルに置いた。片方のベッドには義母の手で安物のタオルが何枚か敷かれ、潤滑ゼリーも用意されていた。わたしは白いネグリジェを着た。

ベッドに腰かけてゼリーの蓋をあけ、豆粒ほどの量を手に取ってしげしげと眺めた。驚くほどひんやりしていて粘り気がある。新しいシーツを汚さないよう、タオルの上に腰をのせて横になり、冷たく透明なゼリーを丁寧に塗りこんだ。やがて浴室のドアがあき、真っ暗だった部屋がほのかに照らしだされた。エリはタオルを腰に巻いていた。身体の輪郭を見るのは初めてで、不思議な気持ちがした。エリはぎこちない微笑みを浮かべ、花婿教室で教わったとおりわたしの上にかがみこみ、タオルを外した。あまりよく見えない。両膝を緩めると、身体がゆっくり重ねられ、太腿の内側に硬いものが押しつけられた。思っていたより大きい。エリが薄暗がりのなかで不安げにわたしを見た。あちこちに彼のものを押しあてて反応を待っているようだが、わたしだってどうしたらいいかわからない。こっちにだって謎なんだから。

ようやくエリは狙いを定め、わたしもはじまるはずの挿入と放出に備えて腰を上げた。なにも起こらない。うんうんうなりながら何度も突きはするものの、なんの気配もない。そもそも、わたしにはなにが正解なのかもわからない。なにが起きるべきなの？

しばらくすると、エリはあきらめて傍らに転がり、背中を向けた。わたしは少しのあいだ暗い天井を見上げていたあと、横を向いてエリの背中に触れた。「大丈夫？」

「うん、ちょっと疲れただけだ」ぼそりと返事があった。

じきに小さないびきが聞こえはじめた。わたしは隣のベッドに移り、しばらく目をあけたまま横になっていた。ちゃんとできたのだろうか、できなかったのだろうか。どちらにしても、この先どうなるのだろう。

翌朝目覚めると、ブラインドごしに薄日が差しこみ、エアコンがうなりをあげて八月の蒸し暑さと格闘していた。わたしは窓を少しあけて身を乗りだし、排気ガスが立ちこめるワラバウト通りを眺めた。路面の穴や溝を覆う金属板を跳ねあげて行き交うトラックやバス。向かいにある倉庫の扉があけ放たれ、作業員たちが荷降ろし場をせわしなく行き来していた。

エリが素早く着替えをすませて聖句箱《テフィリン》をつかむのと同時に、義父がドアをノックした。朝の礼拝に出かける時間だ。わたしはポピー柄のオーガンザ地のローブを着て、ぴかぴかに磨きあげられた静かな家のなかをゆったりと歩きまわった。髪は乾いてごわついていた。リネン用のクロゼットをあけて新しいタオルとテーブルクロスに手を触れた。ラベンダーのサシェがほのかに香る。サイドボードをあけて、真新しい銀のカトラリーと陶器の皿を眺めると、うっとりした気持ちになった。なにもかもわたしのもの。

しばらくすると、電気剃刀を持ったハヤがやって来たので、バスルームの鏡の前にスツールを用意した。自分でも意外なほど、髪の毛を失うことに動揺してはいなかった。むしろ大人になるのだ、新しい人生がはじまったのだという気がした。バケツに落ちた自分の髪が茶色いふわふわの山になるのを、不思議な思いで眺めていた。終わってみると、髪などはじめからなかったかのように、頭皮が照明を浴びて誇らしげに輝いていた。自分の頭の形を意識したことはなかったが、こうして目にしてみると、その完璧な丸みと、顔立ちとの絶妙なバランスに見とれずにいられなかった。身体がふっと軽くなったような、無重力の世界に漂いだしそうな浮遊感を覚え、なにかにつかまりたくなった。ハヤが持ってきてくれたきれいな赤紫色のパイル地のターバンが額を柔らかく包み、浮きあがりそうな身体の重しになっていた。

なにか気の利いたことを言いたかったけれど、うまく思いつかず、笑みを浮かべてこう言った。

「なんだ、たいしたことないのね」平静でいられる自分を勇気ある大人に感じた。

「そりゃそうよ」ハヤは肩をすくめ、電気剃刀にコードを巻きつけて片づけた。「自然なことなんだから」

わたしは軽くなった頭に手をやり、ターバンの結び目を軽く撫でた。たいしたことじゃない。自然なことだ。

外の廊下に足音が聞こえた。エリだと思ったが、ドアの前にいたのは義母だった。唇を引き結び、身体の前で両手を組み、覗き穴の向こうで目を逸らしている。

ハヤは電気剃刀をバッグにしまい、義母と音だけのキスを交わすとそそくさと帰っていった。

飲み物は丁重に断られたが、わたしは新しい食器を使いたくてたまらず、銀の皿にチョコレートをこぎれいに並べて出した。

「で、どうだったの」義母が尋ねた。

礼儀正しく微笑んだものの、わたしは困惑した。なにを訊かれたのかわからなかったからではなく、そんなにあけすけに訊かれることが信じられなかったのだ。なので、「ええ、まあ」と言葉を濁した。これはエリとわたしの問題だ。自分たちでなんとかする。エリも知られるのを嫌がるはずだ。

義母が険しい顔でテーブルクロスに置いた両手を上げた。「主人から聞いたわよ。うまくいかなかったんですってね」

わたしは絶句した。訊き返すこともできなかった。屈辱に呆然としながら、先ほどの浮遊感をまた覚えていた。テーブルの脚をつかんでいないと、ヘリウム風船のように飛んでいってしまいそうだ。

なにも言えないでいると、ドアが開いてエリと義父が入ってきた。義母は立ちあがり、形だけのキスをしようと身をかがめたが、わたしは頬を寄せなかった。ふたりが帰っていったあと、わたしはエリに向きなおった。エリは目を合わせようとしない。身体の奥でどろどろしたものが渦巻くのを感じた。殻が破れて中身があふれだしそう——手つかずのチョコレートボンボンを見ながらそう思った。

「どういうことなの。お義父さんになにを話したの」

問いつめると、エリはたじろいだ。「こっちから話したわけじゃない。父さんが訊いてきたんだ。いきなりだったから、つい本当のことを答えてしまった。誰かに漏らすとは思わなかったんだ」

「どうして話したりするの。お義母さんはもう知ってるし、言いふらすにきまってる。あなたの家族全員に知れわたってるはずよ。わたしの家族も知ってるかもしれない。いったい、なにを考えてたの」

「わからない、考える暇もなかったんだ、不意をつかれて」

「これは自分たちの問題でしょ。夫婦のプライベートな問題のはずよ。そんなことを知られるのは、わたしにとってもあなたにとっても恥ずかしいことよ。そう思わなかったの?」

噂が人から人へと稲妻のように駆けめぐるところを想像して、パニックが押し寄せた。リー・アベニューを歩いていると〝あの子よ、しくじったのは〟と囁かれるところが目に浮かぶ。悪夢だ。とても耐えられない。

エリが困った顔で返事をした。「大丈夫さ。父さんは、今夜頑張ればいいと言ってる。今日はきっとうまくいく。無事に終わりさえすれば、誰にもなにも言われない。今夜は七つの祝祷《シェバ・ベラホット》のあとすぐに帰れば、そんなに疲れることもないよ。昨夜はきっと疲れすぎていたんだ」

「そうね」わたしは言ったが、それが原因でないことはわかっていた。それだけでは、何度も騒々しくノックされたのにわたしの子宮のドアが開かなかったことの説明がつかない。気難しくへそ曲がりなわたしの子宮は、お客を歓迎していない。


午後になるとエリは昼寝をして身体を休めておこうと言ったが、わたしは眠れなかった。枕を抱えて呑気に眠るエリを眺めていると、玄関のベルが鳴ったので、忍び足で居間に行ってインターホンのボタンを押した。ハヤだ。ボタンを押して部屋に招き入れた。

「聞いたわよ」ハヤはそう言って新品のダイニングテーブルにつき、ストッキングの脚を組んだ。

わたしをかばい、慰めてくれるものと思った。

けれど、ハヤは険しい顔で続けた。「夫婦円満の秘訣はひとつ、寝室で夫を王のように扱うことよ。寝室で王だと感じられれば、夫はどこでなにがあっても王のように振る舞える」

ハヤは言葉を切り、黒いバッグの柄を握ったままわたしを見据えた。「わかるわね」

わたしはあっけにとられたままうなずいた。

「よろしい」ハヤはにこりともせずに言い、立ちあがってスカートの皺を伸ばした。「それですべてうまくいくはずよ。このことはバビーやゼイディには内緒にしておくから。ただでさえ弱っている年寄りに、これ以上悪い話は聞かせられない」非難の響きが感じられ、わたしは後ろめたさを覚えた。

ハヤが帰ったあとも、困惑だけが残った。すべてがうまくいくだなんて、いったいどうやって？　ハヤにはいい案でもあるのだろうか。わたしには見当もつかなかった。


結婚式後の一週間に行われる七つの祝祷《シェバ・ベラホット》の楽しみは、素敵な服を着られることだ。新婚夫婦の幸運を祈るための祝宴なので、花嫁が誰よりも華やかに装うことになっている。わたしは毎晩違う服を着た。どれも吟味して選び、わたしの身体に合わせて仕立てなおしてもらったものだ。

連日の祝宴のあいだ、しきたりを破って兄より二カ月早く結婚した義妹のシュプリンツァが部屋の隅からわたしをにらんでいた。悲しみと憎しみに身を震わせんばかりで、不可解だったものの、気にしている余裕はなかった。達成できずにいる使命のことで頭がいっぱいだったからだ。最高に幸せなはずの新婚の日々は、夫婦の交わりを成功させるための努力に費やされた。失敗のたびにエリはますます自信をなくし、義実家からのプレッシャーは強まる一方だった。三日目になると、エリは自分の身体を奮い立たせることもできなくなり、わたしのほうも、ないものは受け入れようがなかった。どうすれば性的に興奮できるかをエリから聞き、ふたりして朝の五時までリラックスできる雰囲気を作ろうとつとめた。努力の甲斐もなく、一週間が過ぎるころにはふたりとも焦りでおかしくなりかけていた。

エリが言うには、イェシバの男子学生たちはお互いを対象にして性的に興奮するのだそうだ。周囲に女の子がいないのでそうなったのだという。そういう環境で何年も過ごしたあと、急に女性を相手に興奮しろと言われても違和感があるらしい。エリはため息をついて打ち明けた。「正直、きみに魅力を感じているかどうかもわからない。きみに会うまでは、女の子のことをまともに見たこともなかったんだ」

急に自信がなくなった。わたしをひと目見ただけでエリのスイッチが入るものと思いこんでいたけれど、彼の目に映るわたしは、不可解でなじみのない、遠い存在なのだ。

その週の終わり、ラビたちの判断で行為を中断することになった。わたしに出血があり、その血が破瓜によるものとは断定できなかったため、不浄とみなされたのだ。生理《ニッダー》の期間と同じように出血が止まってから七日間数え、ミクヴェで身を清めるようにと指示された。

再チャレンジのための浄化には二週間かかる。ところがミクヴェに行く予定日の一週間前、わたしは左腕の猛烈なかゆみで夜中に目を覚ました。朝になると、赤いぶつぶつが腕から肩にかけてびっしり広がっていた。そんな奇妙な発疹は初めてだったので、ハシド派コミュニティが運営するヘイワード通りの診療所で診察を受け、水疱瘡のようなものだと診断されて抗ウイルス薬を処方された。

水疱瘡だなんて信じられなかった。子供のころに予防接種を受けたし、それ以降にも免疫ができる機会は何度もあったはずなのに、なぜいまごろ？　ただ、苦痛でしかたがないミクヴェに行かずにすみ、目の前のストレスからしばらく解放されたのはありがたかった。水疱瘡が理由なら、誰も文句は言えない。

発疹は左脚からお腹の左側に、そしてとうとう顔の左半分にまで広がった。とにかく猛烈にかゆく、消炎効果があるというオートミール風呂に入ったり、何種類ものかゆみ止めを塗りたくったりした。ひどい顔を見られるのは恥ずかしいので、発疹がおさまるまでは家にこもりきりだった。

「ニッダーの時期でよかったよ」とエリは言った。「どっちみちきみに触れないからね」

三週間後、発疹がかさぶたになりはじめたころ、わたしは夜中にひどい腹痛で目を覚まし、何時間も嘔吐しつづけた。エリがハッツォーラーの救急隊員の友達に電話をかけ、わたしはニューヨーク大学の救急外来に搬送された。感染症の専門医に発疹のほうも診てもらうと、帯状疱疹だと説明された。

なんだか呪われたような気持ちだった。エリと結婚してから、いろんなことが悪いほうにばかり転んでいる。わたしはバビーに似て迷信を気にするところがある。もしかして、これは悪い兆しなのでは？　もしそうなら、もっと早く知らせてほしかった。いまさらあと戻りもできない。

住んでいるアパートメントは八階建てで、各階に二十戸が並び、住人は大半がわたしたちのような新婚夫婦だった。それでも、ゴルダが同じ階に住んでいたのは信じられないような偶然だった。

子供時代のサマーキャンプでいっしょに叱られた友人は、想像していたとおりの美しい女性に成長していた。輝きを増した瞳、女らしい丸みを帯びた身体、細いままのウエスト。ただ、性格は変わっていた。すっかり控えめでおとなしくなり、記憶のなかの彼女とはまるで別人だった。夫が朝シナゴーグに出かけたらコーヒーを飲みに来てと誘ってもらったので、新婚の主婦らしくいっしょにゴルダの食器やリネンを見てはしゃぎ、結婚式のアルバムをじっくり眺めた。寝室にも案内され、豪華なマホガニーのベッドや家具を見せてもらった。重厚な衣装簞笥と昔風のドレッサーが小さな部屋をいっそう狭く見せていた。

ゴルダは片方のベッドに腰を下ろし、ほっそりとした優美な手でベッドカバーを撫でた。顔を上げたとき、そこにはつらそうな表情が浮かんでいた。

「結婚式の夜、ひどく出血したの」その声はかすれていた。

なにを言いだすつもりだろう。処女を失ったときの話なら、聞きたくはなかった。初夜の成功談をまた聞かされるのなんてたまらない。自分はまだ一滴の血も流せていないのに。

「血があちこちに飛び散ったの。ベッドにも、壁にも。病院に行かなきゃならなかった」ゴルダは泣きだしそうに顔をゆがめたが、大きくひとつ息をつくと、気丈に笑みを見せた。「彼が間違った場所に入ってきて、腸が破れちゃったの。ああ、デヴォイラ、どんなに痛かったか。本当にひどかった」

わたしは唖然とした。たぶん口をあんぐりあけていたと思う。いったいどうやったら腸が破れたりするのだろう。

「ほら」ゴルダがすぐに説明を続けた。「花婿教室では、とにかく早くするようにと教わるのよ。自分がおじけづいたり、相手が怖がりだしたりするまえに。だから彼はがむしゃらに入れようとしたの。ただ、場所が違ってた。正しい場所がどこかなんて彼にわかるわけがない。わたしだって、はっきりとはわからないし」

「痛みはまだあるの」わたしはすっかり動揺して尋ねた。

「もう大丈夫よ」ゴルダはにっこりしてみせたが、昔のように顔をくしゃくしゃにしてえくぼを浮かべはしなかった。「もうすぐ夫が戻るから、今日はこのくらいにしましょ」いきなりそう言って、急きたてるようにわたしを送りだした。近所の友達とのおしゃべりを見つかるのを恐れるように。

自分の部屋に戻ると、わたしはバスルームに入りドアを閉めた。タオルに顔をうずめ、二十分泣きつづけた。ゴルダの家族はなにをしているのか。これまでずっと、数えきれないほどの問題が起きているはずなのに、なぜ誰も声をあげようとしなかったのか。


コシェルな中華料理店が通りの先にオープンした。ラビたちは異教の文化が進出することに猛反対したが、近所に住む若夫婦たちは新鮮な体験に大喜びだった。わたしたちは店内で堂々と食べる勇気はなかったものの、テイクアウトで料理を注文して、夕方の礼拝後にエリが持ち帰った。とろとろの真っ赤なたれが絡んだスペアリブを、銀の縁取りの真新しい皿にのせて食卓に出した。向かいにすわったエリが肉にかぶりつくのを見ながら、わたしはほんの少し口にしただけだった。食欲がまったく湧かず、しばらくろくに食べていなかった。帯状疱疹はほぼよくなったものの、なにかよくない病気にかかっていて、頑《かたく》なに開こうとしない膣もそのせいかもしれないと思った。

ハヤがラビたちに相談した結果、わたしとエリはラビ公認のセックス・セラピストを訪ねた。セラピストは夫婦で、女の医師がわたしと、男の医師がエリと話をした。個別のカウンセリングがすむと同じ部屋に通されて、マジックテープで合体する生殖器の模型を見せられ、女性の身体の仕組みを細部にわたって説明された。学校の授業のようで、なんの役に立つのかさっぱりわからなかった。

女の医師がわたしのあそこについてエリに説明するのを聞いて、わたしだけのせいではなさそうだと思い、少し安心した。

ところが男の医師が、わたしの身体に異常がないか検査すると告げた。婦人科の検査を受けたことは一度もなかったので、わたしはパニックになって診察台に上がるのを拒否した。では麻酔を使いましょうと医師は言い、リドカインを塗ってから手袋をはめた指で触診し、診断を下した。

「どうやら処女膜がふたつあるようです。手術が必要ですね」

わたしは二重に純潔だということになる。エリから説明を聞いた義母は、ひとりの医者の意見だけで手術するなんてとんでもない、セカンド・オピニオンが必要だと言った。そして、自分の子供を全員取りあげてもらったマンハッタンのハイリスク妊娠専門の産婦人科医の連絡先をエリに教えた。

ドクター・パトリックは、広大な雪景色のセントラルパークに面した五番街のビルにクリニックを構えていた。窓から見下ろすと、雪泥を跳ねあげるタクシーがザ・ピエール・ホテルに次々と到着するのが見えた。マンハッタン有数の高級地区にあるそのクリニックにいるせいで、自分がとてもちっぽけに感じた。医師も看護師たちも、黒い帽子と長上着姿でパヨスを揺らして歩く男と十七歳で結婚したわたしをばかにしているだろうと思った。

ドクター・パトリックは金属の器具を差し入れてわたしの内部を探りながら、眉根を寄せて言った。「中隔があるのかもしれない。膣のなかにもうひとつ壁があるようなものね。MRI検査でたしかめてみましょう」顔を上げてわたしを見たが、返事は期待していないようだった。わたしにはなんの感情もないかのように。ドクターがせわしなく診察室を出ていったあと、服を着ていると、看護師がにこりともせずに検査の紙を差しだした。ひどくいたたまれない気持ちだった。ウィリアムズバーグではそんなふうに感じたことがないのに。

初めてMRI検査を受けて、自分が閉所恐怖症だとわかった。円筒状の装置のなかで声をあげて暴れたので鮮明な画像が撮れず、検査技師にインターホンで「動かないで」と叱られた。MRI検査でもはっきりしなかったとドクター・パトリックは言った。縦方向の中隔の場合、MRIに写らないことがあるのだそうだ。これ以上できることはないので、別のセラピストに診てもらってはどうか、そう言ってドクターは紹介状をくれた。

連日の失敗にもめげず、男のプライドをかき集めて毎晩頑張っていたエリも、そのうちわたしに触れなくなった。あちこちのクリニックを渡り歩くあいだも、原因がわかるまでは努力してもしかたがないという態度だった。うまくいかないのはなにか決定的な問題があるからで、自分たちのせいではない、自分が悪いのではないと思いこみたがっているようだった。わたしに問題があると指摘されたときも、わたしは違うと思ったのに、エリは素直に受け入れていた。家族の意見も鵜呑みにする人だから。

やがてエリの帰りが遅くなり、帰宅後もすぐ夜の礼拝に出かけていくようになった。結婚当初はわたしといっしょにいたくて、礼拝をサボってばかりいたのに。わたしも外出を止めはしなかったけれど、放っておかれることに文句は言った。ひとりのほうが気楽なのに、愛されていないと感じるのはつらかった。自分でもどうしたいのかわからなかった。

エリが出かけてしまうと、わたしは長い時間をかけてお風呂に入った。ストレスだらけの数カ月のあいだにバスルームが大事な癒しの空間になっていた。広い浴槽にぴかぴかの高級タイル、雰囲気よく並べたアロマキャンドル。わたしだけの心安まるオアシスだ。

ある夜、いつものように浴槽のなかでシャワーを浴び、冷えた足が温まるのを楽しんでいると、いきなり全身が燃えるような熱さに包まれた。浴槽から出て火照りを冷まそうとしたものの、熱は胸や頭に繰り返し押し寄せ、脈も速まり、わたしはパニックに襲われた。そのうち胃の中身が喉もとにせりあがり、便器のなかに残らず出てしまった。むかつきもないのに吐いたのは生まれて初めてで、なにがなんだかわからなかった。夕食に食べたもののせいだと自分に言い聞かせたが、エリはなんともなかった。鋼のように丈夫な胃の持ち主なのだ。

しばらくして、エリは試みを再開した。ラビたちから、医者がなんと言おうとあきらめるなと言われたのだ。わたしたちの生活は清浄な日と不浄の日に二分されていた。無駄だと知りながらぎこちなく触れあう二週間と、ニッダーの戒律を守ってお互いを慎重に避ける二週間とに。その繰り返しのせいでいつも心は落ち着かなかった。無理にでも肌を合わせるうちにようやく親しみが生まれたかと思うと、またニッダーの状態に引きもどされる。そのたびに突き放されるような、求められていないような気持ちにさせられた。

近づいたり遠ざかったりを繰り返すエリを見るのは、精神的な拷問のようだった。そんなふうにたやすく態度を切り替えられるなら、わたしへの本当の気持ちはどこにあるのか。どうしてわたしは彼のように自分を律することができないのか。律法に忠実に生きるエリが心から愛するのは、神の思し召しだけなのかもしれない。わたしを求めるのは、全身全霊を捧げるユダヤ法《ハラハー》に合致するときだけなのだ。

わたしの感情は傷つき怯えた獣だった。おずおずと顔を出し、ようやく気を許したかと思うと、すぐにまた隠れてしまう。そのうち、夫に心を開くことができなくなった。また拒絶される日が来ると思うと怖かった。気づくと心は冷えきっていた。日を追うごとにまわりの人たちとの距離も開いていき、やがて遠くにある点にしか感じられなくなった。自分の身体さえも遠くなり、そこにいる実感なしに、ただただ日々の用事をこなしていた。

突発的な嘔吐は頻繁に起きるようになり、それを防ぐには食べなければいいと気づいた。胃が空っぽなら吐こうにも吐けない。食べなくてもつらくはなかった。食欲自体がまるでなく、かつては誘惑の種だったチョコレートバーも、見るだけで胸がむかついた。食べないと体重は減る。ほんの数カ月前に買った服がぶかぶかだと人に言われ、初めて自分が痩せたことに気づいた。スカートのウエストは腰骨のあたりまでずり落ち、袖口は手の甲を覆うようになっていた。以前は真ん丸だとからかわれた頬もすっかりこけ、青白くなった。

大勢の人がいるところへ行くと鼓動が速まり、手足がぶるぶる震えた。自分が深刻な病気なのではないかと怖かった。無理になにかを口に入れると、とたんに嘔吐し、その後何時間も吐き気がおさまらなかった。わたしの身体は老女のように弱り果てていた。

主治医はあれこれ検査を行い、レントゲンやCATスキャンを受けさせた。ある日、ひと握りの白い錠剤を差しだされ、優しい声で言われた。「ザナックスだ。気分が悪くなったときに飲めば楽になる」

「なんの薬ですか」わたしはおずおずと尋ねた。

「不安神経症の薬だよ」

「不安なんて感じていないのに、どうして飲まなくちゃいけないんですか」

「きみが不安を感じていなくても、身体が感じているんだ。問題にきちんと向きあわなければ、症状はおさまらないよ」

わたしは薬を受けとる気になれず、コートを着て診察室を出ようとした。

「薬が嫌なら、一度ここに行ってみるといい」主治医はそう言って、白い名刺を差しだした。

「わたしの友人だ。彼女なら力になれるかもしれない」
〝バイオフィードバック療法、ジェシカ・マリニー〟名刺にはそう書かれていた。

ジェシカのクリニックは、アッパー・イーストサイドのパークアベニューにほど近い一等地にあるドアマンつきのビルの一室だった。待合室にはきらびやかな表紙の雑誌が並び、ピンクの爪とつややかな素足の女性たちがページをめくっていた。

呼ばれて奥の部屋に入ると、診察室を思わせるものは一切なかった。診察台の代わりにすわり心地のよさそうな椅子がひとつあるだけだ。右側にはなにかの機器があったが、普通のクリニックでは見かけない種類のものだった。

ジェシカは灰色の小さなテープでわたしのてのひらにコードを留め、それをつないだ機器のボタンを押した。すぐに小さなモニターに九十八と表示され、その数字が九十九、一〇二、一〇五と変わりはじめた。

「けっこう溜まっているわね」ジェシカはにこやかに言い、ブロンドの髪を左耳にかけた。

なにを言われているかよくわからないまま笑みを返した。

「この数字はストレスのレベルを示しているの。バイオフィードバックというのは、身体が発するサインを読みとって、適切に対処する方法を学ぶことよ。これからあなたには、身体が不安を覚えているときにそれを正しく認識する方法と、具合が悪くならないようにコントロールする方法を覚えてもらうわね」

　それから毎週一時間、わたしはジェシカの診察室の椅子にすわり、腎臓の上あたりに圧力をかける呼吸法や、頭を空っぽにして筋肉の緊張を解く方法を学んだ。そうするうちに、モニターの数値は下がっていった。

「覚えておいてほしいのは、あなたはつねに自分をコントロールできるということ。そうすれば、不安な気持ちに振りまわされずにすむから」

　最終日に診察室を出ようとしたとき、いつもの別れの言葉をかけられた。

「すべては気の持ちよう」とジェシカは額をつついて言った。「すべては気の持ちようよ」


　わたしがソファに横たわって呼吸の練習をするのを、エリは毎晩そばで眺めた。エリがいると不安の波が押し寄せ、その波を抑えるためにわたしは必死に呼吸を続けた。敵に包囲され、自分が先に力尽きると知りながら、絶望的な戦いに挑むようだった。それでも練習はやめなかった。不安は消せなくても、距離を保ち、不意打ちされないように用心するくらいはできるかもしれない。

　毛布やシーツにむさぼり食われる夢にうなされる夜もあった。ベッドを飛びだしてキッチンで身を丸めていると恐怖は少しおさまったが、息苦しさは消えなかった。部屋全体がひしゃげてのしかかってくるように思え、すわっている椅子さえ信用できなかった。隠れる場所がどこにもない。まわりのすべてが敵に思えた。自分の身体さえ安全な居場所でないのが呪わしかった。唯一頼りにできるはずの身体がなにより恐ろしい敵になり、わたしの努力を無にしようとした。

パニックの発作に襲われるわたしを、エリは理解してくれなかった。わたしの頭がおかしくなり、元には戻らないと考えたのかもしれない。六月のある日、エリは仕事から帰らず、電話にも出なかった。夜遅くなっても連絡がとれないので、しかたなく義母に電話した。こちらがエリの居場所を知らないかと訊くより先に、冷たく言い放たれた。「エリは今夜帰らないわ」

「どういうことですか」

「もうあなたのもとへは戻りたくないということ。話もしたくないそうよ」

わたしはショックを受けて電話を切った。ハヤに連絡するとすでに事情を知っていた。義母は夫婦の営みができないのなら離婚すべきだと考えているそうだ。でも、エリはなぜそんなに衝動的に家を出ると決めたのか。ひとことの相談もなく、わたしより母親を選んだのか。

突如として、それまで不安が占めていた場所に怒りが押し寄せた。誰に対して、なにに対して怒っているのかもわからないまま、わたしの人生につきまとう理不尽さに猛烈に腹が立った。すべてを自分のせいにされることにもうんざりだった。

「わかった」わたしはこわばった声で言った。「こっちは別にかまわない。本気で離婚したいなら、すればいい。どうだっていいし」そう言い捨ててハヤが返事をするまえに切った。

どうだってよくはなかった。ひとりになるのは怖い。離婚されたら、わたしには家も友達もなくなる。きっと再婚もできないだろう。けれど、そんなことを考える余裕もないほどエリの裏切りは重大で、わたしは凍りついた心のまま眠れない夜を過ごした。

膣があって、受け入れる側だからって、なぜわたしのせいにばかりされるのか。わたしにペニスがあったら？　うまく使えないからって、責められたりするだろうか。萎えてしまったエリを毎夜のように遅くまで慰めたのに、なにもかもわたしが悪いの？

そんなことを考えていると怒りが募ったが、誰にぶつけるべきかはわからなかった。なんの権利もないくせに指図ばかりするハヤだろうか。女性がみんなシュピッツェルや帽子をかぶるほど盲信的な一族の男と結婚して、わたしが幸せになると考えたゼイディだろうか。夫婦のプライバシーを父親に報告した情けないエリなのか。しょっちゅう首を突っこんできて、わたしの悪口を娘たちに言いふらし、わたしとの結婚を勧めておきながら、失敗だったと息子に吹きこむ義母だろうか。わたしたち夫婦の困難を明らかに楽しんでいて、ことあるごとに戒律どおりの性行為についてエリに講釈を垂れようとする義父なのか。リストはどんどん長くなり、気づけば空が白みはじめていた。怒りに呑みこまれてしまいそうで怖かった。隣人に聞こえないよう、わたしは声を殺して泣いた。

朝の七時にエリが帰ってきた。平謝りされたが、まるで耳に入らなかった。唇が動くのを見ながら、この人には自意識もプライドもないのだろうかと考えていた。心のなかではエリにもう見切りをつけていた。結婚生活を続けて日々いい奥さんを演じるとしても、ひとりの人間として向きあうことはないだろう。無言でうなずき、謝罪を受け入れると、エリは喜んでわたしを抱きしめた。

エリは義母から、わたしが図書館へ行くのをやめさせなさいと言われていた。読書などするから問題が起きるということらしい。子供のころのように隠れて読まないといけない、そう考えるとうんざりだった。大人になってまでそんなちっぽけな自由のために闘わなければならないなんて。こんなはずじゃなかったのに。

持っている本もすべて処分しなければならなかった。結婚当初は、ソファの脇のテーブルに無造作に本を置いておけることや、心おきなく読書ができることに胸が躍ったものだった。でも、片づけなければ誰かに見られて義母に告げ口されるかもしれない。しかたなく大きなゴミ袋に本を全部入れた。エリが勤め先の外のゴミ容器に捨ててくると言った。

『ウォーターシップ・ダウンのうさぎたち』や『ジェーン・エア』といっしょにゴミ袋に入れるまえに、ぼろぼろになるまで読みこんだ『赤毛のアン』を開いてみた。子供時代の愛読書の主人公はみんな悩みや困難を抱えていたが、とくにアンがお気に入りなのは、はねっ返りでいたずら好きでありながら、周囲の人に無条件に愛されるからだった。初めてエリに会ったとき、彼こそが普通でないわたしを愛してくれる人だと思った。わたしには手を焼くかもしれないと警告したとき、大丈夫、うまくやれると請けあってくれたから。それは愛の言葉ではなく、自分のやり方に従わせるという意味だったようだ。

家に帰らなかったのは、妹のシュプリンツァに引きとめられたからだとエリは言った。寛大に受け入れたわたしにいい顔をしたいのか、誰かに責任を押しつけようと躍起になっていた。シュプリンツァはわたしの悪口を家族に吹きこみ、根も葉もない話まででっちあげていたという。それを信じた家族がわたしと別れろとエリを説得したのだそうだ。七つの祝祷《シェバ・ベラホット》でのシュプリンツァの憎らしげな顔を思いだし、なるほどと思った。

「わたしたちに主役の座を奪われて嫉妬したってこと?」わたしはエリに訊いた。結婚した女性は、次の花嫁にその座を明けわたすまで、丸一年は家族や友人たちにちやほやされる。ところが、わたしが結婚したとたんシュプリンツァの影は薄くなってしまった。でもそれは彼女の選んだことだ。結婚するのをあとにして、わたしから主役の座を奪うこともできたのだから。逆の立場になったとしても、わたしなら気にしない。

「どうかな。それもあるかもしれないけど、自分よりきみのほうがぼくと近くなるのが面白くないのかもしれない。実家にいたころはとても仲がよかったから。きみにぼくを横取りされた気がしてるんじゃないかな」

「自分にだって夫がいるのに。しかもあなたの親友でしょ。あなたは友達をシュプリンツァに横取りされた気がする?」

「いや、そんなふうには思わない。親友と結婚したことで、妹が仲間に加わった気がするよ。妹はまえから彼に目をつけていて、自分から仲人に話を持っていったんだ」

義妹がそこまでするなんて。そこまでエリに執着しているなんて。そう考えるだけで、言いようのない嫌な気分になった。とはいえ、すべてをシュプリンツァのせいにする気にもなれなかった。それよりもエリが家族の策略を見抜けなかったことのほうが心配だった。エリがこれほど意志薄弱だったとは。悪いのはシュプリンツァだとわかったのに、なぜ彼女や家族の行動を非難しないのだろう。夫ならせめてわたしの味方をしてくれてもいいはずだ。

問題の解決法は探すとエリに約束したので、わたしはドクター・パトリックが紹介してくれたセックス・セラピストを訪ねた。セラピストは女性で、診察台でのわたしの落ち着かなげな様子を見て、問題は頭のなかにあると言った。自分が思う以上に、身体は頭に支配されているのだそうだ。脳が指令を出せば膣は閉じ、無理に開こうと思っても、潜在意識のほうがわたしをよく理解していて、身体をコントロールする。

わたしの症状は膣痙《ちつけい》というらしい。説明が書かれた本を渡された。それによると、戒律の厳しい宗教的環境で育った女性によくある症状だという。長年自分の身体と向きあってこなかったせいで、身体に背を向けられているのだ。

本によると、筋肉記憶《マッスル・メモリー》と呼ばれるものがあり、それは歩いたり泳いだりする方法を身体が忘れないためのものだそうだ。脚の筋肉が歩き方を覚えると、よほどひどいトラウマを経験しないかぎり、その記憶は消えない。同じように、いったん膣の筋肉に閉じろという指令が下されると、その記憶をリセットするのは難しい。だから頭と同じように筋肉そのものも納得させなければならないらしい。

まずは膣拡張器を用意するようにと本には書かれていた。数種類の太さのプラスチック棒がセットになったもので、いちばん太いものがスムーズに入るようになるまで数カ月かかることもあるという。要するに、訓練によって膣の筋肉を無理なく広げていくというやり方だ。この訓練と、特別な呼吸法の練習と筋肉トレーニングを並行して進めることになった。

セラピストのもとに通って拡張器を使うことを勧められたが、あまりに恥ずかしいので、インターネットでセットを見つけて取り寄せた。一週間するとロゴのない白い箱が届き、なかにはさまざまなサイズの拡張器がベルベットの袋にまとめて入れられていた。ベージュ色で先端がわずかに細くなり、潤滑ゼリーをたっぷり塗るようにと説明が添えられていた。

エリが夜の礼拝に出かけているあいだ、わたしは毎晩ベッドに横になって訓練をした。最初の二週間は、自分の指ほどのいちばん細い拡張器を入れるだけでもやっとだった。しばらく入れたままにしたあと、なるべく呼吸をリラックスさせたまま、入れたり出したりする。痛みのきつい、うんざりするような作業だった。

エリは毎晩帰ってくると進み具合を尋ねた。三カ月かけてようやくいちばん太いものにたどりついたものの、どれだけ長く練習しても痛みがなくなることはなかった。訓練が間違っているのではなく、頭と心がついてきていないのが問題のようだった。

結婚一周年のお祝いに、エリとわたしは催眠術ショーを観にラスベガスへ行った。反対されないように、周囲にはわたしの静養のためにカリフォルニアへ行くと伝えた。ショーのあと、催眠術師が禁煙や減量をしたければ催眠術をかけてあげますよと言った。ホテルに帰ったあと、閃《ひらめ》いた。ひょっとしたら催眠術で膣を緩められるかもしれない。

ニューヨークに戻ると、わたしはマンハッタンのミッドタウンにある女性の催眠療法士を訪ねた。施術費二百五十ドルで問題なく治せますよと言われた。クリニックのソファに横になると、ゆったりした音楽に合わせて深呼吸するように指示された。セッションは一時間続いた。催眠状態に入った自覚はなかったが、そういうものらしい。

家に帰り、もう一度チャレンジしてみようとエリに言った。さっそくミクヴェに行くと、世話係は以前と同じ人で、わたしの平らなお腹をじろじろ見た。「心配いらないわ、時間がかかるのはよくあることよ」わたしは作り笑いを返した。

帰宅して、レースのネグリジェに着替えた。これまでのことでエリも自信喪失気味なので、なるべくリラックスしてもらえるようにした。ペニスを拡張器だと自分に言い聞かせると、それがよかったのか、ようやくうまくいった。動かされるたび焼けつくような痛みが走ったけれど、さいわい長くはかからなかった。エリはうれしさのあまり笑い泣きし、わたしの上でいつまでも身を震わせていた。

やがてエリは仰向けに寝転がり、頭の下で腕を組んで満足げな笑みを浮かべた。まだ少し息を切らしていた。

「どんな気分？」純粋な好奇心から、わたしはそっと尋ねた。

「え？　実際に経験してみてってこと？」

「ええ」

エリはこちらに向きなおって、言葉を探すようにわたしを見た。

「最高の気分だ」目が潤んでいた。

「そう」彼は最高の気分なのに、なぜわたしは違うんだろう。男にとって最高の経験が、なぜ女にとってはこんなに苦行なのか。これから先、好きになったりするのだろうか。

でもとにかく、無事に終わってほっとした。翌日、ハヤに電話で報告すると、吉報は家族中に伝わった。プライバシーのことは気にならなかった。いろんなことがどうでもよくなっていた。

金曜日の夜、エリがまたしようと言った。覚えたばかりの喜びに興奮しきっているのだ。安息日の夕食のあと、ベッドに入ってきたエリの息はコーラのような変なにおいがした。

「炭酸の飲み物を飲んだ？　コーラみたいなにおいがするけど」

「まさか。なに言ってるんだよ。炭酸飲料なんてうちにはないのに、どうしてコーラが飲めるんだ？」

「だってにおいがするんだもの。すごくきついにおいよ。せめて歯を磨いてきて」

歯を磨いて戻ってきても、まだ気が抜けてぬるくなったコーラのような独特なにおいがして、そばに寄られるのも耐えられないほどだった。エリはわたしが作り話をしていると思ったようだが、においがするのはたしかだった。

翌日の午前、シナゴーグから戻ってきたエリが言った。「きみは妊娠したんじゃないかな。シナゴーグの友達が言うには、妊娠中の女性は、ありもしないにおいを感じることがあるらしい」

そんなに早く妊娠するはずがない。そんなことがありえるのだろうか。そんなに簡単に？　信じられない。だけど、考えてみると妊娠というのは回数を重ねた結果ではなく、一回で十分なのだ。最初の一回で妊娠することもあるのかもしれない。

安息日が明けると、わたしたちは妊娠検査キットを買ってきた。五分もしないうちにピンクの線が二本浮かびあがった。赤ちゃんができたのだ。その瞬間、男の子だと思った。翌日にはさっそく本屋へ行って妊娠に関する本を何冊も買いこみ、まるまる一週間ソファの上でそれを読んで過ごした。義姉は少しくらいならお酒を飲んでもいいと言っていたが、わたしは一切飲まないと決めた。最高に健康的な妊婦生活を送り、最高に健康な赤ちゃんを産む。ようやく自分でコントロールできることが見つかった。

エリは涙を流して喜び、誰に報告しよう、三カ月待って知らせるべきだろうかと頭をかきむしって悩んでいた。わたし自身はなんの感情も湧かなかったが、そのことは気にすまいとした。どうやって必要なものを揃えよう、どこで買えばいいのか、きっとあっという間に着られる服がなくなってしまう。考えるべきことは山ほどあった。

隣の部屋から、エリが母親と電話で話す声が聞こえた。わたしは小さく笑った。どうしても黙っていられなかったのだ。しばらくするとダイニングルームに入ってきて、隣に腰を下ろし、わたしのお腹に手を置いた。「母さんは泣いていたよ。とても喜んでいた。きみにも聞かせたかったよ。もうあきらめかけていたそうだ」

なるほど。十八歳ですでに出産のタイムリミット間近ということだろうか。問題が解決するころにはわたしは四十歳だと思っていたのだろうか。そういえば、ハヤが六度目に妊娠したのは四十二歳のときだった。わたしはやれやれと首を振った。ハヤと義母は似た者同士だ。ふたりとも大げさすぎる。

「思ったんだけど」エリがゆっくりと言った。「妊娠中、きみは清浄だってことだ。九カ月のあいだずっと。ミクヴェにも行かなくていい。いつでもきみに触れられる」

わたしは苦笑した。「それがそんなにうれしい？　いつからミクヴェのことを気にするようになったの。行かなくちゃならないのは、あなたじゃなくわたしなのに」

「それはそうだけど、いつも行きたくないと言ってたじゃないか。だから、よかったなと思ってさ」

よかったのは自分のくせに。セックスの味を知ったエリは、なんの制約もない九カ月を手に入れたことを喜んでいる。一難去って、また一難だ。

8　正義は勝つ

タルムードの教えでは、神もまた祈られるのだという。「なにを祈られるのです?」「わたしの慈悲がわたしの正義に勝るようにと祈られるのだ」

――ネイサン・オースベル編『ユダヤ民話集』

ウィリアムズバーグのアパートメントでは子育てなどできそうになかった。狭すぎてベビーベッドやおもちゃを置く場所もない。裏庭と植木が恋しかった。わたしは町育ちで、公営住宅暮らしの友人も多かったが、ありがたいことに祖父母の家は昔ながらのブラウンストーンのタウンハウスで、ちゃんとした裏庭がついていた。

ウィリアムズバーグでの暮らしにもうんざりしていた。非難がましい目でじろじろ見られるのにも、隣人に延々と噂話を聞かされるのにも、プライバシーが皆無なことにも。ボウリングに行くのでさえ、どこかの詮索屋につけられていないかとびくびくしていた。こんなはずじゃなかった。わたしは自由になりたかったのに、ウィリアムズバーグではれっきとした主婦でも子供と同じように監視の目にさらされる。エリもブルックリンの生活が窮屈そうだった。もっとゆったりした環境で育ったから、隣の夫婦が買い物のことで喧嘩する声を壁ごしに聞くことなどなかったはずだ。

どうすれば引っ越せるだろうかとわたしは思案した。エリは変化に適応するのが苦手なタイプだ。リスクを冒すことを好まない。何週間もかけて、わたしは二時間の通勤がいかに無駄かをエリに訴えた。子供と過ごす時間がどれほど削られることになるかを。彼の兄弟姉妹がみんな州の北部に住んでいることも強調した。この街にこだわる理由はないはずだ。

エリは兄に電話で相談した。当然アーロンは手放しで喜び、引っ越すべき理由を次から次へと並べたてた。掘り出し物のアパートメントを紹介するとまで言ってくれた。エリと車で下見に行くと、あまり素敵な部屋とは言えなかったが、引っ越し後にもっといい物件を見つければいいと思った。窮屈なウィリアムズバーグを脱出できるだけでうれしかった。

荷造りが半分すんだころ、ハヤに引っ越しの話を伝えた。なんとなく、まえもって話しておかなくてはならない気がしたのだ。意外なことに、黙って話を聞いていたハヤは「モンシー？　あそこならいいんじゃないの」と言った。大賛成というわけではなさそうだが、少なくとも頭ごなしに反対はしなかった。監視役に疲れたのかもしれない。モンシーの外れにある小さな町、エアモントでなら、生まれて初めて本当の自由を手に入れられそうな気がした。

わたしたちの新居は、ニューヨーク州高速道路を降りてすぐの小さな袋小路にあるランチハウス風アパートメントの一階だった。夜にはコオロギの鳴き声に交じってひっきりなしに車の音がしていたが、都会っ子のわたしにはそれが心地よかった。

わたしは田舎が気に入った。監視の目が光る窮屈な生活にはもう戻れないと思った。しばらくのあいだ、59号線沿いの商業地区まで歩いて買い物へ行っていたが、そのうちお腹が大きくなったあとのことが心配になった。モンシーのユダヤ教コミュニティでは女性でも車を運転する人がいることは知っていたから、自分も教習を受けようと思った。わたしが免許をとれば長距離ドライブのときに交代できて便利でしょとエリを説得した。

運転を教えてくれたのはスティーヴという世俗派のユダヤ人だった。中年の独身男性で、年配の女性が住むランチハウスの地下室を間借りしていて、缶ビールを飲みながらフットボールの試合を観るのが趣味だそうだ。わたしは妊娠していることをスティーヴに言わなかった。ハシド派の女は子供を産む機械だと侮蔑的なことを言われたので、そんな目で見られるのが嫌だった。つわりがおさまるように早起きしたので、スティーヴが家の前でクラクションを鳴らすころには、むかつきはどうにか消えていた。

女のくせに運転かと言われるのを覚悟していたが、意外にも、ほかのドライバーに見くびられないように強気でいけと告げられた。駐車場で車をこすったときにはあきらめようかと思った。それまでずっと、女の運転はひどいと聞かされつづけてきたので、なんとなく自分には運転する資格がないような気がしていた。でも、そのまま練習を続けるとスティーヴは言い、わたしがこわごわ従うと、高速道路に入るよう指示した。わたしに時速百キロも出させて、よく平気で乗っていられるものだと思った。

家に戻ると、エリが前庭のラウンジチェアにすわってわたしを待っていた。その姿を見たスティーヴは「ご亭主?」と訊いた。

わたしはうなずいた。

「へえ、ヒップだな」

家に入ってから、わたしはエリにスティーヴの言葉を伝えた。長いパヨスを垂らした姿を〝ヒップ〟と表現する人がいることに、ふたりで息が苦しくなるまで笑った。

運転免許の試験官は不愛想な年配男性で、車が角を曲がるたびにぶつぶつ言い、最後まで苦虫を噛みつぶしたような顔をしていたが、結果は合格だった。スティーヴでさえ意外そうだった。

はりきったわたしは、方々へ車で出かけた。ハンドルにつかえるほどお腹が大きくなっても、北はオレンジ郡から南はニュージャージー州まで地図を頼りに走りまわった。日曜日にはふたりで9W号線を走り、眼下を流れるハドソン川をカメラにおさめた。エリは写真を撮るのが好きだったが、わたしは撮られるのが苦手だった。妊婦姿を残したいとは思えなかった。

キリヤス・ジョエルのエリの実家を訪ねると、義母はわたしの大きすぎるお腹を見て顔をしかめた。堂々と妊婦姿を見せるなんてはしたないというように、わたしのソファの横を通るたびに服の裾を引っぱり下ろした。たしかにわたしのお腹はかなり大きく、会う人ごとに双子ですかと訊かれた。手持ちの洋服がみんな入らなくなると、だぼだぼのワンピースを着なさいと義母に言われた。でも、妊婦だからといってみっともない格好はしたくなかった。

偏頭痛がよく起きるせいで、長時間かつらを着けているのが苦痛になってきた。髪を剃るのもやめた。もうミクヴェに行く必要がなく、調べられることもないからだ。髪は伸びてきたものの、まだ五センチほどだった。

マンハッタンのクリニックで月に一度の妊婦検診を受けたあと、ヘアサロンに立ち寄った。かつらを取って、これくらいの短さでもメッシュを入れたり、おしゃれな感じにカットしたりできますかと美容師に尋ねた。

「あら、あなたヴァージンヘアね！」美容師がうれしそうに言った。その人の髪は赤いメッシュ入りで、男の子のように後ろに撫でつけられていた。

「どういう意味ですか」わたしもつられて笑いながら訊いた。

「髪を染めたことも、特定の髪型にカットしたこともない、まっさらな状態ってこと」かつらについては触れなかったが、あとで髪を切っているときに、このサロンには髪を伸ばしはじめた癌患者のお客さんもたくさんいて、これくらいの短い髪を扱うのは慣れているから心配はいらないと言ってくれた。

終わってみると、わたしの髪は赤みがかった地色に毛先だけ蜂蜜色のメッシュが入ったピクシーカットになっていた。まるで別人のようで、ゼイディが見たらふしだらだと言いそうだと思ったけれど、わたしは気に入った。

エリはなにも気づいていないと思っていたが、しばらくして、髪は剃らないのかとわたしに訊いた。ターバンの端から髪が覗いているから、わたしや自分たち夫婦が悪く言われないか心配だという。

「悪く言われるって、誰に？」わたしが訊き返すとエリは言葉を濁したが、どうやら妹のことを気にしているようだった。シュプリンツァがわたしたちの悪口を言いふらしていることは方々から聞いていた。それでもわたしたちが抗議しなかったのは、嫉妬のあまりそんなことをする彼女を気の毒に思ったからだ。とはいえ、なにがそこまでうらやましいのかは謎だった。シュプリンツァは結婚後すぐに妊娠し、まるまるとした男の子を授かったからだ。生まれた子はエリの祖父にちなんでメンデルと名づけられた。

「赤ちゃんの名前はどうする？」わたしはエリに尋ねた。「第一子は母親が命名できることになってるけど、亡くなった家族の名前しかつけられないから、選択肢はあまりないの。かわいい感じで、あまり堅苦しくない名前がいいんだけど。ほかの子にからかわれないような」

家系図を調べた結果、ゼイディの兄にあたる大おじの名前をもらうことに決めた。イツハク・ビンヤミンといい、頭がよくてほがらかな人だったと聞かされていた。ヘブライ語の意味は〝笑いをもたらす、右手の息子「幸せの子、祝福された子」〟だ。感じのいい愛称はいくらでも思いつく。イッツィーでも、ビニーでも、ユミでも、赤ちゃんに話しかけるにはもってこいだ。

超音波検査で子供が男の子だとわかったとき、エリは涙を流した。わたしの手を取り、いつか息子を授かって、自分が父親からもらえなかったものを与えてやるのが夢だったんだと言った。義父は見たこともないほど冷淡でよそよそしい人だから、そうはならないと聞いてうれしかったけれど、こうも思った。エリは無意識のうちに父親そっくりの振る舞いをしていることに気づいていないのだろうか。それでも、最高の父親になると約束してくれた瞬間、わたしは彼を信じた。涙は本物だったから。

わたしは看護師がプリントしてくれたエコー写真に見入った。小さいながらも赤ん坊の形をしていて、片手を口もとにやり、親指をくわえようとしているように見えた。いつのまにかお腹のなかで命が育まれていることがひどく不思議だった。

やがて、腹部全体に小さな赤い血管のような斑点が現れた。妊娠線というものだそうだが、お腹の両脇に縦に走る一般的なものではなく、何百もの小さな輪ゴムが皮膚のなかでぱちんとはじけたような形をしていた。

赤ちゃんがお腹を軽く蹴るようになると、わたしはソファに寝転んでセーターの裾を持ちあげ、小山のように膨らんだお腹に現れては消える小さな突起をつつき返した。そうしながら、いまのは肘か踵《かかと》かな、それともちっちゃな頭かなと想像した。

ときどき気持ちがふさぐこともあった。ベッドで泣いていて、エリにどうしたのかと訊かれたときは、お隣のピアノの音がうるさくて眠れないとか、シャワーしかなくてお湯に浸かれないのがつらいのだと答えた。エリは、妊娠中の女性は涙もろくなると兄が言っていたから心配しなくていい、シュプリンツァなんて九ヵ月間泣きっぱなしだったから、どうってことはないと言った。慰められているのかどうか、よくわからなかった。

ハシド派の男は自慰が許されない。エリはたびたびわたしにそう言った。戒律でそう決まっているのだから、欲求不満にならないよう、わたしには彼を満足させる義務があるのだと訴えた。拒めば彼は罪を犯し、そうしむけたわたしも重い罪を背負うことになるのだという。

エリは頻繁に欲情するようになり、発情した犬が家具の脚に飛びつくようにわたしに抱きついて、しつこく身体をこすりつけた。摩擦によって快感を得るための道具にでもされたような気がした。そうやって身を押しつけられるたび、わたしは張りつめたギターの弦のように身をこわばらせたが、そうなる理由をうまく説明できなかった。なぜ喜びを与えることを拒むのか、エリにはまるで理解できなかったからだ。わたしにとっては犬の発情じみたその行為のほうが、実際の挿入よりも厭《いと》わしかった。じっとしたまま身体をこすりつけられていると、尊厳と自尊心が失われていくようだった。

お腹が大きくなると、いろいろ理由をつけてセックスを断れるようになった。エリのほうも赤ちゃんを傷つけることを恐れていて、お腹の赤ちゃんに自分が見えているのではという妙な考えにも取りつかれていた。そんなはずはないとわたしは知っていたが、妊婦読本に書いてあることを伝えるのはやめておいた。誤解したままでいてくれたほうが楽だ。

　それでも、なにか望みがあるとき、エリの誘いに応じれば手っ取り早いことはわかっていた。セックスするとエリは少し優しくなり、やりたいようにやらせてくれた。それに行為のあとだけでも微笑みかけてもらえるほうが、ことあるごとににらみつけられるより、心穏やかでいられた。拒絶されると彼は不機嫌になるのだ。

　ことが終わると、エリはすぐに服を着て部屋を出ていった。毎回かならず。欲望が満たされるやいなや、ベッドにいる理由さえ忘れたような顔になり、大事な会議でもあるかのように家を飛びだすのだった。誘うときの熱心さと逃げ足の速さとの落差にわたしは当惑した。エリが求めるのは肉体的な満足だけで、欲望が満たされたとたん、わたしは置き去りにされる。自分がどうでもいい存在に思えてエリに腹が立ったが、そんな気持ちを訴えても鼻で笑われるだけだった。ばかなこと言うなよとエリは言った。そばにいてなにをしろって言うんだ。終わったんだから、仲間に会いにシナゴーグへ行ったっていいだろ？　ほかにやるべきことでもあるのかい。あるなら言えよ。ないなら、いちいち文句をつけて後ろめたい思いをさせないでくれ。

　正直なところ、エリに家にいてほしいわけではなかった。いっしょに寝てほしいわけでもない。ただ、家でのわたしの役割があまりにあからさまなのがつらかった。もっと鈍感でいられたらよかった。夫が身体以外にもわたしを求めてくれていると信じこめるくらいに。

妊娠六ヵ月のとき、高名なカバラ研究家〔ユダヤ教の神秘主義者、数秘術などを用いて運勢を占う〕のハイム師がエルサレムから町へやってきた。年に数回アメリカを訪れるたび、誰もが手を尽くして対面をかなえようとするそうで、エリは友人に頼んで妊婦のわたしにもその権利を確保した。わたしは別段カバラ研究家に会いたいとは思わなかった。神秘主義というものに興味はないし、少しまえから信仰そのものにも疑問を抱くようになっていた。それに、すべてを見通せると公言するような相手がひそかに怖くもあった。自分を見透かされたいとは思わなかった。

わたしはボールのように膨らんだお腹をかばうように両手で抱え、ハイム師との対面を待った。部屋に通されたときには深夜二時をまわり、単独での男女同室を禁じる戒律に触れないよう、ハイム師の妻が部屋の隅にすわっていた。

ハイム師はわたしに生年月日を書くように言い、数分かけて紙の上でなにかを計算した。

「両親はどちらに？　なぜいっしょにおられないのです。あなたは孤児ではないようだが、親の影が見えない」

わたしは両親のことを簡単に説明した。

「あなたには出生にまつわる秘密がある。血縁と血とは違う。お腹の子の誕生ですべてが解き明かされ、真実が詳《つまび》らかになるでしょう。息子を通して、あなたは己を知ることになる」

ハイム師は子供につける予定の名前を尋ね、わたしの答えにうなずいた。「覚えておきなさい」射るようなまなざしが注がれた。「その子は思いもよらない形であなたの人生を変えるでしょう。物事になんの意味も見いだせないときにも、あなたの進む道はすでに用意されているのです。あなたの魂は非常に古いものであり、人生に起きることにはすべて意味が伴っている。しるしを見逃さないように。9という数字を覚えておきなさい。あなたにとって重要な数字です」

わたしは深くうなずいてみせながら、ばかばかしい、初対面の人にわたしのことがわかるはずはないと思っていた。

部屋を出ようとすると、ハイム師は顔を上げてわたしを呼びとめた。

「あなたの仲人が不満を抱いています。働きに見合う報酬が支払われなかったと感じ、あなたやご主人の家族を中傷しているようだ。そのためにあなたの結婚には暗雲が垂れこめている。恨みが晴れないかぎり、あなたとエリに幸せと祝福はもたらされないでしょう」

わたしは自分の仲人が誰なのかも知らなかった。事実かどうかエリにたしかめてみなければ。家に帰ると、エリは起きて待っていて、面会はどうだったかとしきりに訊いた。仲人に恨まれているようだと伝えると、ひどく驚いた顔をした。

「母さんに聞いてみるよ。思いもつかなかったな」

翌日、エリは実家に電話をかけてハイム師の言葉を伝えた。義母はすぐさまそれを否定し、仲人に支払った千ドルは相場に見合った額だと答えた。ただし、エリの年齢のせいで、縁談がまとまるのに時間がかかったのはたしからしい。

しばらくして義母からエリに電話があった。あちこち聞いてまわったところ、その話は事実で、仲人は報酬の不満を方々で漏らしているのだそうだ。仲人を怒らせるとろくなことがないのは誰でも知っている。エリは自分たちから仲人に埋め合わせをすべきだと言ったが、そんなお金はなかった。

わたしの結婚が災難続きだった原因は、仲人にあるのだろうか。恨みを買ったせいで幸せになれずにいるのだろうか。そんなに単純な因果関係なのだろうか。神が創造した賞罰の仕組みは、もっと大いなるもののはずでは？　たったひとりの不満が、あれほどの災難を招くとは思えなかった。エリとわたしが罰せられるとしても、それは仲人を怒らせたせいではないはずだ。もっと大きな理由をいくらでも挙げられた。

妊娠六カ月の終わりになると、体重が一週間で五キロも増えた。お腹が前にせりだして重いので、歩くときは両手で下から抱えなくてはならなかった。重みのせいで背中と肩がひどく痛んだ。七カ月目に入るとますます動くのがおっくうになり、ちょっとした家事をするにも骨が折れた。わたしは一日の大半をソファで過ごすようになり、暇を持てあましていた。唯一の楽しみは仕事を終えて帰ったエリから聞く噂話だった。いつのまにか、あれほど嫌っていたゴシップ好きの主婦になっていた。

ある晩、礼拝から戻ったエリの深刻そうな顔を見て、わたしは好奇心ではちきれそうになった。気晴らしになりそうな面白い話を期待して、お茶を淹れ、シナゴーグでどんな話題が出たのと尋ねた。

「通りの先のブロンフェルド家を知ってるだろ。そこの男の子がイェシバを退学になったそうだ」

「どうして」わたしは驚いて尋ねた。

「性的ないたずらをされたんだ」エリは沈鬱な声で答えた。

「いったいどういうこと。詳しく聞かせて」

「通りの反対側の先に住んでる脚の悪い男を知ってるかい。元はシナゴーグで働いてて、ちょっと変わった感じの」

「あのおじいさん？　ええ、知ってる。あの人がどうしたの」わたしは待ちきれずに先を促した。

「ブロンフェルド家の息子の様子がおかしいのに気づいて、校長が事情を訊いたんだ。そうしたら、バル・ミツバーのレッスンを受けていたあの老人から、何カ月もみだらなことをされていたとわかったんだ」

「まさか！」ショックで息を呑んだが、知りたい気持ちが勝った。「でも、どうしてその子が退学になるの。悪いのは彼じゃないのに」

「ほかの生徒たちに悪い影響を与える可能性があるということらしい。どこの学校も受け入れないだろうって話だ」

エリは紅茶をかき混ぜながらしばらく黙っていた。「ときどき思うよ、安全なんてどこにもないって。おかしいやつはどこにでもいる。隣人かもしれないし、家族ぐるみの付き合いのある友人かもしれない。どうやって自分の子を守ればいい？」

「あんな老人がそんなことをするなんて、まだ信じられない。本当にたしかなの」

「シナゴーグの仲間たちは、不思議じゃないと言ってる。以前からゲイだと噂だったから。ぴったりくっついてすわってきたりしてさ。それに、その子に高価なものを買ってやったと話しているのもよく聞いた。変だと思わないか。どう考えてもおかしいよ」

「警察に突きだされるの？」

「子供の父親は表沙汰にしたくないだろうね。息子のためにならないから。まあ、なにか手は打たれると思うよ」

たしかに、何日かたつとその老人は忽然と姿を消した。家族に促されて身を隠したらしい。行方をくらましているあいだ、町の住民が何人かで老人の家に忍びこみ、持ち物を調べた。エリによると、半裸や全裸の子供たちの写真が詰まった靴の空き箱がいくつも見つかったという。若いころから子供に対する性的虐待を繰り返し、被害者は何百人にものぼるらしい。

数週間後、ほとぼりは冷めたと家族が判断したのか、老人は家に戻った。腰を曲げてよたよたと散歩する姿を毎日のように見かけるようになった。あんな年になってまで、おぞましい欲望の虜でいるなんて。わたしは嫌悪とショックでいっぱいだった。車でそばを通りかかるたび、窓を下ろして唾を吐きかけたい衝動に駆られたが、実際には縁石に車を寄せて徐行しながらにらみつけただけだった。老人はどこ吹く風で、にやけたその顔が目に焼きついた。

「刑務所に入るには年寄りすぎるしな」エリの言葉にわたしは憤慨した。

「子供に性的虐待はできるのに、刑務所に入るのは無理ってこと?」

ハシド派の人々は、同胞に対する寛容な愛を誇りにしている。だとしても、許しがたい犯罪者にまで見境なく情けをかけるなら、それは行きすぎた寛容さではないだろうか。でも、そういった分けへだてのない、善悪を超えた愛こそが、ハシド派の言う同胞愛なのだ。このコミュニティでは、善悪の判断は神の領分とされる。わたしたちの務めは和を重んじて生きることだけだ。己の欲するところを人に施せ。人がその務めを果たさなければ、あとは神の手に委ねられる。


エリは週替わりで安息日の食事にお客を招いた。ふたりでおもてなしの準備を整え、わたしは男の人なら誰もが好きな、骨髄とほほ肉入りのこってりしたチョレントを大鍋いっぱいこしらえた。お客を迎えるためなら忙しく働くのも苦にならない。夫とふたりの味気ない食卓より、お客の話を聞くほうがずっと面白かった。エアモントの住民は、それまでまわりにいた保守的な人たちとはまるで違った。一家のはみだし者で、わたしと同じく、わずらわしい監視の目から逃れるためにやってきた人が多かった。エアモントに住むことには、親をいらだたせずにすむという利点もあった。期待に背くような暮らしぶりを見られることがないからだ。実家に顔を出すときだけ真面目なふりをしておけば、この田舎町ではなにをしようと誰も見ていないし、告げ口する者もいない。

当然、その週の話題は子供に性的虐待をしていた老人のことだった。そういえばおかしなところがあったという人もいれば、いや彼の息子や娘を知っているけど、そんなことは考えられないという人もいた。隣に住むヨセフによると、老人は子供のころ強制収容所に入れられ、そこでナチスの監視員に気に入られてホロコーストを生き延びたのだという。掃除係として監視員の家に出入りしていたが、実際はそこで繰り返し犯されていたのだ。ブロンドで青い目だったためにドイツ人の目をごまかすのもたやすかった。そんな経験があって自分も子供に手を出すようになったのだから、同情の余地があるとヨセフは言った。わたしはひとことも聞き漏らすまいと耳を傾けた。空き箱に詰められた写真のことは到底理解できなかった。そんな写真を撮るなんてあまりに倒錯している。しかもそれをずっと手もとに置いておくなんて、愚かにもほどがある。なぜそんなことを？　けれども、なにより疑問を覚えたのはユダヤ法《ハラハー》についてだった。トーラーには、ごく些細なものも含め、あらゆる罪に対する罰が定められている。では、児童虐待はどうなのか。小児性愛は？　それを禁じる法はあるのか。ラビ法廷で裁かれるのか。

トーラーは、子供とのセックスについては定めていないらしい。男性同士のセックスや、動物とのセックスについては、許されない罪とされている。なのに、子供に対する性的虐待についてはなにも書かれていないのだ。

お客との夕食の席で、それはおかしいんじゃないかと口にすると、エリがこう説明した。昔の人は結婚が早かった。子供と大人とのあいだにいまのような明確な線引きがあったわけでもない。女の子は九歳で結婚したから、子供と交わることを禁じる法を定めるのは現実的じゃなかったし、社会的なタブーとされてもいなかったんだ。

近頃は大げさに反応しすぎなんだよとエリは茶化すように続けた。十八歳になったとたん、赤ん坊が大人になるとでも？　そんなに単純じゃないはずだ。エリは話にならないというように手を振った。客たちも同意のしるしにうなずいた。みんな、わたしが朝から丹精こめて作ったチキンスープを飲み、ラディッシュのスライスとヒヨコ豆を皿によそい、ヌードルとカボチャといっしょに口に詰めこんでいる。わたしの料理をわたしのテーブルで食べているのに、わたしの存在は目にも入らないようだ。女はまともに会話に加われない。給仕や皿洗いでもしていろということだ。

わたしは頬が赤くなるのを感じ、自分の皿を見下ろした。エリはいつも、わたしがお客の前で熱くなりすぎるとたしなめる。なぜなんにでも目くじらをたてるんだ。そんな女、きみくらいだろ。もっとおおらかにしててくれよ。

だけど、わたしは心配だった。ほかの人が誰も真剣に考えないなら、誰が考えるのか。タルムードにはこう書かれている。〝わたしでなければ誰がやるのだ。いまでなければいつやるのだ〟。ラビたちの教えにすべて従えというなら、この言葉にも従うべきなのでは？

妊娠のせいで、わたしの不安は募る一方だった。この世の恐ろしさを知るにつれ、子供をそこへ送りだすのがよいことなのかさえわからなくなってきた。少しまえまではそんな危険の存在すら知らなかったせいで、うまく回避する自信もなかった。いったいどうやって子供を守ればいいのだろう。

数週間後、今度はエリの弟がゴシップの種になった。安息日の食卓はどの家もその話で持ちきりだったと思う。義弟のヨッシはウィリアムズバーグのセファルディと呼ばれる南欧系ユダヤ人の娘と三年のあいだひそかに付きあっていた。ところが、それを知った父親が娘を家に閉じこめてしまったのだ。

ヨッシは一族のはみだし者で、マールボロを吸い、父親に口答えし、顎ひげを剃り、パヨスも耳の後ろに隠す問題児だった。家族は手を焼き、頭を抱えていた。

エリの実家を夫婦で訪れた安息日のこと、ヨッシは朝食前からコニャックをがぶ飲みし、義父がワインの祝祷を唱えようとしたときには、床にのびていた。「息をしてるか」義父がそっけなく訊き、エリの兄のヘスケルが念のために身をかがめてたしかめた。

こちらを見上げたヘスケルの顔は真っ青だった。「病院に連れていかないと」

ヨッシはハッツォーラーの救急車で搬送されたが、安息日には電話が禁じられているので、家族は家で待つしかなかった。安息日明けにすぐヘスケルが電話したところ、ヨッシはコーンウォール病院で胃洗浄を受けたものの、大事はないとわかった。エリとわたしが車で迎えに行くと、ヨッシは立っているのもつらそうに前かがみで病院の玄関から出てきた。青白い顔で、むっつりと黙りこんでいた。

ヨッシが飲みすぎた理由はわかっていた。結婚すべき年齢になったものの、恋人のケイラと別れることなど考えられず、そのことに苦しんでいたのだ。ケイラは長い睫毛に淡緑色の目をした黒髪の美人だった。ケイラの父親は、同じセファルディの真面目な若者に娘を嫁がせたがっていた。

ヨッシとケイラが結婚すれば大スキャンダルになる。サトマール派のコミュニティでは、わたしたち東欧系ユダヤ人のアシュケナージに比べてセファルディは格下と考えられているからだ。

ヨッシは一週間ベッドから出てこず、困った義母がエリに説得役を頼んだ。その夜遅く帰ってきたエリは、困り果てたように首を振った。「彼女をあきらめる気はないらしい。結婚できないならベッドを出ないと言うんだ」

「だったら、ふたりの結婚を認めたら？　お母さんも頑固なんだから。たいした話じゃないでしょ」

「そんなの物笑いの種だ。ヨッシがセファルディの娘と結婚したら、家名に傷がつく。ヨッシに問題でもあるのかと思われるし」

「ちょっとしたゴシップを防ぐために、息子が自殺してもいいの？」

エリはしぶしぶ義母を説得した。義母もようやく折れ、相手の家族が結婚を認めるならこちらも反対はしないと言った。ある晩、エリはダイニングルームに兄弟を集めて相談し、仲介役を立ててケイラの父親と話をつけることにした。それで解決したかと思いきや、次の安息日のあと、ヨッシがまたベッドにこもり、誰とも話をしなくなったと聞かされた。

わたしはエリといっしょにヨッシを訪ねた。パヨスを耳にかけ、ブロンドの顎ひげを短くしているものの、ヨッシはエリに驚くほど似ていた。しばらくしてようやく事情を聞くことができた。どうやらケイラは、父親にカバラ研究家のもとへ連れていかれ、ヨッシと結婚すれば災いに見舞われると予言されたらしい。ヨッシの友人が調べたところ、ケイラの父親がカバラ研究家にお金を払って言わせたことだとわかったが、ケイラはすっかり怯えてしまい、ヨッシと話そうともしないという。

ベッド脇の椅子に腰かけたわたしは、大きなお腹をシャツで隠しながらヨッシの目を覗きこんで「こっちを見て」と話しかけた。

「ケイラと知りあってどれくらい？　三年？　ちょっと怖くなったからって、彼女がこれまでのことを忘れたりすると思う？　そんなはずないでしょ。あなたに夢中なんだから、予言なんかに負けたりしない。二、三日待ってあげたら、電話してくるはずよ」

ヨッシは肘をついて起きあがり、すがるようにわたしを見た。赤みがかったブロンドの髪が黒いベルベットのヤムルカ帽の下でくしゃくしゃになっていた。「ほんとにそうかな」

「もちろん。本物の愛なら、予言なんかに邪魔されたりするもんですか」

思ったとおり、三日後にケイラが電話してきて、父親の言いなりにはならないと誓った。エリの兄弟たちも仲介役を次々に送りこんだので、ようやく父親も折れて結婚を承諾した。すぐに内輪の婚約式が行われ、なるべくスキャンダルを避けるため、六週間後には結婚式を挙げることに決まった。ケイラの妊娠の噂が流れていた。もちろん根も葉もないでたらめだ。

結婚式が行われる週末、わたしたちはキリヤス・ジョエルにあるシュプリンツァの家に滞在した。本当は気が進まなかった。シュプリンツァはエリの前では愛想がいいくせに、エリがシナゴーグへ出かけたとたん、ころっと態度を変えるからだ。恥ずかしげもなく表裏を使い分けるのが不快でたまらなかった。

七つの祝祷《シェバ・ベラホット》が行われるシナゴーグへ行くため、わたしはみっともないマタニティドレスに大きなお腹を押しこめ、重い足を引きずって急な坂をのぼらなければならなかった。もともと体調が悪いうえに、歩いてくたくたになり、パーティーのあいだは笑みを浮かべるのもやっとだった。金曜日の夜、部屋に戻ったあとでお腹が痛みだし、吐き気もして眠れなかった。午前三時にとうとうベッドを這いだし、バスルームに入ったとたんに激しく吐いた。食べたものの塊が鼻から飛びだし、こめかみの血管がどくどくと脈打った。

気づいたエリがやってきて、いつものようにわたしの頭を支えた。腹痛はおさまる気配がなく、安息日だけど病院に電話しなきゃとわたしはエリに言った。生死に関わる事態なら電話の使用も許される。携帯電話でメッセージを残し、折り返しの連絡を待った。

わたしの症状を聞いた当直医は病院へ来るようにと言った。妊娠中の腹痛と嘔吐は陣痛の徴候だが、出産にはまだ早い。エリは十二時間後の安息日明けを待ってもいいかと訊いた。そちらの都合次第ですと医師は答えた。すぐに来る気がないならなぜ電話してきたのかと思ったにちがいない。

電話を切ると、エリは安息日が終わるまで待とうと言った。

「いま出ていったらみんなに知られるし、母さんは心配で大騒ぎするだろうから、せっかくのお祝いが台無しになる」

エリの首を絞めたくなった。なにを言っているかわかっているんだろうか。どう言えば事態を理解させられるんだろう。たいしたことじゃないと思っているのは明らかだ。知識がないせいで深刻さがわからないのだろうか。それとも、やっぱりわたしより家族が大事なの？

義妹夫妻を起こすのも気が進まず、わたしはできるだけ我慢すると答えた。エリとの喧嘩を見せて攻撃材料を与えたくはなかった。安息日が明けると、わたしたちはなにも告げずに荷物をまとめて病院へ向かった。最初に案内されたのは陣痛の徴候がある妊婦でいっぱいの部屋だった。看護師がわたしを機械につなぎ、すぐに戻ると言って立ち去った。じきにナースステーションでアラームが鳴り、看護師が戻ってきてモニターを確認した。そして、激しく上下する線が記録された細長い紙をわたしに見せ、驚いた顔で訊いた。「これを我慢していたの？」

わたしはうなずいた。

車椅子で個室に運ばれた。ベッドの脇には小さなプラスチックの容器が置かれていた。覆いに穴のあいた、未熟児用の保育器のようなもので、そのときはなんのために置かれたものかわからなかった。

子宮の収縮を止める注射を太腿に打たれると、頭がぼんやりし、幻覚とも夢ともつかないものが見えはじめた。

エリはビニール張りの椅子を二脚合わせ、それをベッド代わりにしてすぐに眠りこんだ。わたしは身体につけられたコードが気になり、血圧チェックで何度も起こされて、ろくに眠れなかった。トクトクという赤ちゃんの心拍がモニターから響き、外の廊下を行き来する足音が聞こえた。片手を腰に当てた妊婦がドアの外をゆっくりと通りすぎた。悲しげで寂しそうに見えた。

二日後、早産予防薬の処方箋と安静指示を出されて退院すると、わたしたちは入院の件を誰にも話さず元の生活に戻った。ただ、エリは少し優しくなり、帰宅したときに皿洗いや夕食の準備ができていなくても文句を言わなくなった。

それから数週間はベッドで静養した。エリは金曜日には早く帰って安息日のために家を片づけ、買ってきた縄編《ハッラー》みパンを温めた。わたしにはパンを焼いて料理する体力も残っていなかった。ある雨の金曜日、『すべてがわかる妊娠と出産の本』をベッドで読み返していたとき、エリがキッチンで声をあげた。電話中のようで、抑えた声に動揺がにじんでいた。なんの話か気になった。

通話が終わると、わたしはキッチンへ行って椅子にゆっくり腰を下ろした。

「いま誰と話してたの」さりげなくそう訊いた。

「ヘスケルだよ、兄さんの。ハッツォーラーの救急隊員なのは知ってるだろ。安息日に入るまえに緊急通報を受けて、現場の民家に到着したら少年が死んでいたそうだ」

「少年が？　どういうこと、なにがあったの」

「口止めされてるらしいけど、ショックで電話してきたんだ。今晩は眠れそうにないらしい」

「なぜ？　なにが起きたの」思わず身を乗りだした。

「現場にいた父親の案内で地下室に下りたら、息子が血溜まりのなかに倒れていたそうだ。ペニスが電ノコで切り落とされていて、喉も切り裂かれていた。父親は平然としたまま、息子が自慰をしていたと言ったらしい」

少しのあいだ、エリの言葉の意味がわからなかった。

「息子が自慰をしたから殺したってこと？　そのあと救急車を呼んだの？　わけがわからない」

「いや、そう決めつけるわけにもいかない。ヘスケルもなにがあったか確信はないと言っている。近所の住民が言い争う声を聞いていたらしい。その住民たちに、このまま帰って見たことを口外するなと言われたそうだ。自分たちが始末をつけるからと。三十分もすると遺体は埋葬されて、死亡証明書すら発行されなかったそうだ」

「それじゃ、通報しないの？　近所の評判を守るために、人殺しかもしれない人間を野放しにしておくってこと？」刺すような痛みを腰に感じて、わたしははっとした。赤ちゃんのために安静にしておかないと。「まったく、どうなってるの。短いスカートを穿いてるだけで罰を受けるのに、十戒のひとつを破った人がいても見逃すの？」

「わかってないな。トーラーでは、殺人の罪に問うには証人がふたり必要だとされてる。だいいち、どうしろって言うんだ。死んだ子は生き返らないだろ。このことは秘密だぞ。ヘスケルがぼくに話したことがばれるとまずいから。兄さんを困らせるわけにはいかない。どんな仕打ちをされるかきみは知らないだろうけど」

「知ってる。どんなことをされるかぐらいわかってる」

誰かに話したくてたまらなかった。でも安息日の食事の席でこの話を持ちだしたりしたら、エリは許してくれないだろう。だから黙っていたけれど、その週はまるで会話がはずまなかったから、みんな口をつぐんでいるのだろうかと思わずにいられなかった。

秘密は胸におさめておくことにしたが、そのせいで何度となく悪夢に悩まされた。夢のなかでは少年がわたしの息子に変わっていて、血の海に横たわる息子のそばにエリが立ち、残忍な笑みを浮かべていた。わたしはきまって身動きがとれず、手足も舌も麻痺していた。そして夜中に目を覚まし、慌てて赤ちゃんの無事をたしかめるのだった。こんなにストレスを感じていたら、ハヴィおばさんみたいに、妊娠九カ月で死産してしまったりしないだろうか。きっと赤ちゃんはひどい環境だと感じているにちがいない。そのせいで嫌われてしまわないかと心配だった。

お腹のなかの小さな命に、わたしは心で話しかけた。最悪の犯罪を見て見ぬふりする世界なんかにあなたを産み落としたくない。守ってあげられないのなら。でも、ずっと黙っているわけじゃないからね、坊や。いつか声をあげてみせる、そうしたら二度と黙らない。

お腹が大きくなって、ピンクの花柄のブラウスくらいしか着られるものがなくなった。マタニティウェアを買い足そうにも、ユダヤ系のお店にあるきちんとしたものは値段が高く、手が届かなかった。

服を買う余裕なんてないと言うエリに腹が立った。マタニティウェアすら買えないなら、赤ちゃんの服はどうするつもりなのか。子供が生まれたらいろいろとお金がかかるのに。

わたしはまだティーンエイジャーで、十代の女の子たちに初歩的な英語を教えても、食費くらいしか稼げない。エリは倉庫の作業員として働いているが、請求書の支払いが滞ることもある。家族が増えるのにどうするのとわたしはエリに尋ねた。

「うちの兄弟に起業家やビジネスマンなんてひとりもいないだろ。フェルドマン家の人間はみんな雇われ人で、給料をもらって働いてるんだ。ほかの仕事には向いていない。いまだって精いっぱいやってる」

わたしには理解不能だった。親兄弟と同じ道しか歩めないと決めつけるなんて。わたしはつねに高いところを目指したいと思っている。なぜエリは違うのだろう。生まれてくる子の将来を夫がちゃんと考えないなら、わたしがどうにかするしかない。

ハシド派のコミュニティで働いても、男性の半分も稼げない。外の世界で仕事を得るには学位が必要になる。それさえあれば看護師や本物の教師にもなれるだろうし、そういった職業なら反対もされにくい。この子が生まれたら学位をとって、もっといい生活を送らせてあげる、わたしはそう心に決めた。

エリの説得に苦労するかもしれないが、どうにかするつもりだった。ところが準備に取りかかる暇もなく、ドクター・パトリックの指示で入院することになった。妊婦検診で膝を小さな金属のハンマーで叩かれたとき、わたしの足は大きく跳ねた。

「うーん……反射が亢進《こうしん》してるわね」ドクターはわたしの血圧を測った。「上が百三十五で、下が八十五」血圧計のバンドがべりっと剥がされた。「そろそろ赤ちゃんに出てきてもらいましょう」

びっくりしてエレベーターで下に降り、路上駐車中のエリのところへ行った。

「入院しなさいって」

「どういうことだい。なにかあったのか。どこか悪いとか?」

「そうじゃないと思う。ただ血圧が高めみたい。よくわからないけど、救急車で運ばれないってことは、大事《おおごと》じゃないはずよね」

エリはうなずいた。車で聖ルカ・ルーズベルト病院へ向かい、到着するとエレベーターで七階の産科病棟に上がった。出産センターでは、妊婦たちが大きなバランスボールの上で陣痛に合わせて呼吸をしていた。その光景に笑う余裕はどうにか残っていた。

通されたのは花柄の壁紙とピンクのキルトのきれいな病室で、窓からはミッドタウンが見渡せた。ガウンに着替えるとすぐ、女性医師が入ってきた。ブロンドの髪をベリーショートにし、縁なし眼鏡をちょこんとかけている。

「主治医の先生に代わって、入院の理由を説明させてもらいますね。ここに来てもらったのは、あなたが妊娠高血圧腎症になっていて、赤ちゃんが危険だからよ。例えて言うと、お腹のなかの小さな人に対して、あなたの身体がアレルギー反応を起こしているようなものなの。身体が赤ちゃんを脅威とみなしているんだけど、赤ちゃんには優しい環境が必要だから、それでは困るというわけ」

「それで」わたしは小さな声で訊いた。「どうなるんですか」

「そうね」医師は明るい声で言った。「妊娠期間は十分なので、少し陣痛を促進する処置をします。まずは子宮頸管に直接薬剤を投与して、眠っているあいだにそこを少し広げておくの。朝になったら、ピトシンを点滴で入れて、子宮の収縮を誘発します。痛みがひどくなったら硬膜外麻酔を打つから、心配いらないわ」

「わかりました。それじゃ、明日には赤ちゃんが生まれるんですね」

「そのとおりよ、ママ」ぱんぱんに張ったわたしのお腹に青いジェルを塗りながら、医師は言った。明日のいまごろはお腹がへこんで、本物の赤ちゃんを抱いている。そう思うと信じられない気持ちだった。

医師は病室を出ていった。フランという担当看護師がわたしの情報をコンピューターに入力しはじめた。黒髪をさっと払い、フランがこちらへ向きなおった。

「あなた、いくつ？　すごく若そうね」

「十九です」

「まあ！　二十代かと思ってたら、もっと若かったのね」一瞬の間《ま》があった。「いいじゃない。ほら、善は急げって言うし」わたしは力なく笑った。本当はよく思われていないと知っていたから。


二十四時間後、満面の笑みのドクター・パトリックに揺り起こされた。

「時間よ！」

エリはもうわたしに触れられないので、黒人の男性看護師がわたしの片脚を押さえた。わたしの青白い肌と並ぶとその手の黒さが際立って見え、ひどく大きなタブーを破るような気がした。夫ではない黒人の男性がわたしの陰部を見るのはかまわないのだろうか。ふとそう思ったが、わたしはどのみち不浄な状態で、肝心なのはエリの清らかさを保つことなのだ。

いきなり、内臓がまるごと吸いだされそうな勢いでお腹の内側が引っぱられた。体内の重たい塊が一瞬で引きだされ、お腹全体がぺしゃんこになった瞬間、高いところから墜落したような感じがした。衝撃で息が止まった。

いますぐ赤ちゃんを見るか、それともきれいにしてからにするかとドクターが訊いた。

「先にきれいにしてください。見るのはあとでいいです」ぬるぬるしたピンクの塊がうごめくのがちらりと見え、吐き気を覚えた。エリはもうベビーベッドのそばにいて、ふたりの医師のあいだから赤ちゃんを覗きこんでいる。内臓が吸いだされるような感じを覚えておきたかったのに、あっという間に薄れてしまった。それは生まれて初めての感覚だった。五年の結婚生活のなかで生を実感した唯一の瞬間だったかもしれない。そのあと何年ものあいだ、振り返ってはそう考えた。あのとき以外は麻痺しきった偽りの日々だった。目をあけたまま幻を見ているような。きっとあの瞬間が、わたしを目覚めさせ、消えかけた闘志をかきたててくれたのだ。

ドクター・パトリックが取りだした胎盤を傍らのテーブルに置き、持ち帰りますかとエリに尋ねた。ユダヤ人のなかには胎盤を大事なものと考えて土に埋める人もいるからだ。エリがわたしを見たので、いらないと首を振った。タルムードでは胎盤を〝生命の樹〟と呼ぶ。表面に樹木のような模様があり、子供に命を与える働きを持つためだ。トレイの上のぶよぶよの胎盤は気持ちが悪いだけだった。家に持ち帰ったりなんかしない。

ほどなく、きれいな青い布にくるまれた赤ちゃんが連れてこられた。頭のてっぺんにはブロンドの巻き毛がほんの少しだけ生えていた。顔は皺くちゃだけれど、どんな赤ちゃんよりもぴかぴかの肌をしている。エリは目に涙を浮かべていたが、わたしは落ち着いていた。

「はじめまして」と小さなお包《くる》みに声をかけた。「ご機嫌いかが?」

最初の一時間はずっとそんなふうに声をかけていた。黒く潤んだ目でわたしを見つめる赤ちゃんに向かって、ありとあらゆることを話しかけた。そうやって腕のなかの小さな生き物が自分のお腹から出てきたことを実感しようとしたが、なぜだか、たまたまお世話を任された子を抱いているような、お腹の膨らみがただの詰め物だったような感じが消えなかった。

母性を感じるべきなのに。小さな手足が子宮の壁を押すたび、くすくす笑いながらお腹をつついて何カ月も過ごしたのに、どうしてこの子を他人みたいに感じるんだろう。そう思いながら一心に話しかけた。言葉にすれば愛を確信させられる気がした。自分にも、わが子にも、まわりの人にも。

しばらくして看護師がやってきて、わたしのお腹を見て眉をひそめた。子宮の収縮がうまくいっていないらしく、マッサージをはじめた。ハッラーの生地のようにお腹をこねくりまわされ、皮膚がたぷたぷ揺れた。ウォーターベッドを思いだした。

後陣痛《こう》は思っていた以上につらかった。縫合された傷がひどく痛むのに、看護師はイブプロフェンより強い薬はくれなかった。お乳をあげようと赤ちゃんを胸に抱こうとすると、痛みの波がやってきて落としてしまいそうになった。意識が遠のき、枕に沈みこんだ。

出産から二日が過ぎると、エリはわたしをエアモント近くのニュー・スクエアにある産後ケア供を連れに来た。わたしは二週間をそこで過ごし、生後八日目の割礼《ブリス》の儀式にはエリが子供を連れに来た。

わたしは儀式には出られなかった。息子が傷つけられるのを見た母親が取り乱したり――ひどければヒステリーを起こしたり――するのを防ぐためだ。エリは式の様子をなにひとつ教えてくれなかった。イッツィーと名づけられたわが子が泣いたかどうかも。帰ってきたイッツィーは八時間眠りつづけた。目覚めなかったらどうしようかと心配で、わたしはそばに立って見守りつづけた。ほかの部屋には、ラビが包帯をきつく巻きすぎたせいで皮膚が紫色になった赤ちゃんもいた。わたしは巻かれたガーゼを何度も解き、イッツィーの血流が滞っていないかたしかめた。世話係からは、麻酔として与えられたワインのせいで眠っているだけなので心配ないと言われた。

「あなたも休みなさい。赤ちゃんはわたしが見ておくから。そんなに心配しないで」

入院中のほかの母親たちは、授乳の分のカロリーも必要だと言って談話室に集まってはせっせとものを食べていた。わたしは食欲がなく、そのせいでお乳も出なかった。授乳カウンセラーが来てくれたものの、吸いついてもなにも出ないので、イッツィーはすぐにあきらめてしまった。どれだけ長時間胸に抱いていてもだめだった。最後には粉ミルクを与えることになり、それが恥ずかしかった。ほかの母親たちは誰も困っていないのに。その週は初産婦がわたしひとりだった。本を持ってきているのもわたしだけで、おやつどきのおしゃべりにも加わらず読書にふけっていると、もの珍しげにじろじろ見られた。

産後ケアセンターを出るときには後陣痛はすっかりおさまり、出血も少なくなっていた。妊娠前によく着ていた光沢のある黒いトレンチコートがすんなり入った。不格好な体形にすっかり慣れてしまい、急に平らになった身体がしっくりこなかった。それでも身軽になって外に出るのは心地よく、はずむような足取りでアスファルトの歩道を歩いた。

エリが家中の掃除をしてくれて、帰ったときには赤ちゃんのための準備もすっかり整っていた。エリの友人たちからのプレゼントも届いていた。スイングチェアにベビーベッド、たくさんのぬいぐるみ。イッツィーをスイングチェアにすわらせると首がぐらつくので、毛布で支えるようにした。眠っているイッツィーの小さな顔はこのうえなく美しかった。ふっくらとした輝く頬、すべすべの額。目をあけると額に皺が寄り、口がひしゃげたOの形に開いてへんてこな顔になった。気苦労の絶えないじいさんみたいだなとエリはふざけて言った。わたしは穏やかな寝顔を見ているのが好きだった。そうしていると、自分も穏やかな気持ちになれた。

エリもわたしもイスラエルの民の末裔なので、イッツィーには生後四週間で初子の贖い《ピディヨン・ハベン》の儀式を受けさせないといけない。はるか昔、イスラエルの民がエルサレム神殿に長男を捧げ、祭司にお金を払ってその子を買いもどしていたことにちなんだ古来のしきたりだ。

現代では象徴的なものになっているけれど、大事な儀式であることに変わりはない。義母は立派なホールを借り、式後に振る舞うごちそうをケータリング業者に頼んだ。イッツィーのための白い高価な式服も用意された。参列者が集まり、コーヘンと呼ばれる聖職者の家系の祭司役が到着したあと、イッツィーは金の盆にのせられた。しきたりにのっとり、女の親族が真珠のネックレスや金のブローチを外してちりばめると、イッツィーは宝石によだれを垂らしながらコーヘンのもとに運ばれた。そのあいだずっと小さな顔をこちらに向け、大きく見ひらいた目でしきりにわたしを見ていた。

六人の男の親族が盆を高く掲げた。イッツィーがおとなしくじっとしているので、おばたちが褒めてくれた。短い儀式の最後にコーヘンが祝祷を唱え、エリと兄弟たちがイッツィーをわたしのところへ連れてきた。腕に抱いたとたんわたしを見てぐずりだしたので、間《ま》のいい子だねと義母が言った。

イッツィーを産んで六週間が過ぎると、エリはミクヴェに行けとせっつくようになった。わたしのほうは清浄な日を七日数える気にさえなれなかった。出血はどうにか止まったものの、あそこの状態を自分でたしかめる勇気が出なかった。きっとずいぶん変わっているはずだ。それもよくないほうに。

きれいな布を十四枚数えるのはただでさえ面倒なのに、赤ちゃん中心の不規則な生活のなかではなおさらだ。下着に疑わしい汚れがつくたびにラビのところへ行き、延々とやりなおしをさせられるのは目に見えていた。それに避妊のことも気がかりだった。もちろん避妊は禁止されている。ただ、おばたちからは授乳中の清浄な——つまり生理が来ない——期間には妊娠しないと聞かされていた。それを鵜呑みにしていいのかもわからなかった。

まずはドクター・パトリックの許可をもらうことにした。診察室のドアの内側に、二十種類以上の避妊方法が記されたポスターが貼られていた。わたしがそれを見ているのに気づいたドクターは、「よかったら」と無料のサンプルをいくつか差しだした。わたしはありがたく受けとった。

診察のあと、ドクターは手袋を外してにっこりした。「問題なし。またはじめても大丈夫よ」それまで聞いたことのない温かみのこもった声だった。わたしが母親の仲間入りをしたからだろうか。それとも気の毒だから？　これから二十年、出産のたびにたっぷり稼がせてくれると思っているからかもしれない。そんなつもりはないけれど。

一週間後にミクヴェに行った。世話役の前で裸になるのは恥ずかしかった。お腹はたるんだままで、細かな赤い妊娠線も残っている。身体の基本形がすっかり変わってしまったようで、お尻は垂れ、背骨も曲がって、おばさんみたいな体型になった気がした。でも心配はいらなかった。世話役はさんざん見慣れているらしく、なにも言わなかった。ウィリアムズバーグよりモンシーのミクヴェの世話役のほうがずっと感じがよかった。あれこれ詮索しないし、手際もいい。いつも一時間とかからなかった。

わたしの身体の変化に気づいていたとしても、エリはそれを顔に出さなかった。家に帰ると照明が落とされ、ベッドに薔薇の花びらが散らされていて、どれほど楽しみにしていたかがわかった。どの兄弟からのアドバイスだろう。そう思って小さく笑わずにはいられなかった。この手のことに関しては、エリはきまって誰かに相談する。夫婦の問題はプライベートなもののはずなのに、いつも家族に筒抜けになってしまう。

ナイトテーブルにはコシェルなシャンパンが置かれ、その横には地元のウォルマートで買ったプラスチックのフルートグラスが用意されていた。一年ぶりにお酒を口にしたので、すぐに目がまわった。エリがわたしの脚に手を這わせる。髭が首に当たってちくちくした。ベッドに横になってリラックスしようとつとめながら、自分に言い聞かせた。これで何日かはとびきり優しくしてもらえる。セックスのあとはいつもそうだから。


問題が起きた。ある朝目覚めると、あそこにかゆみを感じた。下着に火が点いたようにかゆくてたまらず、数日後には腫れて痛みも出てきたので、しかたなくドクター・パトリックを訪ねた。前回の診察から一週間半しかたっていなかったので、ドクターは意外そうな顔でわたしとエリを迎えた。「感染症ね」ドクターはそう言うと、処方箋をエリに渡して言った。「この薬を飲んで。それですっきりなおるから」

ドクターはわたしのほうを向いて、脚をぽんと叩いた。「一週間薬を飲んでもらったら、もうこんなことにはならないから」

「え？　どうして夫が飲むんですか」

「原因がなんであれ、彼からうつったものだからよ。あなただけ治療をしても、またうつされてしまうでしょ」それ以上の説明はなかった。

わたしは混乱した。あそこの感染症のことなど初めて知ったからだ。それまでわたしの問題は心因性のものばかりだったし、なにより自分の身体から生じたもので、誰かからうつされたものではなかった。事態が呑みこめず、その病原菌が夫婦関係の外からもたらされたのではと気づく余裕さえなかった。

性生活にまたひとつ厄介事が持ちあがったことに腹が立ってたまらなかった。どうして苦しむのはいつもわたしなの？　わたしにうつしたくせに、エリにはなんの症状も出ていない。納得がいかなかった。

相手になにもかも話さずにいるのは、わたしだけではないのかもしれない。しばらくして、ようやくそう思いいたった。自分の心配で手いっぱいで、エリに隠し事があるとは思ってもみなかった。でも、エリがわたしを裏切っているのではと考えても、たいして気にはならなかった。よそ見をしていてくれたほうがわたしには都合がいい。監視の目がなければ、明るい未来に近づける。

9　反旗を翻す

いまわたしは静かな目で眺める
彼女の身体の鼓動を
思慮深き息吹とともに
生より死への旅路を歩むさまを……
――ウィリアム・ワーズワース「彼女は歓びの幻」

産後のあわただしさが過ぎ去ると、母親になった実感がようやく湧いてきた。それまではあまりの忙しさにまともに考える暇もなかった。自分に母性が足りない気がしてひそかに不安だった。わが子を見てもなにも感じないなんて、なんてひどい人間なんだろう。息子との絆を深めようとすればするほど距離を感じた。抱いていても眠るか泣くかしかできない貧弱な手足の小さな生き物と、どう愛を育めばいいのかわからなかった。わたしには愛情が足りないのだろうか。複雑な生い立ちのせいで愛する能力が欠けているのだろうか。勝手に決められた結婚相手を愛せないのはまだわかる。でも、血を分けたわが子さえ愛しく思えないなんて。愛着が湧きすぎることをどこかで恐れてもいた。少しまえから、わたしはエリと別れてすべてを捨てることを考えていた。ハシド派を抜けるならきっと息子は連れていけない。愛してしまうと別れがつらくなる。だからお乳を飲ませ、着替えをさせ、夜泣きをあやしているときでさえ、母親らしくあろうとしながら、心の一部を閉ざしたままでいた。

いい母親を演じるのはなんて大変なんだろう。通りで誰かが息子に声をかけるたびにそう思った。誇らしげな笑みを顔に張りつけ、期待された受け答えをしながら、心は虚ろだった。見せかけだと気づかれたらどうしよう。薄情な人間だと見抜かれてしまったら？

その夏、バビーに孫を見せるためにウィリアムズバーグに帰った。長い巻き毛のかつらを着け、〈アンテイラー〉で買って膝が隠れるように丈を伸ばしたワンピースを着た。タイトなシルエットの素敵なワンピースで、薄いコットン生地がさりげなくヒップラインを強調してくれるところが気に入っていた。

出産祝いにもらったベビーカーを押しながらペン通りを歩いていると、六歳くらいの少年が小声で友達に訊くのが聞こえた。「なんで異教徒がいるんだよ」わたしのことだとわかった。ハシド派の女性にしては華美な服装に見えたのだろう。

年上らしい友達が慌てて囁き返した。「あの人は異教徒じゃない。ユダヤ教徒だよ。異教徒っぽい服を着てるだけだ」まさかという顔で少年が言った。「そんなはずないよ。ユダヤ教徒はあんな格好をしない」それを聞いてわたしははっとした。あの子の言うとおりだ。ここには異教徒のような姿のユダヤ教徒はいない。

子供のころ、夏に通りで遊んだときのことを思いだした。近所の子たちと玄関前の階段にすわり、重ね着のせいで大汗をかきながら、チューブアイスをくわえて通行人を眺めたものだ。慎みのない服装の女性が通ると、きまってはやしたてた。「やーいやーい、恥知らずの裸女《はだかおんな》！」お決まりの文句なので深く考えたこともなかったが、そうやっていっしょによそ者をからかうことで仲間意識を高め、自分たちの奇異な服装を特別に感じようとしていたのだろう。わたしたちは神様のための風紀パトロール隊気取りだった。小石やゴミを投げつけるといった実力行使にも出た。とくに気に入っていたのは、二階の窓からバケツの水を通行人に浴びせることだった。びっくりした相手が怒って見上げたときには、とっくに顔を引っこめてげらげら笑っていた。

数年後、立場は逆転した。今度はわたしがからかわれる側になった。振り返って失礼な態度を叱るほど大きな声ではないが、それでも頬が熱くなった。いつからそんなふうに締めだされたのだろう。気づけばわたしはよそ者になっていた。

ほんの少し自由へと踏みだしただけでそんな目に遭うのなら、将来の計画を知られたらなんと言われるか、想像もつかなかった。

わたしはミクヴェに行くのをやめた。行こうと思うとストレスで何日もまえから胃が痛むようになった。ミクヴェにいる女性たちにあれこれ詮索されるのがなにより嫌だった。いま生理周期のどのあたりか、流産したのか、また妊娠を考えているのか。じろじろ見られるのも不愉快だった。こちらがお化粧やマニキュアをしていると、そんな虚栄心とは無縁な自分のほうが立派だという顔をされた。

だからミクヴェへ行くはずの夜は雑誌を持って出かけ、ひとりの時間を楽しんだ。ときには59号線沿いの〈スターバックス〉の前に車をとめ、試験勉強をする現代正統派ユダヤ教徒の女の子たちを眺めることもあった。

戒律によれば、ミクヴェに行っていない妻と営みを持つことはできないが、エリは事前にたしかめようともしなかった。戒律を破る恐れより欲望が勝ったのか、それとも、わたしがそんな許しがたい裏切りに出るとは思ってもいなかったのかもしれない。トーラーではわたしのような女のことを、夫を罪に引きずりこむ毒婦と呼んでいる。身ごもれば不浄な子を産むだろうとされている。

でも妊娠するつもりはない。ずっと避妊を続けていた。

エリは前戯が好きで、セックスのまえにキスや愛撫で愛をたしかめたがった。けれど、喧嘩や無視ばかりの状態で、ロマンチックにセックスをはじめるのは難しかった。

ある日わたしは言った。「夢中なふりをしあってもしょうがないでしょ。夕食のとき喧嘩したばかりなのに、いきなり心からの愛情が湧いてくると思う?」

わたしがミクヴェに行くふりをするあいだ、エリはキッチンを片づけるようになった。帰ったときに家事が終わっていれば喜ぶと考えたらしい。家事が少し減ったくらいで喜んで言いなりになるほどわたしが単純だと思っているのだろうか。

いつも最初はキスだった。長くは続けない。なぜかわたしが噛みついてしまうからだ。エリはゆっくりとしたキスを教えようとしたけれど、べたべたした唇が触れるのも、髭が当たって頬と鼻の下がひりひりするのも嫌だった。しばらくわたしが噛んでいると、エリはあきらめて先に進んだ。

エリはできるだけ長く続けようとした。わたしが早く終わりたいのを知っていても、おかまいなしだった。


自分が無神論者に近づいている気がした。昔は神を信仰していて、その後は憎むようになった。いまは存在を信じているかどうかもあいまいで、それを気にもしなくなった。世の中にはハシド派でない人が大勢いて、罰も受けずに自由に暮らしているのだから。

あるドキュメンタリー映画を図書館で借りた。正統派ユダヤ教徒の同性愛者たちが信仰とセクシュアリティのはざまで格闘する姿を追ったものだ。インタビューに答えた人たちは、ユダヤ教徒と同性愛者というふたつのアイデンティティを両立させたいという願いと、その葛藤がもたらす苦悩について語っていた。なぜこんなに不寛容で抑圧的なコミュニティの一員でいたいんだろうと、わたしは不思議だった。エンドクレジットを見ていたとき、協力者一覧に母の名前があるのに気づいた。ラケル・レヴィ。確認すると、たしかに一瞬登場していた。歩道の縁石から降りて、「ウィリアムズバーグを出たのは、同性愛者だからです」と語るところが映っていた。

ハヤが〝頭がおかしくなった〟と言っていたのはこのことだったのか。わたしは愕然とした。最悪なのは、わたし以外の誰もが知っているはずだということだった。わたしはどれだけ鈍感なのか。まるで気づきもしなかったなんて。

母の住所を調べ、メッセージカードを添えた大きな花束を安息日に送った。話をする勇気はまだないけれど、娘としてなにか素敵なこと、喜んでもらえそうなことをしてあげたかった。

数日後、母から電話があったが、わたしは出なかった。母は留守番電話にお礼のメッセージを残した。その声には大人の平静さと子供じみた興奮が入り混じっていた。

この人がわたしの母親なんだ――ノイズ混じりのメッセージを聞きなおしながらそう思った。どこにも共通点のないこの人がわたしを産んだ。なんの感情も湧かなかった。血を分けた肉親にも絆を感じられない、それがわたしなのかもしれない。

秋には産後太りもほぼ戻り、イッツィーも朝まで寝てくれるようになったので、大学進学について調べはじめた。よりよい生活を手に入れると心に決めていた。隣に住む現代正統派のハンナが社会人コースを勧めてくれた。わたしのような子育て中の母親には、一般的な学部よりも入りやすいという。近くの大学で社会人コースがあるところを調べると、ペース、サラ・ローレンス、バード、ヴァッサーの四校が見つかった。サラ・ローレンス大学のウェブサイトに面接予約用の電話番号が載っていたので、まずはそこにかけてみた。秋学期の申し込みは終わっていて、三月の第一月曜日に面接に来るように言われた。

さっそく提出用の作文の準備に取りかかり、手書きしたものをタイプして仕上げた。最初の二篇は自分の人生について書いた。わたしの経験は売りになるはずだと思った。使えるものはなんでも使わないと。

エリには大学に出願するとは言わず、ビジネスの専門学校に通ってみたいけど、受かるかどうかわからないと告げた。反対はされなかった。異教徒の学校がハシド派の女を受け入れるはずがないと思ったにちがいない。

サラ・ローレンス大学のキャンパスを訪れた日は曇り空で、道路は前夜の雨でまだ濡れていた。ナラの若葉がコンクリートの通路にしずくを滴らせていた。わたしは広い駐車場に車をとめ、電話で教えられた校舎へ向かった。黒髪のショートのかつらとロングスカートのわたしは、思った以上に目立っていた。みんなジーンズを穿いている。わたしもジーンズが穿けるなら、ほかの服には目もくれないだろうと思った。スカートなんて全部捨てて、死ぬまでジーンズで過ごせたらどんなにいいか。

面接官は率直にわたしに告げた。「ぜひ受かってもらいたいけれど、すべてはあなたの文章力次第です。ここは文芸コースなので。選考は筆記試験や過去の成績ではなく、作文と面接の結果だけで行います。そこが一定のレベルにないと、入学してもらっても苦労するだけですからね」

「ええ、よくわかります」わたしはうなずき、念入りに書きあげた三篇の作文を手渡して、結果はいつごろわかるか尋ねた。

「数週間中に文書でお知らせします」

言われたとおり、二週間半後に封書が届いた。アイボリーの便箋には大学のロゴが印刷されていた。〝サラ・ローレンス大学・社会人コースに合格されましたので通知します〟その日はずっと通知を握りしめたまま、大学に通う自分を想像した。ジーンズを穿いて、J・クルーのジャケットを着た姿も。

思いきって母に電話し、大学へ行くことを告げた。母は喜ぶはずだ。わたしがハシド派のコミュニティで暮らしていることをよく思っていないのは知っていたから、そのままでいるつもりはないと伝えるいいきっかけになると思った。おめでとうと言う母の声は誇らしげだった。サラ・ローレンス大学を選んだのはわたしのセクシュアリティと関係しているのかと訊きたげでもあったけれど、「同性愛者にとても理解がある環境らしいわね」と言っただけだった。そこは遺伝しなかったみたいとわたしも心で答えた。

エリにはビジネスの学校に通うという話を押しとおした。簿記やマーケティングを学べばいい仕事に就けるし、いつかはお店でも開けるかもしれないと説明した。エリが気にしたのは、どれくらい時間をとられるのかということと、放課後に託児所へイッツィーを迎えに行き、食事の用意もきちんとできるかということだけだった。

四月にオープンキャンパスが開催され、夏学期の担当教授が紹介された。講義概要《シラバス》に目を通したときから、わたしは詩のクラスを選ぶと決めていた。詩や有名な詩人について学び、語りあってみたいとずっと思っていたからだ。詩に詳しい人には会ったこともなかった。

詩のクラスの担当教授はジェイムズという人だった。白髪交じりの短髪、秀でた額、かすかにすきっ歯の前歯、長身瘦軀《そうく》。プレッピー風のセーターに、ニューイングランドで乗馬でもしそうなジーンズを穿いていた。いかにも詩を読みそうな風貌で、おまけに詩の朗読にぴったりの、蜂蜜のようにとろりとした深みのある声をしていた。

イベントの最後に、詩を学んだことがなくても大丈夫か、準備すべきことはないかと質問すると、受講生の多くが同じだと言われた。「あまり触れる機会のない分野だからね」と教授はにっこりした。言葉を交わせただけで光栄に思った。

わたしは地元の図書館で『ノートン版詩選集』を借りた。六月の第一月曜日、いちばん薄いベージュのストッキングにセールで買ったプラダの青いエスパドリーユを履き、イッツィーを託児所に預けて大学へ向かった。ウエストチェスター郡に入るためハドソン川にかかるタッパン・ジー橋を渡ると、白波の立つ川面や川岸の家々の屋根が日の光にきらめいていた。大音量で流したユーロポップのリズムに乗りながらハンドルを握り、窓から片腕を垂らして夏の風を浴びた。妊娠前のくびれをとりもどせないかと、長袖Tシャツの下のお腹を引っこめた。

教室には小さな天窓があり、広々とした丸テーブルに四角い光が差しこんでいた。講義がはじまったとき、席についているのは教授を含めて三人だけだった。そんなに少ないとは思ってもいなかった。

教授の自己紹介のあと、受講生も挨拶を求められた。唯一のクラスメートはブライアンという中年の男性だった。浅黒い肌、片耳にはピアス、がりがりの腕が派手な柄のTシャツから覗いていた。ミック・ジャガーとかいう人のツアーのことや、MTVという番組のことを聞かされたものの、わたしにはさっぱりで、わかったのは音楽と煙草が好きだということくらいだった。あまりに何度も煙草を吸いに外に出るので、どうして一時間くらい我慢できないのかと不思議だった。

わたしは控えめに挨拶したが、ハシド派だということは告げた。すると教授が驚いたようにしげしげとわたしを見た。

「奇遇だね。わたしの義父もハシド派なんだよ。家族がそうだったわけじゃなく、大人になってからハシド派に改宗したんだ」

「どのハシド派ですか」ハシド派にもいくつかある。ハンガリー系はシュトライメルを、ロシア系なら先の尖ったフェルトの山高帽をかぶる。

「ルバヴィッチ派だと思う」ロシアのほうだ。

「そうなんですか。わたしはサトマール派です。説明がややこしいんですけど、まったくの別物なんです」

制約と不自由ばかりの生活のために、外の世界の暮らしを捨てるなんて。わたしには理解できなかった。教授は義父のことをどう思っているのだろう。

講義ではまず、「父たちへの逸話」というウィリアム・ワーズワースの詩を読んだ。教授の朗読は詩句に対する崇敬に満ちていて、言葉のひとつひとつに深遠な響きが感じられた。表現は甘ったるく感じるけれど、きびきびとしたリズムがあり、小さなピンクッションに似た形の連に分かれている。父と息子が散歩するという話は単純明快に思え、詩なんてそんなに難しくないのかもとわたしはひそかに考えた。すると、教授がこの詩にこめられた真の意味が読みとれるかと尋ねた。息子はいま住んでいる緑豊かな農場よりも昔の海辺のほうがよかったと言い、その理由を父親に尋ねられて、風見鶏がなかったからと答える。それを聞いた父親は〝おまえから教わることの／百にひとつでも教えることができたなら〟と感嘆する。

「息子の答えのどこに父親は心を打たれたのだと思う？　風見鶏がなかったからというのは、そんなにすばらしい説明だと思うかい」

わたしは答えに詰まった。詩に歌われるものにはすべて意味があると教授は続けた。小説とは違って、なにげなく書かれたものはひとつもない。気になる表現が使われていれば、そこにはかならず意味がある。詩についてまず知るべきなのはそのことだという。

教授によると、この詩は子供というものの本質とそこから大人が学ぶべきこと、そして、人生に理由を求めることの無意味さを表現したものだそうだ。大事なのは直感やフィーリングで、すべてに説明をつける必要はない。

論理よりも直感を、知性よりも感情を重んじる――この詩にそんなことを教わるとは思ってもいなかった。でも、たしかにそのとおりだ。子供のころを振り返ると、理性にやめろと言われても、直感を信じていた。大きな一歩を踏みだすときはいつも、合理的な思考よりフィーリングを頼りにしてきた。いまサラ・ローレンス大学にいるのも、数カ月前の思いつきに従った結果だ。いつまでここに通えるかも、どんな成果を挙げられるかもわからないけれど、子供のころの経験を信じて、合理的な判断に頼るのはやめようとわたしは決めた。

この詩には、論理と知性から遠ざかり、当時の詩に顕著になりはじめていた情緒とロマンティシズムに近づこうとするワーズワースの思いが反映されている。ワーズワースはイギリスにおけるロマン派詩人の先駆けだと教授は言った。

わたしは手を上げて質問した。「当時の男性は、こんなに甘ったるい言葉で気持ちを表現しても、男らしくないと言われたりしなかったんですか。ロマンチックだと女っぽく見られるのでは?」

教授は笑った。「〝甘ったるい〟は傑作だな。でも、きみの言いたいことはわかる。そもそも、当時の詩の世界は男のものだったんだ。だから、どんなに甘ったるい詩を書こうが、男の仕事をしていたことになる。女みたいだと考える人はいなかった。この点については、面談のときに詳しく話そう。週に一度、講義のあとにめいめいの研究テーマについて相談する時間を設けるから」

男らしさが当然のものとして与えられ、奪われる心配をしなくていいなんて、本当にすばらしい。わたしのコミュニティで男女が厳しく分けられているのは、なにかの理由でそれが脅かされたからだろうか。外の世界の女性たちが解放されたことで、男らしさの危機が急に問題視されるようになったのだろうか。

講義のあとの面談で、イディッシュ語の詩を読んだことがあるかと教授に訊かれた。

「そんな詩があることも知りませんでした」わたしは驚いて答えた。

「イディッシュ語を使う詩人はたくさんいるし、作品の多くは英訳されているよ。読みくらべて、どのように翻訳されているか調べてみるのも面白いかもしれないね」

帰りの車内でわたしは感激していた。大学での最初の担当教授が、わたしの小さな世界にあんなに詳しいなんて。なにひとつ知らないと思っていたのに。

託児所の戸口を入ると、イッツィーがぱっと顔を輝かせてぽちゃぽちゃの腕を差しのべた。うれしそうな顔を見ると自分がとびきり特別な存在に思えた。どうしてそんなにわたしが好きなんだろうと不思議になるほど、それは初めて知る本物の愛だった。息子はいつでも楽しげに笑っていて、いっしょに笑おうと誘いかけてくるので、自然と笑みがこぼれた。息子を見るたび、なんて完璧な子だろうと思わずにはいられなかった。

イッツィーにはなんの文句もない一方、エリとの関係には傷つき、いらだっていた。毎日揉め事ばかりで、どちらかがきまって不機嫌だった。

金曜日の夜はセックスと決められていた。どこの家でもそうだ。タルムードには、旅商人は六カ月に一度、労働者は週に三回、トーラー学者は金曜日ごとに妻と交わるべしと定められている。ハシド派は自分たちを学者の末裔だと考えているので、学者の戒律に従っている。安息日の夕食後はお腹がいっぱいで、疲れているから、わたしにはありがたくない決まりだった。エリはついさっきまで言い争っていてもセックスしたがった。どうしたらそのときだけ切り替えられるのか、理解できなかった。

エリは料理のしかたにも文句をつけるようになった。ユダヤ教の食事の戒律、カシュルートをわたしがおろそかにしていると言うのだ。肉切り包丁をうっかり乳製品の調理台に置くことはあるけれど、それは戒律違反というほどではなく、普通は眉をひそめられるくらいですむ。戒律違反というのは、クリームスープのような乳製品を使った熱い料理に肉切り包丁を入れたりすることだ。そのときは、スープも包丁も捨てないといけない。どんなラビだって、カシュルートの法より家庭の平和《シャローム・バイス》が大事だと言うはずよとわたしはエリに言い返した。あなたの文句のせいで喧嘩になって、頑張って用意した安息日の食事が台無しよ。いい夫なら妻の料理を褒めるものなのに、粗探しばかりじゃない。

エリは些細なことで腹を立てた。わたしがシリアルの箱を雑にしまったせいで戸棚が開きっぱなしになっていたというだけで、叩きつけるようにドアを閉めたり床に本を投げ捨てたりした。

そしてじきに怒ったことを忘れてしまうのだった。ふだんは穏やかそのもので、人前では「喉が渇いてないかい」と水を持ってきてくれたりするので、いい夫だと思われていた。家では自分で飲めと言うくせに。

イッツィーが二歳になる少しまえ、わたしはトイレトレーニングに取りかかった。二週間家にいて、ずっとそばについていた。最初の日はトイレの本を読んであげながら、できるだけ長くバスルームで過ごした。そのうちにイッツィーがちょろっとおしっこをし、驚きに口をへの字にしてわたしを見上げたので、思いきり拍手して褒めてあげた。

一回目はうまくいったものの、二回目は手こずった。仕事から帰ったエリに一時間だけイッツィーを見ていてほしいと頼んだ。イッツィーがもがいて便座から降りようとしたので、おしっこするまではすわらせておいてねと伝えた。

数分後、トイレから泣き声が聞こえたのでドアをあけた。エリがイッツィーの肩をつかみ、怒りにまかせて揺さぶっていた。

「やめて！」怯えた息子の顔を見て、わたしは言った。「なにやってるの。まだ二歳なのよ。叱りつければ従うと思ってるの？　そんなんじゃ、ぶちこわしよ」

それからは、トイレトレーニングにエリの手は借りなかった。お風呂にも着替えにも。イッツィーが逃げようともがいたら、きっとまた腹を立てる。エリは怒るとイッツィーを突き飛ばすこともあった。そのたびにわたしも怒り、警察を呼ぶわよと叫んだけれど、実際に呼びはしなかった。

　一度だけ通報したのは、車で通りかかった近所の住民に怒鳴りつけられたときだ。「おまえらユダヤ人はどうかしてるな。なんだって普通になれない？」イッツィーは泣きだしてしまった。でも警官は、そんなことを言う人じゃないと言い、わたしの話を信じなかった。

　警察はエアモントに住むわたしたちハシド派のことをよく思っていなかった。選挙になると投票ブースにどっと押しかけ、ラビに指示されたとおり、都合よく土地計画法を曲げ、資金をまわしてくれる候補者に全員で投票したりするからだ。異教徒がユダヤ人を嫌うのも無理はないとわたしは思っていた。自分も嫌なんです、こんな服も生き方もうんざりなんですと伝えられたらと願っていた。

　三年前に引っ越してきたときに比べ、エアモントのコミュニティは拡大していた。以前はウィリアムズバーグやキリヤス・ジョエルの厳格で極端な生活様式になじめない家族がいくらか暮らしていただけだった。わたしたちみたいな若い夫婦もほんの数組で、妻は人毛の長いかつらを着け、デニム地のスカートを穿き、夫はポーカーゲームの夜にビールを飲み、マリファナを吸う程度だった。いまでは、ウィリアムズバーグで〝くず〟と呼ばれていたような人間でも、エアモント周辺に広がるユダヤ人コミュニティでは普通に暮らせるようになった。エアモントがウィリアムズバーグと違う点は、黙っていれば戒律を破ってもかまわないことだった。人目につきさえしなければ好きなように暮らせる。わたしも車を運転し、赤いペディキュアを塗り、こっそり映画館にも通ったけれど、誰にもなにも言われなかった。でも、それでは満足できなかった。どんなに自由を与えられても、なにかしら不満の種を見つけるんだなとエリには言われた。だから幸せになれないんだと。

問題は、ひとつ壁を取りのぞくたび、その向こうに別の壁が見つかることだった。そのせいで自分にはけっして経験できないことがあると思い知らされるのだ。戒律のせいでやりたいことを我慢したまま一生を送ると思うと、耐えられなかった。こんな形の、条件つきの自由では満足できない。自分のことを自分で決められなければ、幸せになんてなれない。

かつらは近所の友人のハヴィがスタイリングしてくれていた。ヴァージンヘアを使った人毛のかつらで、最初に買ったときは肩に垂れるほど長かった。ハヴィは丁寧にハサミを入れ、顔まわりを上手に整えてくれたけれど、それでも生え際は不自然に目立ち、本物の髪には見えなかった。ときどきイッツィーをベビーカーに乗せてショッピングモールへ出かけた。ブロンドの髪に青い目、パヨスを伸ばしていないあどけない顔——アメリカ人そのものの息子の姿が、わたしと周囲の人たちとの距離をほんの少し埋めてくれるような気がした。愛らしい顔とぽちゃぽちゃの手足のイッツィーに誰もが足を止め、声をかけた。そのあいだ、かつらとロングスカートのわたしは精いっぱい普通のふりをした。

やがて、大学ではかつらを外すようになった。普通の服も持っていないので、ホワイト・プレーンズにある〈T・J・マックス〉に行って、生地の色やスタイルやポケットのデザインの違いもわからないまま、おずおずとジーンズの棚を見てまわった。ポケットに大きな茶色の輪が刺繍され、お尻のところが白く褪せたジーンズを選んで試着した。ちょっと長いけれど、ヒールを履けばちょうどいい。ジーンズを穿いた自分の身体は見違えるようにくびれ、力強く見えた。

水曜日に講義に出るとき、車のなかで長い黒のスカートを脱いだ。下にはジーンズを穿いていた。教室に入ると、友人のポリーが歓声をあげた。「わあ、ジーンズじゃない。それ、セブンズね」

「なにが?」

「ブランドよ。セブンズのでしょ」

「どうかな。〈T・J・マックス〉で十五ドルだった。色が気に入って買ったの」

「お買い得じゃない。すごく似合ってる」

講義がはじまっても、わたしは教授の話そっちのけで自分の脚を見下ろし、デニムの生地を撫でてばかりいた。校舎を出ると、作業中の庭師たちに口笛を吹かれた。わたしは思わず目を伏せ、人目を引いた自分を叱った。ジーンズを穿くたびにこんなふうでは困る。

家ではエリに気づかれないように、たたんだジーンズをマットレスのあいだに隠した。いつまで見つからずにいられるかと不安だった。

ポリーとは講義で知りあい、親友になった。つややかなブロンドで、笑うとえくぼができ、素敵な服を着て、いつも楽しげに話をした。子供のころに読んだ本の憧れの登場人物そのもので、髪も青い目も白い歯もうらやましかった。最初の自己紹介でハシド派だとわたしが告げたとき、ポリーは冗談でも言われたように笑った。冗談じゃないと気づくと手を口に当ててしきりに謝ったけれど、わたしは平気で、むしろほかの子と同じに見られたのがうれしかった。かつらを本物の髪の毛だと思われたことも。

ポリーみたいな鼻だったら、わたしの人生は違っていたと思う。すべては鼻で決まる。バビーはヒトラーが鼻の形でユダヤ人を見分けたと言っていた。わたしのこともたやすく見分けたにちがいない。ポリーの人生も、もちろん鼻の形にふさわしいものだった。あんなにほっそりした鼻の持ち主なら恵まれていて当然だ。

一月、ポリーの住むマンハッタンを訪れ、ふたりでレストランへ行った。ポリーは料理が大好きで、夫婦でチョコレート店を開くまえはシェフをしていた。魚と肉以外はなんでも食べよう、コシェルじゃなくてもかまわないと思いながらわたしは店へ入った。店内は天井が高く、お客はみんなすらりと長い脚と形のいい鼻をしていて、わたしはうっとりしながら、気後れも覚えた。ウェイターまでとびきりハンサムで、歩くとお尻がきれいに揺れた。「ゲイよ」ウェイターが行ってしまうと、ポリーが小声で言った。わたしは訳知り顔でうなずいたものの、なぜ見ただけでわかるのかと不思議だった。

店のオーナーがテーブルに顔を見せると、ポリーは恥じらいもせずおしゃべりをはじめ、相手の奇抜なヘアスタイルをからかった。わたしのほうが気恥ずかしくなって目を逸らした。オーナーが引っこむと、ポリーは目を輝かせて身を乗りだした。「彼、あなたに気があるみたい。気づいた？」

「なんのこと？」わたしは面食らった。

「まあ、じきにわかるわ」

わたしに気が？　そんなはずある？　わたしは店の入り口に立ったオーナーを盗み見た。長身で浅黒い肌の、よく見かける異教徒のひとりといった印象だった。髭のない顔、短くした髪。わたしにとっては異星人と同じだ。ああいう男の人が、ユダヤ人そのものの鼻をしたわたしに惹かれるはずがない。ああいう人たちが惹かれるのはポリーみたいな女性だ。

出てきた料理は美しく盛りつけられていて、ものすごくエキゾチックだった。自分で決めたルールも忘れ、わたしは七面鳥のパストラミらしきものを口にした。ところが、あとからプロシュートだと教わった。豚肉だ。慌ててトイレに立ち、吐き気が襲ってくるのを待った。豚肉を食べるとそうなると学校で教えこまれていた。

胃はなんともなかった。洗面台の鏡を覗くと、そこにはかつらと長袖ブラウスのわたしがいて、思わずぎょっとした。いつのまにか、ほかの人たちと同じようにゴージャスになったつもりでいたのかもしれない。いじけそうな気持ちを振り払い、裏切り者の鏡から離れ、痛いほど背筋を伸ばしてトイレを出た。

テーブルに戻るとほかの料理にも挑戦した。戦場帰りの兵士みたいに猛然と食べ物を口に詰めこんだ。ラム肉の春巻、牛肉のカルパッチョ、サーモンのセビーチェ。異教徒はなんてへんてこなものを食べるんだろう！　肉や魚を生で食べることには当惑したものの、とにかく試してみた。なんだか笑っちゃうとわたしはポリーに言った。ハシド派が戒律を破るときは、たいていマクドナルドでハンバーガーを食べるんだけど、わたしはグルメなごちそうで掟破りをするなんて。

「そりゃそうよ」とポリーは言った。「ルールを破るなら、派手にやらなきゃ」素敵な言葉だと思った。華麗なる反逆者、それがわたしだ。帰り道、サングラスショップに寄り、べっ甲のフレームのサングラスを買った。ポリーおすすめのデザイナーのものだ。かけてみると、鏡のなかのわたしはまるでスーパーモデルだった。

ポリーを横目で見ながら、わたしも同じくらい自分に満足できればいいのにと思った。

「ハシド派なんてやめちゃいたい」お店を出たところで、わたしはいきなり言った。

「なら、やめればいいじゃない」

でも、やめてどうすればいいかわからない。わたしに与えられた生活はこれだけだ。すべてを捨てたら、代わりの人生をどうやって見つければいいのだろう。

イッツィーが成長するにつれ、その将来に不安が募った。三歳になるともみあげを伸ばしてパヨスにし、やがて小学校《ヘデル》へ上がると、毎日九時から四時までトーラーを教わることになる。息子の完璧なあどけなさが、パヨスと祈祷用のショールで台無しにされるのがたまらなかった。母親のわたしから遠ざけられ、いきなり男社会に放りこまれることも。

制約だらけの窮屈な生活を息子に強いるなんて、どうしてできるだろう。自分は世界を広げる機会を得ておきながら、息子をヘデルやイェシバに押しこめるなんて。そんなの間違っている。自由を得るために息子を残していくことはもう考えられなかった。

でも、わたしたちは籠の鳥だった。ほかに行くあてはなく、環境を変えるための手段もお金もない。しかたなく、反抗心を胸に秘めてひそかな二重生活を続けた。表向きはコシェルな食事をし、控えめな服を着て、敬虔なハシド派の女性として振る舞いながら、心のなかでは自由にものを見聞きし、経験することを阻む壁を残らず取り払いたいと願っていた。

わたしの生活は秘密で成り立っていた。最大の秘密は自分の本心で、それをエリに隠すことがなにより重要だった。昔つけていた日記も、結婚後はエリに見つかって読まれるのを恐れて書くのをやめた。外の世界に触れるにつれ、ますます考えを知られるわけにはいかなくなった。自分のなかの変化の明白な証拠を残したくはなかった。

とはいえ頭は悩みでいっぱいで、それを文字にせずにはいられなかった。それで、匿名のブログをはじめ、日記代わりに記事を投稿することにした。もちろん身元は特定されないように気をつけた。ブログのタイトルは〝ハシド派のフェミニスト〟。大学の哲学のクラスで学んだフェミニズムに関することを中心に、演劇論と創作のクラスで書いた作文の内容も盛りこむことにした。

最初に選んだテーマは、夫婦の性生活の苦労だった。もちろん、長いあいだセックスがうまくいかなかったことを他人には話していなかったし、最初は公表する気などなかった。でも、一本の電話で気が変わった。かけてきたのはウィリアムズバーグに住むという匿名の女性で、ハヤからわたしの電話番号を教わったと言った。結婚して八カ月になる娘がいまだに夫婦の交わりを持てずにいるため、なにかアドバイスをもらえないかという。

それを聞いてびっくりした。膣の機能に問題を抱えているのは、コミュニティどころかこの世でわたしひとりだと思っていた。でも、その母親は娘のことで心を痛め、説明や助けを必死に求めていた。自分自身もあんな経験をした理由を十分に理解できてはいないものの、わたしはできるかぎりのアドバイスをした。

匿名とはいえ、自分の大きな欠陥をブログに公表することには、なんともいえない解放感があった。記事を投稿するとコメントがどっと寄せられた。送り主の多くはわたしのようにハシド派に不満を持つ人たちで、なかにはハシド派を抜けた人や現代正統派の人、キリスト教徒もいた。ネット上の点のようなちっぽけなわたしのブログをどうやって見つけたのか不思議だったが、誰もが言いたいことがあるようだった。

わたしの話を信じず、思春期の女の子が自分の膣に気づかないはずがないという人もいた。理解を示してくれる人も、同じような経験を告白する人もいた。読者同士がブログをフォーラムのように使って意見を交わすようになり、それを読むのは刺激的な体験だった。

「どうやって子供を連れていくつもり?」と質問が来た。息子を連れて家を出ることをラビ法廷は許さないだろうと読者の誰もが考えていた。戒律をすべて守ったとしても、ひとりで子供を育てる資格があるとは認められないだろうと言われた。同じことを試みて失敗した人の例も挙げられたが、わたしはひるまなかった。わたしはその人たちとは違う、その人たちにはないものを持っているはずだと思った。いつかかならず自由を手にし、そのときはイッツィーを連れていく。息子はちゃんとした学校に通わせ、好きな本を堂々と読ませてあげる。具体的な計画もないまま、無意識のうちにわたしはそれまでの人生に別れを告げはじめた。死を前にでもしたように。ここに留まりはしないと、ひたすら自分に言い聞かせていた。

最後に祖父母を訪ねたのは、二〇〇九年三月の仮装祭《プリム》だった。まだ迷ってはいたものの、出ていくと決めたときのために、早めに別れをすませておきたかった。

わたしが育った家はひどいありさまだった。祖父母にお金がなくなったのか、あるいは手入れする気力をなくしてしまったのかもしれない。歴史ある美しいブラウンストーンのタウンハウスが朽ちていくのは悲しかった。自分の信仰の土台が崩れ去ろうとしているときに、自分が育った家の土台も崩れかけている。わたしはそれを、進もうとする道が偉大な力によって定められていた証しだと捉えた。出ていくことは神の思し召しだ。わたしがここにふさわしくないことを神はご存じなのだ。

別れを告げるまでもなく、すでに失われてしまったものもあった。バビーもゼイディもすっかり老けこんでいた。元気に動きまわっていたバビーの足取りは重くなり、目にも濁りが出ていた。ゼイディは昔以上にぼんやりしていることが増え、受け答えもすっかり鈍く、不正確になった。子供のころに好きだったものはなくなっていた。

プリムのお祝いの最中に父がやってきた。目は充血し、どう見ても酔っていた。わたしに気づいてそばまで来ると、ハグしようと上から覆いかぶさって腕を首に巻きつけた。重たい腕に締めつけられ、おまけにひどく酒臭く、息が詰まった。父の不潔さのせいで自分にまで落ちない汚れがしみついたような気がした。父と縁が切れたらせいせいすると思った。父親らしいことをしなかった相手に、娘らしいことをする必要があるとも思えなかった。

エリは一部始終を無言で眺めていた。たまには男らしく割って入るか、父の注意を引きつけるくらいはしてよと思ったけれど、自分でどうにかするしかなかった。そのあとエリは、たまげたなというように口をあけてこちらを見たが、わたしは仏頂面を返した。

燻製肉の大皿やワインのデカンターがずらりと並んだテーブルを一族が囲んでいた。おばやおじ、いとこやはとこ。一年後にはみんなおぼろげな記憶になっているかもしれないと思うと、不思議な感じがした。わたしがここにいて当然だと誰もが思っている。自分たちと同じようにおとなしく結婚し、子供を産み育て、かつらの重みにも耐えるべきだと。たしかにまだがんじがらめだ。でも、心のなかさえ支配されず、夢を失いさえしなければ、どんなに抑えつけられようと屈服せずにいられるはず。

わたしがいなくなったら、この人たちはなんと言うだろう。驚いたふりをする？　それとも訳知り顔にうなずいて、昔からまともじゃないと思っていたと言うだろうか。生まれつきの問題児だったから、当然の結果だと。

大学の社会人コースに通う女性たちは、講義のあとに連れだってランチへ出かけた。高い学費を払い、プラダのバッグも買える裕福な三、四十代の白人女性がほとんどだった。二十一歳で幼い子供を抱え、車内で毎回同じジーンズに穿き替えるのはわたしだけだった。

お金がものを言うのは外の世界でも同じらしい。子供のころ、華美でないようにアレンジされたフェラガモの靴とラルフローレンの上下で通学していた同級生たちを思いだした。当時と同じように、そういったステータスシンボルにわたしは憧れた。それさえあれば、少しは敬意を払われる存在になれる気がした。

時間があるときはわたしもランチに加わり、クラスメートたちの暮らしぶりに黙って耳を傾けた。優雅なバカンスやら、私立学校に通う子供たちの心配やら、ばか高いジムの会費やらの話に。いつかわたしも、夫が働きすぎだとか、自宅が立派すぎて維持に困るだとか、ファーストクラスでもヨーロッパへのフライトはくたびれるだとか、そういった贅沢な愚痴をこぼせるようになるのだろうかと思った。

わたしのようにごく平凡な人間には、輝かしい未来などないかもしれない。コミュニティを去ってハシド派もやめたあと、世俗の世界でどんな生活が待っているだろう。世界でいちばん物価の高い街で息子を育てるシングルマザー。家族の助けはなく、ゴミ出ししてくれる夫もいなくなり、預金はゼロ、食料配給券もなし。コミュニティを出るなら生活保護は受けないと決めていた。養いきれないほどの子供を産んだ母親たちが換金所に食料配給券を持ちこむ姿を見て育ったからだ。

日焼けした肩にブロンドの髪を垂らしたポリーが、自分もユタ州の貧しい町で生活保護を受けて育ったのよと打ち明けてくれた。母親はエホバの証人の信者で、父親は震える手でコカインを打つ日常だったという。

「あなたが？」とても信じられなかった。「なんでも持ってるみたいに見えるのに」

「そうなってからまだ七年よ。チョコレート店を開いて、ようやく天から幸せが降ってきたの。でもね、いつかそうなるはずだと思ってた。恵まれた人たちが贅沢な生活を楽しむのを横目で見ながら、自分の番が来るのを、努力が報われるのを待ってたの。ようやく望みがかなったってわけ、待つ時間は永遠に思えたけど」

わたしはまだ二十代に入ったばかりだ。十年先にはすごいことが起きているかもしれない。十年のあいだ貧しくて惨めな生活を強いられたとしても、そのあと奇跡が起きる可能性はある。ポリーのような、幸せになるべくしてなった人たちと同じように。そんなチャンスを逃がしたりできるだろうか。

「大事なのは、自分に言い聞かせること」とブロンドの女神がアドバイスをくれた。「わたしは絶対に奇跡が起きると信じてた。いまでも朝目を覚ますたび、もっといいことが起きると思ってる。信じつづければかならうものよ。それが宇宙の力なの」

ポリーも宗教を捨てたけれど、独自の信仰は持っている。信じるものなしには誰も生きられない。どんな人生を送ろうと、生き抜き、成功をつかむための信仰が必要なのだ。

でも、わたしの求める成功とはなんだろう。すべてを捨てようとしているのは、クラスメートたちのような生活を手に入れるためだろうか。裕福な主婦の彼女たちも、そんなにわたしと違わないのでは？　広い家や素敵な服を持っていることを別にすれば、彼女たちもわたしと同じように籠の鳥で、同じものを求めて大学に来たのだ。心を満たしてくれるものを。

ジーンズやブランド物のサングラスは、完全な満足を与えてはくれない。どちらも素敵ではあるけれど、わたしの望みはなにかを成し遂げること、この世に生きた証しを刻むことだ。噴火口くらいの穴をあけたいと入試の作文には書いた。憧れはするものの、贅沢が目的だったことは一度もなかった。贅沢は罪に通じるとゼイディはよく言っていた。快適さを知って怠惰になった人間は、骨抜きになり、麻痺していく。

わたしよりまえにも反逆者はいた。子供のころ、公然と戒律を破る人がたまにいて、噂の的になっていた。でも、あのときの反逆者たちはいまどこに？　誰も知らない。彼らがコミュニティを抜けたのは、好き勝手にクラブへ行き、お酒を飲み、ドラッグをやるためだった。そんな生活には魂の平穏《メヌハ・ハネフェシュ》は訪れない。ゼイディはそれこそが人生で得られる最も価値あるもので、幸せの秘訣だとよく言っていた。ゼイディ自身がそこにたどりつけたとは思えないけれど、近くまでは行けたのかもしれない。人にはそれぞれの旅があるともゼイディは言っていた。わたしの平穏はどこを旅すれば見つかるのだろう。

二〇〇九年の春先にエリが一週間家を空け、わたしは初めてひとりで過ごした。一週間で音をあげていては自立など望めないので、どうにか乗り切ろうと気を引きしめた。恥ずかしいことにわたしは夜が怖かった。暗がりに動くものが見えたり、きしむ音が聞こえたりするたびに震えあがり、毛布を握りしめたまま眠れずに夜明けを迎えた。

　ひとりでやっていくことに対する不安もまだ大きかった。自分は女だから弱い、子供もいるんだから頼る相手が必要だという思いにとらわれてもいた。わたしが病気のときは息子の世話をどうすればいい？　夫と別れたら誰が助けてくれる？　自由のためだけに、いまある安全を捨てられるの？

　でも、安息日の午後に隣人たちと芝生にすわり、たわいない噂話を聞いていたとき、わたしは虚ろな穴のような自分の人生をあらためて思い返した。身の内を食い荒らす焼けつくような渇望を。怖くて孤独でも、退屈よりはましだ。宇宙もそれを知っているはず。わたしはこんなもののために生まれたわけじゃない。

図書館の椅子にすわり、将来について何時間も考えることが増えた。書架に並んだ本を眺めながら子供のころを振り返った。本を読むのがうれしくてたまらなかったこと、知識を求めて危険を冒したこと、読書の喜びがいつも恐れに勝っていたことを。わたしが心打たれたのは、作家たちが生まれ持った権利として思うままに心の内を書きつづっていることだった。なのにわたしはといえば、ただの一日も隠し事なしに過ごすことができずにいる。

本当の自分を恥じるのにはうんざりだった。敬虔なふりをし、罰当たりな自分を叱る日々に疲れきっていた。自由になりたい――物質的な自由だけでなく、あらゆる意味の自由を手に入れ、自分らしく生き、本当の顔を堂々と見せたい。図書館の書棚にわたしも並びたいと思った。生まれながらに真実を語る権利を持った作家たちといっしょに。

ポリーがわたしのブログを出版業界の知り合いに片っ端から紹介してくれた。わたしも、どんなつてにもすがるつもりでいた。ようやく版権エージェントのひとつからメールをもらったときには、チャンスの大きさと、それをふいにする恐れとでどうにかなりそうだった。どうすれば出版するだけの価値があると思ってもらえるだろう?

エージェントのパトリシアに会うために車でマンハッタンへ向かった。オフィスはアッパー・イーストサイドのにぎやかな通りにあった。車内で黒のロングスカートを脱ぎ、〈ザ・リミテッド〉で買ったパンツ姿になった。長袖のセーターの下には小花柄のキャップスリーブのシルクシャツを着てきていた。ヒールの音を響かせて颯爽《さっそう》と歩きだすと、パンツに包まれた脚の軽やかさを感じた。マディソン・アベニューのショーウィンドウに映ったわたしはびっくりするほどスマートで力強く、ダサいスカートなんて穿いたこともなさそうだった。

指定された通りの角まで来ると、ポリーがカフェのテラス席でブルネットのすらりとした女性と話しているのが見えた。テーブルに近づいて声をかけると、ポリーからはいつもの陽気な挨拶が返ってきたが、パトリシアはしばらく怪訝《けげん》な顔をしていた。少しして、わたしが約束の相手だと気づき、ぽかんと口をあけた。

そして、目を丸くして言った。「想像していたのとまるで違う。すごくゴージャスなのね」

「ポリーのせいです。わたしを堕落させた張本人なんですよ」わたしはそう言って微笑んだ。内心では、パトリシアの言葉に有頂天だった。自分はこの場になじんでいる、みんなと同じように見られている。アッパー・イーストサイドでそんなふうに感じられる日が来るなんて。ポリーがわたしの髪を手で示して訊いた。

「かつらを着けてる？　見ただけじゃわからない」

「いえ、地毛よ」わたしは笑った。「かつらは車のなか」かつらはふさふさした巻き毛で、地毛はストレートで細いのに、ポリーが見分けられないのがおかしかった。

「あなたたちってベティとヴェロニカみたいね」パトリシアがわたしたちに微笑みかけた。

「誰ですか」

「まさか、ベティとヴェロニカも知らないの？　アーチー・コミックも？」とポリーが訊いた。

世俗の文化をまるで知らないわたしに、いまだにびっくりせずにはいられないのだ。

パトリシアは、執筆や出版に関して読んでおくべき本を教えてくれた。次のステップは企画書だという。本を売りこむためのものらしい。企画書を使ってアイディアを売り、アイディアが売れたら、本が書ける。自由な時間は残らず企画書の作成にあてようと決心してわたしは帰路についた。いい企画書を書くには通常一年、最低でも三カ月はかかるとパトリシアには言われたが、わたしは記録破りのスピードで仕上げるつもりだった。本が脱出のための切符になるなら、できるだけ早くそれを使いたかった。古い世界にはすでにおさまらないほど、わたしは期待に膨らんでいた。


二〇〇九年九月八日、友人と遅くまで大学に残ったわたしは、家を出る日のことを思って胸を躍らせていた。やれることはやり、あとは一歩を踏みだすばかりだった。もうじきだと思いながら、なんとなくきっかけを待っていた。エリの仕打ちに耐えられなくなるとか、なにかのお告げがあるとか。でも、誰からのお告げだろう？ そんなものを当てにしていたら、すべてが神の思し召しだと思っていたウィリアムズバーグの少女時代と変わらない。

気が落ち着かず、人からもらって初めて煙草を吸ってみた。咳きこみたくなるのをこらえ、少しだけ煙を吸って口に溜めてから、細く吐きだした。肺へはいくらも入らなかった。それから吸い慣れたふりで煙草を指のあいだにはさみ、大学図書館の前をせわしなく行き交う人たちを羨望のまなざしで眺めた。自分もあんなふうに目的に向かって一瞬一瞬を生きられたら。彼らと同じように、未来を当然のものとみなせたら。誰もがわたしには目もくれずに通りすぎていく。

わたしはジーンズとVネックを着て、ストレートの長い髪を黒いリボンのように肩に垂らしていた。そのとき、自分が人目を引いていないことに気づいた。ようやくわたしも溶けこめた。この一員になれたのだ。うれしい、とキャンパスの入り口のナラの並木に大声で話しかけたくなった。両手を広げてぐるぐるまわり、芝生の上でスキップしたかった。おずおずとしたわたしはもういない。かつらとスカートの、痛々しいほど気後れしたわたしには戻らない。これからは誰の目にも留まらないほど普通でいられる。人と違っていたことなど忘れてしまえる。

エアモントまでは一時間かかるので、疲れすぎないうちに大学を出た。車のいない薄暗い高速道路を走りながら、大学の友人が作ってくれたミックスCDをかけた。ザ・ピアシーズが低く流れはじめ、ハンドルを指先で叩いてリズムに乗った。タッパン・ジー橋を渡ってニューヨーク州高速道路に入ったとき、パーンという大きな音があがった。あたりを見まわす暇もなく、車が激しくスピンしはじめた。タイヤが猛然ときしみ、フロントガラスの向こうの景色がぼやける。わたしはハンドルをきつく握って身体を支えた。車は中央分離帯に激突し、フロントガラスが衝撃で粉々に砕けるのと同時に転覆した。こわばった身体を幾度も痛みが襲う。その数秒のあいだ、死を覚悟した。自由を目前にしてこんな最期を迎えるなんて。神は存在する。わたしに罰を下そうとしている。そう思った瞬間、目の前が暗くなった。

意識が戻り、数秒してからようやくさかさまになっていることに気づいた。頭はコンクリートに押しつけられ、車はぺちゃんこでドアが開かない。助手席の窓が割れてガラスが散乱しているのが見えた。シートベルトをそっと外し、バッグを手探りで探した。目が暗闇に慣れてきて、飛びだしたバッグの中身が散らばっているのがわかった。携帯電話のトラックボールがなくなっている。トラックボールなしで操作する方法を考えようにも、ショックで頭が働かない。そのとき、車が爆発するかもしれないと気づいた。すぐに外に出ないと。真夜中の高速道路は静まり返り、ごくたまに通りかかる車は低くうなりをあげて走り去っていく。誰もとまってくれない。わたしは財布と携帯電話《ブラックベリー》と鍵をつかんで暗闇のなかで腹這いになり、膝とてのひらにガラスが食いこむのもかまわず車外へ這いだした。やっとのことで車の破片が散乱した路上に全身を引っぱりだすと、どこにも怪我はないかと手探りでたしかめた。気持ちを落ち着けようと「大丈夫、大丈夫」と何度も自分に言い聞かせた。それから、「大丈夫?」と問いかけた。声に出さずにはいられなかった。数分後、中央分離帯にもたれたわたしに気づいたドライバーが車をとめた。

警官たちからは酔っているのかと何度も訊かれたが、酔うほど飲むことなど一度もなかったのでげらげら笑ってしまった。それで酔っ払いと勘違いされ、粗雑に扱われた。事情聴取にまともに答えられなかったのは、全身の痛みのせいというより、自分が無事だった理由がわからないせいだった。死ぬ運命でなかったなら、なぜこの事故は起きたのだろう?

道路に立ったまま、大破した車が牽引されていくのを見送った。古くなった自分の身体に別れを告げるような気がした。両手に目を落とすと、肌は引き剥がされて再生したばかりのように真新しく見えた。身体がまっぷたつになってもおかしくない事故を奇跡的に生き延びたことで、超人的な肉体を手に入れたような気がした。

病院でもそのことばかり考えていた。頭は混乱でいっぱいで、起きたことが理解できなかった。過去を捨てるほんの数日前にこんなことが起きるのは、出ていくなという警告なのだろうか。わたしは大事故を生き延びた身体を不思議な気持ちで見下ろし、奇跡の血でも流れていないかとしげしげ手足を眺めた。まさに九死に一生を得た思いだった。

事故が起きたのは、日付が二〇〇九年九月九日に変わった瞬間だった。9はカバラ研究家に告げられた数字だ。死と再生、終わりとはじまりを意味するその数字を覚えておくようにと言われていた。その言葉どおり、その日はわたしの人生を二分することになった。

病院に来たエリにわたしは怒りをぶつけた。車のタイヤが劣化していると言いながら、ずるずると交換を先延ばしにしていたのだ。そんなお金はないからと。

「わたしが死んでもかまわないってこと？　イッツィーが乗ってたかもしれないのよ」

エリは謝らなかった。事故の責任を認めようともしなかった。顔を見るのも嫌になったので、友人を呼んで付き添ってもらうから帰ってと伝えた。

つまり、これが神の思し召しということなのだろうか。望みどおり過去と決別し、人生を仕切りなおすことが。生き残ったことこそが、子供のころから待ちのぞんでいた大きな奇跡なのかもしれない。命拾いしたことで、わたしは何物にも負けない強さを初めて手にした気がした。不安もためらいも消えた。しがみつきたい過去もない。これまでの二十三年は、もはや知らない他人のものだ。

翌日、すでに存在しない人間の回想録《メモワール》を執筆する契約に署名した。最後に一度振り返ることで敬意を表そうと思った。わたしのふたつのアイデンティティはついに切り離され、その片方をわたしは殺した。残酷に、でも正当に。この本は殺された彼女の遺言だ。

エアモントを去るまえに夫婦で結婚カウンセラーを訪ね、夫婦関係の、というよりその残骸の修復が可能かを相談した。エリはそれで関係改善の意思を示したつもりらしいが、あとの祭りだ。わたしの心は決まっていた。

それでも形だけはカウンセリングを受けた。わたしは結婚一年目のことをカウンセラーに話した。セックスのできないわたしからエリが離れていったこと、家族に悪口を言われたときに味方になってくれなかったことを。それを許せずにいることも。

カウンセラーはセラピストではなくラビだったので、専門家に相談しなさいとエリに勧めた。

「きみたちの問題は、結婚生活によくある表面的な衝突ではない。誰がゴミ出しをするかとか、どちらの優しさが足りないかといった話とはわけが違う。わたしでは力になれそうもないよ。かなり深刻な状態なのでね」

そのあと、エリはわたしに言った。「離婚しかないかな。やっていけそうにないよ」
わたしは肩をすくめた。「あなたがそうしたいなら、別れましょ」

わたしは小さな白い車を借り、詰められるだけの荷物を詰めこんだ。チャイルドシートにすわったイッツィーは、箱やビニール袋で満杯の車内をきょろきょろと見まわした。そしてなにも言わずに親指をくわえ、車が高速に入るとすぐに眠りこんだ。タッパン・ジー橋で渋滞に捕まったとき、数日前の事故の衝撃が甦《よみがえ》り、わたしはきつくハンドルを握りしめた。

ダイヤモンドの指輪と結婚祝いの品々をウエストチェスター郡の宝石商に持ちこむと、かなりの現金になった。わたしの五年間が袋に詰めこまれるのを見て、それをどうするのかと尋ねると、溶かすことになるだろうと言われた。わたしはほっとした。ほかの誰かの手や首を飾ることなく、永遠に消えてしまうと知って気が楽になった。もともとわたしにはふさわしくないものだったのだ。

最初のうちは残してきたものを思うと寂しかった。宝石とは違い、五年前に大事に選んだ食器やリネンも、苦労して作った友人たちも、大勢の親戚も、失ってみるとつらかった。あまりに急に身軽になり、重しになるものの少なさにうろたえていた。激しい運動をしたあとの筋肉痛のように、寄る辺のない心もとなさが身体にまで刻まれていた。もう一度どこかに根を下ろしたかった。浮草のような心が恐怖の炎に呑まれてしまうまえに。

家を出たあと、わたしは電話番号を変え、新しい住所も秘密にした。見つかるわけにはいかなかった。ひとりになって考え、身を落ち着け、安全を確保する時間が必要だった。おかげでイッツィーとの距離がぐんと縮まった。右も左もわからない世界で、わたしたちにはお互いしかいなかった。誰にも邪魔されずに息子と向きあうようになって初めて、本物の母親になれた気がした。

真っ先に取りかかったのは、イッツィーに英語を教えることだった。いっしょに本を読み、《セサミストリート》を見た。イッツィーは物覚えがよかった。楽に順応できるうちにはじめられたのがさいわいだった。あのまま残っていたらと思うと恐ろしかった。

数週間とたたないうちに、イッツィーは生まれ変わったかのように片言の英語で話しはじめた。わたしたちは新しく買ったクイーンサイズのベッドでいっしょに眠り、寝るまえには楽しくおしゃべりした。イッツィーはわたしが心配なのか、ときどき思いついたように褒めてくれた。「ママの髪、きれい」かつらを着けなくなったことに気づいたのだろう。大変そうなわたしを励ましてくれている、そう思うと胸が痛かった。家庭の事情を察したり気を使ったりするには幼すぎるのに。

イッツィーは父親のことを訊こうとしなかった。一度だけ、公園できゃっきゃとはしゃぎながらすべり台をすべり下りたあと、わたしを真顔で見上げて思いきったように訊いた。「パパとママ、もう喧嘩しない？」

「ええ、もう喧嘩はなし」わたしはにっこりした。「ママはいま幸せよ。イッツィーは幸せ？」

息子はこくりとうなずき、ジャングルジムで遊んでいる子供たちのほうへ駆けだした。パヨスのないショートカットの髪は、普通のアメリカ人の子供そのものだった。息子が周囲に溶けこみ、わたしと違って気後れも感じていないことに、深い喜びを覚えた。

最初の一年、ウィリアムズバーグをひたすら避けていたのは、恥ずかしかったからだ。雑踏のなかに見慣れたハシド派の姿を見かけるたび、わたしは自分が人目にさらされているかのように身をこわばらせた。過去の自分を目にするのは耐えられなかった。ハシド派に対する世間の人々の本音はじきにわかった。〝厚かましい〟〝攻撃的〟〝不潔〟。目の前にいるわたしを傷つけているとはつゆ知らず、そんなことを言う人もいた。だから生い立ちは隠すようにしていたが、いずれは知られてしまい、そのたびに気まずい思いをした。

恥ずかしさが消えるまで長い時間がかかったけれど、自分でも意外なことに、わたしのなかには誇りも息づいていた。脱出後に初めてウィリアムズバーグへ戻り、スカーフとサングラスで顔を隠して昔住んでいたあたりをぶらついてみたとき、故郷がずいぶん遠いものになったのを感じた。あらためてよそ者の目で見ると、自分の過去がひどくカラフルでエキゾチックに映り、かつては耐えがたいほど退屈だったものも豊かで謎めいた歴史に思えた。子供のころはいかにもアメリカ的な郊外の生活に憧れた。それこそがなにより遠い世界だったから。あとになって、普通の女の子たちは特別な存在になることに憧れ、子供時代にユニークな経験をしてはいないかと振り返るのだと知った。彼女たちの目には、不自由はあってもユニークそのもののわたしの人生がうらやましく映るらしい。

再開発の進むケント・アベニューを歩きながら変化も実感した。子供時代の街並みは姿を消していた。荒れ果てた倉庫はガラス張りのコンドミニアムに取って代わられ、タイトなジーンズのヒップスターたちが颯爽と自転車を漕いでいた。子供のころに夢見たものがそこにあった。遠い昔、イースト・リバーのほとりに立って、向こう岸に行けたらとわたしは願った。きらめく摩天楼を手に入れ、ブルックリンに別れを告げたいと祈った。だからいまでも、ブルックリンに足を踏み入れるのは気が進まない。長くいると息苦しさを覚える。それでもときどき訪れるのは、懐かしさを味わうためだけでなく、おとぎ話のようなハッピーエンドを迎えられたことがどれほど稀有な幸運かを噛みしめるためだ。ロアルド・ダールにさえこんな旅は思いつけないだろう。わたしは過去から解き放たれたが、過去を断ち切るつもりはない。わたしを形作った月日と経験をいまも大事に思っている。わたしが生きた物語を。

夢はすべてかなった。これ以上なにが必要だろう？　そんなふうに言える二十四歳がほかにいるだろうか。ここまで来られるとは思ってもいなかった、そう考えて感謝で胸がはちきれそうになる日もある。新しいものに触れる興奮にはしだいに慣れていくけれど、自由を手にした興奮はいつまでも褪せることがない。自由を実感するたび、新たな喜びがシロップのように全身に満ちるのを感じる。この奇跡を一片たりとも手放したくはない。

エピローグ

二〇一二年二月にこの本が出版されたとき、ユダヤ教超正統派からの猛反発が巻き起こった。わたしを貶《おとし》め、攻撃するための掲示板やウェブサイトがいくつも登場し、わたしを嘘つきだと決めつけ、内輪の恥をさらして世界中のユダヤ人コミュニティを辱めたと糾弾した。あるハシド派系新聞の社説はわたしをヨーゼフ・ゲッベルスになぞらえ、第二のホロコーストの扇動者になりうると警告した。新たなユダヤの大敵が現れたとか、ユダヤ人嫌いのメル・ギブソンと付きあえといった言葉もたびたび投げつけられた。

わたしを非難している人たちの大半は本を読んでもいなかった。内容はどうでもよく、わたしが女のくせに声をあげたことが気に入らなかったのだ。なぜそれほど怒らなければならないのか。自分の経験を綴《つづ》っただけのものが、なぜそれほどの脅威になるのだろうか。それはわたしが、きわめて排他的な宗派の内実をほぼ初めて暴露したからだ。信徒たちはコミュニティの実態をひた隠しにし、多くのユダヤ教徒はその問題を見て見ぬふりしている。わたしは謝罪するつもりはない。物議を醸《かも》せば議論が生まれる。その結果として、原理主義的なユダヤ文化に改革と変化がもたらされることを望んでいる。わたしは女性と子供の人権に深い関心を持ち、自分の育ったコミュニティがその権利をいかに侵害するものであるかを知っている。そういった過激な集団を変えていくことは、彼らを支える社会全体にとって有意義なことだと信じている。

なぜわたしは声をあげたのか。誰かがやらねばならず、それがわたしだったということだ。はじめは過去を伏せたい気持ちもあったが、いまはこの本を出してよかったと思っている。元ハシド派であることを気にしたり、恥じたりする必要はもうない。むしろ打ち明けたことで強くなれた。気持ちもすっきりしたし、ほかの人たちの背中を押せたことをうれしく思っている。すばらしいことに、本の出版後、同じように声をあげる人たちが現れた。教育の改革を訴える洞察に満ちた記事を発表した人もいれば、取材に応じて虐待の経験を公表した人もいる。そういった心強い味方が、これからますます増えていくはずだ。

宗教的コミュニティを去ったために醜い親権争いで子供を失った女性たちの話は、以前からよく耳にしていた。わたしは同じ轍《てつ》を踏むつもりはなかった。コロンビア大学ロースクールの学長からは勝算はゼロに近いと言われ、代理人を引き受けてくれた女性法律家協会の会長にも状況は厳しいと告げられた。それでも、綿密な計画と大胆な法廷戦術、そして徹底的なPRによって、なんとかラビ法廷でも民事裁判でも離婚が認められ、息子の親権を勝ちとることができた。離婚の判決が下りたのは二〇一二年の過越の祭の前日だった。わたしは祝宴《セデル》に参加し、ユダヤの民の解放とともに自分の解放を祝った。二十五歳にしてようやくわたしは自由になった。コミュニティを去って三年、この本の原稿を書き終えてから二年が過ぎていた。

どうやって一から新しい人生をはじめたのか。わたしにはなにもなかった。大学の指導教官には、離婚は貧困への片道切符だと釘を刺された。シングルマザーで頼る人もいない、そんな不安な未知の世界に飛びこむ覚悟はあるのかと。たしかにそのとおりだ。飛びだした瞬間、生まれたときから知っている家族とコミュニティを失うのだから。ハシド派のコミュニティを捨てた人は以前にもいたが、たいていは男性で、子供もいなかった。派手に遊びたいわけではなく、一刻も早くどこかに落ち着きたいわたしの目には、気楽なものに見えた。

わたしにはちゃんとした職に就いた経験も、学位もなかった。大学に通い、子育てをしながら、勝手のわからない世界で生計を立てるすべを身に着けなければならなかった。溶けこめる場所を見つけたかったが、過去と引き換えに同じような未来を手に入れるのはごめんだった。まずは自分が生まれた国をよく知り、見たことのない風景を知るためにアメリカを旅してまわった。そしてわたしを理解し、受け入れてくれるコミュニティを探した。最終的にニューヨークに戻り、居場所と呼べるのはこの街だと気づいた。

信仰やコミュニティや家族を捨てた代償は大きかった。元のコミュニティからの憎悪や暴言にさらされ、慰めを求めていたとき、支えになったのは子供のころと同じ読書だった。物語の世界がつらい時期を切り抜ける活力の源になった。新しい友達や家族もできた。いまは信じられないほどの愛と思いやりを与えてもらっている。いまでも自分は、文化を受け継いでいるという意味でユダヤ人だと思っているが、ユダヤ教から心の糧《かて》を得てはいない。ただ、息子にはわたしの経験に左右されることなく、まっさらな状態ではじめてもらいたいと思っている。気後れせず世界に飛びこんでいく息子を見ると、わたしが夢見たような子供時代を楽しんでくれているのだと胸が熱くなる。息子が成長してラビやタルムード学者を目指すことになったら、それは本人の選択によるもので、そのことの意味は大きい。いまのところ、息子もわたしも束縛のない自由を楽しんでいる。

外の世界に出て数年は困難も多く、思いだすのもつらい苦い記憶もあるが、ようやく世俗の世界を生き抜く自信がついた。ここでやっていくと心に決め、苦労のすえに、憧れだった摩天楼に本当の居場所を見つけた。幸せは手に入ったかとよく人に訊かれる。わたしが手に入れたのは幸せ以上のもの、本当の自分でいられることだ。自分らしく生きられる、そのことがうれしい。もしも誰かに偽りの自分でいることを強いられているなら、あなたも勇気を出して抗議の声をあげてほしい。

二〇一二年四月
ニューヨーク

あとがき

　十年前の今夜、ニューヨークの二部屋きりの屋根裏アパートで、わたしは狭い寝室に押しこんだダブルベッドに三歳の息子を寝かせ、ソファの上でおんぼろのノートパソコンを開いた。数カ月で完成させる予定の本書の原稿を執筆するために。

　書くのはおもに夜の空き時間だった。大学の同級生たちがバーやレストランに繰りだすあいだ、ベビーシッターも頼めないわたしは家にいるしかなかった。あのころはまるで空気の抜けきったアコーディオンのように余裕がなかった。一週間先か、せいぜい一カ月先しか見通せずにいた。孤独で不安だった。昼間は幼い子供の世話で気が紛れたものの、長くあてのない夜は原稿に向きあうしかなく、それが救いにも呪いにも感じられた。

　二〇〇九年十一月の時点で書けていたのは二万語ほどで、先はまだ長かった。当時は二十三歳、本格的な執筆の経験はゼロで、新聞記事や短篇さえ書いたことがなかった。実現不可能な目標を立ててしまったような気がしていた。

　本の執筆はより大きな計画の一部で、コミュニティの外で息子とともに新しい人生をスタートさせるための手段だった。本が注目されれば武器になる、あなたを声なき無力な存在だと見くびっている相手に対抗できると代理人に教わった。すべては、わたしと争っても無駄だと彼らにあきらめさせるためだった。

もちろん、年も若く、なんの経験もないわたしが出版契約のオファーをもらえたことがどれほど幸運かはわかっていた。ただ、もしも選ぶことが許されるなら、十分に力をつけてから物書きになれればよかったのにと思ったことを覚えている。いまでこそ、書くこと以外に力をつける方法などないとわかっているが、当時は必要に迫られて書いていたせいで、書くことが自分を表現する創造的な行為というより、安全な場所へ避難するための縄梯子《なわばしご》を編むような作業に思え、そのことが重荷だった。本を書くというのは、こんなふうに身の安心のためにすることじゃないと思っていた。読者も見抜いてしまうにちがいないと。

それでも、十年前のあの秋風の夜、ほかにすることもないまま、わたしはノートパソコンを開いて文字を打ちはじめた。最善を尽くし、あとは運に任せようと決めて。その晩は予定とは違う内容を書くことにした。子供時代の記憶のひとつを振り返り、その場に戻ったつもりで綴ってみた。それからまた別の思い出を、さらにまた次の思い出を探っていくうち、その方法がしっくり来ることに気づいた。構成や章立てや人物描写といった、大学の創作ワークショップで習ったことは頭から締めだし、長いあいだ忘れていた心の声にただ耳を傾けた。四時間後、顔を上げると真夜中で、原稿の半分が書きあがっていた。

長い年月が過ぎたいま、ドイツで初めての小説執筆に取り組みながら、わたしはあのときの自分が——なかばトランス状態で、キーボードに夢中で指を走らせていたあの自分が——幻のように甦るのを何週間も待っている。この本の終わり近くで、新しい自分になるために古い自分を殺したと書いた。この回想録は殺された彼女の遺言だと。十年前のわたしがいたのは過去でも現在でもなかった。不安と浮遊感に満ちたあの宙ぶらりんな状態でこそ、この本は書けたのだと思う。この本の持つ生々しさは、わたしが置かれていた生々しい状況から生まれたもので、それはあとから再現できるものではないからだ。

古い自分を脱ぎ捨てたからといって、すぐその下に本当の自分が現れたわけではなかった。生活のすべてを捨ててしまうと、残るものは多くない。新しい自分とそれにふさわしい生活を築くには十年の年月が必要だった。どれほど大変か聞かされていたら、二の足を踏んでいたかもしれない。

もちろん、楽な道だとは思ってもいなかった。おとぎ話のようなハッピーエンドを期待していたわけでもない。それがよかったのだと思う。幸せは追い求めると逃げてしまいがちだが、思いがけないときにひょっこり訪れたりもする。わたしの幸せはベルリンで見つかった。十年前に誰かにそう予言されたら、ばかばかしいのを通り越して、頭でもおかしいのではないかと思ったはずだ。

ベルリンに暮らして五年になる。ここに居場所を見つけたのはわたしだけではない。この街には故郷を追われ、逃れてきた人が大勢いて、ハシド派や正統派を抜けた人たちのコミュニティも存在している。ここを選んだ理由のひとつは、街そのものの成り立ちかもしれない。ベルリンは砂と泥の上に築かれた街だから、根無し草にはうってつけだと地元の人間は冗談を言う。もうひとつは、単純に距離を置いたほうが過去との折り合いをつけやすいからだ。ニューヨークはいまも多くの若者の憧れだが、わたしにとっては知り合いや嫌な記憶の残る見飽きた裏庭でしかない。ほかの人々がニューヨークに求めるものを、わたしはベルリンに見いだした。

今年の夏、本書をもとにしたネットフリックスのリミテッド・シリーズ《アンオーソドックス》（全四話）が製作された。ドイツ系ユダヤ人、アメリカ系ユダヤ人、ドイツ人の女性たち（と男性も何人か）からなるすばらしいチームが結集し、わたしの母語であるイディッシュ語を用いてベルリンのセットで撮影を行った。本書の映像化という夢は、ベルリンだからこそ実現したものだと思う。この企画にこれほどの知識と情熱を注いでくれ、新しいことに果敢に挑戦してくれる人たちがいるとは、この街に来るまで想像もしていなかった。古いしきたりに縛られず、自由な創造活動ができるこの街に感謝している。

ドラマシリーズの製作にあたってとくに驚いたのは、わたしとよく似た背景を持つ男女が大勢集まってくれたことだ。俳優やエキストラ、監修者や翻訳者。セットのなかにいると、とびきり感動的な同窓会に来たような気がした。ドラマの内容は、わたしの実体験をもとにしつつ、ずっと大きなテーマを持つものとなった。多くの人の人生が盛りこまれたこのドラマは、わたしの物語であり、誰かの物語であり、あなたの物語でもある。小さな変更は加えられているものの、苦しみや対立、孤独、屈辱といったテーマは生かされている。ドラマを見ていると、自分の人生がより大きな文化的語り《カルチュラル・ナラティヴ》の一部になったような気がした。そのことに深い喜びを覚えている。若いころ、信仰を捨てたイスラム教徒やキリスト教徒についての本を読み、のちには映画も観たが、そこに自分を重ねるのは難しかった。このドラマの最大の成功は、ひとつの雛型《ひながた》を示したことだ。多くの人が歩んできたものの、詳しい地図がなかった旅の雛型を。

この十年で、超正統派のコミュニティを去ることは、稀有な例外からひとつのムーヴメントへと変わった。昔は、出ていった人の名前を指折り数えることができたものだ。いまや何千もの人たちが世界中の都市にひっそりと紛れ、新たな生活を築いている。その一部がベルリンの撮影現場にエキストラとして集まり、彼ら自身の人生にも通じるこの作品の完成に力を貸してくれた。元ラビに、家出少年、フルブライト奨学生、人生の岐路にさしかかった中年。撮影されたすべてのシーンが、わたしたちの魂を打つ真実に満ちている。

数週間前に初めて全四話を鑑賞し、チームの努力の結晶を目の当たりにしたとき、《アンオーソドックス》はもうわたしのものではないと気づいた。わたしはそれを解き放ち、そうすることで自分も解き放たれたのだ。

二〇一九年十一月

ベルリン

謝辞

　多くの方々の助けによってこの本は生まれた。わたしひとりではなにひとつ形にはできなかっただろう。わたしのエージェントであり師でもあるパトリシア・ヴァン・デル・ルーンがいなければ、作家にはなれなかった。彼女の助言はいつも正しくわたしを導いてくれる。拙《つたな》い原稿を、読む価値のある本に仕上げてくれた編集者のサラ・ナイトにも感謝の言葉を贈りたい。この本のために最善を尽くしてくれたサイモン&シュスターのチーム全員にも、言葉にならないほどの恩を感じている。優秀で献身的なモリー・リンドリーへの感謝も忘れない。初めての執筆に悪戦苦闘するわたしのために、ややこしい結び目をすべて解いてくれた。ブライアン、ケイト、ジェシカの熱意と忍耐にも感謝を。装幀を手掛けてくれたナンシー・シンガー、モニカ・グレヴィッチ、ジュリー・メッツ、シビル・ピンカス、ペグ・ハーラーにも感謝している。みなさんに大変よくしていただいた。

　執筆をはじめたばかりのころ、キャロリン・フェレルの創作ワークショップの場をお借りして、原稿の感想を聞かせてもらった。あなたの指導とクラスメートからの貴重な指摘は、わたしの宝物となっている。原稿に最初に目を通し、真摯に向きあってくれたキャサリン・クインビー・ストーン、アダム・シンガー、ジュリア・スターンバーグにも格別の感謝を捧げたい。

自立へのチャンスを初めて与えてくれたサラ・ローレンス大学にも、言葉に尽くせないほどの恩を感じている。質の高い教育を受ける機会をくれたジョアン・スミスに感謝したい。自分を見つけられるように後押ししてくれたすばらしい教授陣にも感謝を――キャロル・ゾレフ、アーネスト・アブーバ、ニール・アルディッティ、ブライアン・モートン。そしてポーレット、あのときあの場所にいてくれ、勇気と信念で励ましてくれてありがとう。あなたなしに、いまのわたしはいません。右も左もわからない世界で最初に友達や味方になってくれ、支えと理解を寄せてくれたすばらしい人たちにも同じく感謝する。

エージェントにわたしを売りこんでくれたダイアン・レヴァランド、出版界で最初にわたしの本を全面的に認めてくれたアマンダ・マレー、時間を割いて会ってくださったデイヴィッド・ローゼンタールにもお礼を言いたい。

身を落ち着けるのに苦労していたとき、手を差しのべてくれたサンドラ・ワーンドルとルディ・ワーンドル、キャスリン・スチュアードとジョン・スチュアードにも感謝を捧げる。テキサス州ミッドランドで出会ったすばらしい女性たちにも支えてもらった。

不利な状況にもかかわらず、わたしの代理人を引き受けてくれたパトリシア・グラントにも感謝している。あなたのように強く善良な女性になりたいと思う。

よき友、よき助言者でいてくれるジュリエット・グレイムズ、B・J・クレイマー、ジョエル・エンゲルマン、マルカ・マーゴリーズ、クラウディア・コーティーズ、エイミー・ドンダーズ、メリッサ・デリア。みんな本当にありがとう。わたしと同じく、外の世界へ飛びだした仲間たちにもお礼を言いたい。それぞれの試練と勝利の物語を聞かせてもらうことで、家族やコミュニティから離れるつらさが和らいだ。同じ道を行く仲間がいなければ、この途方もない旅を続けることはできなかった。

息子はなによりの宝物だ。生まれたその日からこの旅の原動力になってくれた。あなたがいなければ、こんなことを成し遂げる強さと決意を持てなかっただろう。あなたがすばらしい青年に成長するのが楽しみであり、ふさわしい母親でいられるようにと願っている。

最後に、わたしの母にもありがとうと言いたい。容易なことではなかったはずなのに、執筆を全面的に支えてくれた。自由に書く機会を得られたわたしは恵まれている。そして、この本が誰かの人生を少しでもよくできればと願っている。読んでくださって感謝します。

訳者あとがき

二〇〇九年秋、二十三歳のデボラ・フェルドマンは、ニューヨークにある超正統派《ウルトラ・オーソドックス》ユダヤ教コミュニティと決別した。幼い息子とわずかな持ち物だけを車に乗せて。

本書は、自由を求めて闘う彼女のアンオーソドックスな半生を綴《つづ》った圧巻の回想録である。

ユダヤ教には、トーラー（律法、旧約聖書においてもっとも重要とされるモーセ五書）の定める六百十三の戒律があり、日常生活全般にわたる規範と指針になっている。宗派は改革派、保守派、正統派に大別され、正統派のなかでもとくに厳密に戒律を守る人々は超正統派と呼ばれる。

一九八六年、デボラはブルックリン、ウィリアムズバーグにある超正統派（ハシド派）のひとつ、サトマール派のコミュニティに生まれた。ホロコーストを生き延び、ハンガリーから移り住んだ人々の町だ。

物心ついたときから、デボラは心に空白を抱えていた。幼いころにイギリス出身の母はコミュニティを抜け、父には子供を育てる能力がなかったため、デボラは年老いた祖父母に引きとられる。口うるさいおばをはじめ、おおぜいの親族との交流はあるものの、自分の居場所は見つからず、なによりも戒律でがんじがらめの生活が窮屈《きゅうくつ》でたまらなかった。

コンピューターや携帯電話はもちろん、家にはテレビさえなく、映画も観たことがない。安息日のあいだは一切の労働が禁止されるため、ものを運ぶこともできない。女の子は十二歳で成人すると人前で歌うことを禁じられ、高等部に上がると素肌と見間違われないよう、太いシームの入った茶色いストッキングを穿《は》かなければならない。会話や読み書きはイディッシュ語のみで、魂を毒する不浄な言語とされる英語を使うと、厳格な祖父に雷を落とされる。そんななかでも、反抗心旺盛なデボラは見つからないよう遠くの図書館や書店へ通い、禁じられた英語の本『自負と偏見』や『若草物語』をこっそり読んでは、外の世界への憧れを膨らませ、渇望を満たそうとする。

世界の中心ともいえる現代のニューヨークに、これだけ閉鎖的で特異な社会が存在していることに驚かずにはいられないが、少女時代の回想にはどこかのどかな、微笑ましいような雰囲気も漂っている。長い伝統を持つ祝祭の数々や、祖母の作るユダヤ料理やハンガリー料理。学校やサマースクールでの他愛ないいたずら。すべてが生き生きと細やかに描写されている。

ところが、十七歳で三十分会っただけのお見合い相手と結婚すると、戒律による締めつけは格段に厳しさを増す。ハシド派の女性は結婚とともに髪を剃り、かつらやスカーフで頭を覆って一生を送る。生理中とその後の七日間は不浄とされ、ミクヴェと呼ばれる沐浴場で全身を清めるまでは夫の手にさえ触れられない。花嫁教室で教わるまで妊娠の仕組みすら知らずにいたデボラの膣《ちつ》は、頑《かたく》なに夫を拒絶する。本を読むことも禁じられ、ひたすら妊娠・出産を期待されるプレッシャーによって、彼女は心身ともに追いつめられていく。

ユダヤの人々にとって、子孫繁栄はホロコーストで失われた六百万人をとりもどす戦いであり、ヒトラーに対する究極の復讐でもある。そのことの意味は計り知れないほど重い。

ただし、そのために女性に課せられる負担もまた計り知れない。デボラの祖母が十一人の子供を産み育てたように、ハシド派では女性が多産を求められ、〝産む機械〟と揶揄《やゆ》される。避妊は許されず、子育てに邪魔な教育や読書は不要とされ、自立の術《すべ》は与えられない。

異質で旧弊な世界の、不自由を強いられた女性の話として本書を読むこともできる。けれども〝産む機械〟というのは、あまりにも聞き覚えのある言葉だ。

抑圧は女性に対するものだけではない。ここに語られるサトマール派コミュニティは独自の救急隊や自警団や教育機関を運営するほど固い結束を誇る集団で、うまく順応すれば安心と一体感をもって暮らすことができる。だが和を重んじるあまり秩序に異を唱えることを許さず、つねに互いを監視しあっているため、そこになじまない人間には生きづらい場所でもある。その閉塞感をわたしたちは他人事《ひとごと》と言い切れるだろうか。

苦労の末に息子を出産し、デボラは覚醒した。大学へ通うことで自立と自由への大きな一歩を踏みだしたのだ。離婚を決意し、コミュニティを抜けてから三年が過ぎた二〇一二年、発表した本書は大きな注目を集め、ニューヨークタイムズ・ベストセラーリスト入りを果たした。そのせいで刊行当初はコミュニティや家族からの激しい非難にさらされたというが、その後、元夫もコミュニティを抜けて別の女性と再婚し、現在はデボラや息子とも良好な関係を築いているそうだ。

わたしはまだ二十代に入ったばかりだ。十年先にはすごいことが起きているかもしれない――デボラがそう書いたとおり、二〇二〇年、本書を下敷きにしたネットフリックスのドラマシリーズ《アンオーソドックス》が配信され、世界中で話題を呼んだ。今年度のエミー賞八部門にノミネートされ、マリア・シュラーダー監督がリミテッド・シリーズ部門の監督賞を受賞している。

メイキング映像《アンオーソドックス――制作の舞台裏――》のなかで、主演のシラ・ハースがこの作品のテーマは〝声を持つこと〟だと語っている。その言葉のとおり、本書は生きづらさを抱えるすべての人に、声をあげることの大切さを教えてくれる。そして、いまいる世界がすべてではなく、苦しければ逃げてもいいのだと背中を押してくれる。

二〇二〇年十二月二十日

中谷友紀子

アンオーソドックス

2021年3月10日　初版第1刷発行

著者　デボラ・フェルドマン
訳者　中谷友紀子《なかたにゆきこ》

発行者　廣瀬和二
発行所　辰巳出版株式会社
〒160-0022　東京都新宿区新宿2-15-14　辰巳ビル
電話　03-5360-8956（編集部）
03-5360-8064（販売部）

印刷・製本所　中央精版印刷株式会社

ISBN978-4-7778-2746-6　C0098　Printed in Japan